삼국유사 三國遺事
깊이 읽기

우리 고전으로 벌이는 잔치 열 마당

신종원 지음

일러두기

대중서적의 성격상 일일이 참고문헌을 밝히지 못하여 연구자들의 양해를 구한다.

책쓴이가 일연이든 그 제자 무극이든, 경우에 따라서는 더 후대의 인물이든 간에 달리 문제되지 않을 때는 '일연'이라고 통칭한다.

달리 판본에 대한 언급이 없는 것은 중종임신본을 말한다.

삼국유사 三國遺事
깊이 읽기

우리 고전으로 벌이는 잔치 열 마당

신종원 지음

주류성

길잡이

『삼국유사』는 왕력편을 제외하면 모두 이야기[narrative] 형식으로 되어 있다. 제목에서 드러낸 바 삼국시대(통일신라, 후삼국 포함)의 인물이나 사실에 관한 서사다. 창작행위의 하나인 이야기의 속성은 문학 -신화라고 해도 좋다- 이고, 과거 어느 시점의 특정 인물(들)에 대한 기록은 역사다. 신화는 사물이나 세상을 제삼자의 처지에서 보지 않고 '지금 나'의 문제로 풀어나가는 반면, 역사는 객관적 사실을 인과론에 따라 추적한다.

문학과 역사 두 가지 속성을 지닌 『삼국유사』는 고려시대 후기 사람들의 언어와 이해방식으로 겨레의 삶을 그 시작부터 풀어나간다. 우리는 『삼국유사』가 모아놓은 이러한 질료를 통해서 한국인의 본질을 잘 이해할 수 있다.

한계라면, 『삼국유사』만 가지고는 삼국은 물론 신라역사조차도 전체를 기술할 방도가 없다. 널리 알려지고 지금도 삼천리강산에서 들려주는 '이야기보따리'이기 때문이다. 무작위의 선량함이다.

우리는 『삼국유사』에서 고려시대 고승 일연이 사랑해마지않던 겨레와 강토를 읽을 수 있다. 그 가운데서 세속·시정 이야기만 모으면 역사가 되고, 나머지는 시대와 중생을 구하려는 법문집이다.

우리의 제1 고전 『삼국유사』에 대한 기존의 입문서, 해설서는 옛책을 시민 모두에게 살갑게 다가가게 하는 데 공이 컸다. 아쉽다면, 농익은 풀이나 치열한 논쟁서는 드물다. 나는 이를 겨냥하여 책을 쓰되 원전읽기를 통해 판을 벌였다. 이지적 '놀이'가 될 것이고, 그 놀이터를 일러 '마당/과장(科場)'이라 한다면 『삼국유사』

읽기는 잔치요 향연이다. 당연히 여흥이 뒤따르는데, 놀이판을 뒤돌아보고 마무리짓는 학문적 시각과 성과를 '뒷풀이'라 이름하여 거두었다.

책을 닫기 전에 책쓴이 일연과 『삼국유사』라는 책에 대한 개설은 해두어야 한다. 고전을 제대로 읽히려는 최소한의 예비지식으로서

열 번 잔치의 내용은 나 자신이 흥미를 가지고 '깊이 읽기'에 힘을 쏟았던 문제이자 조목들이다.

소설이나 영화에서 등장인물을 소개하듯이 아래 그 '얼굴'들을 미리 열거해둔다.

(1) 우리 겨레가 생겨나서 나라를 열었다는 단군신화. 단군의 가계도는 어떻게 이어지며 '신시'가 저잣거리이고 도읍이라면 이미 여러 사람들이 살고 있지 않은가. 왜 우리의 생태 및 문화 속 제1 짐승인 호랑이가 실격되고 곰을 환웅의 배우자로 만들었는지?

(2) 신라 궁정에서 불공드리는 스님(분수승)이 불륜을 저지르다가 죽임을 당했다. 소지왕 때 정치·종교의 지형은 어떠하며, 여기에 등장하는 쥐와 새(까마귀)는 어떤 존재인가? 국왕의 생사를 가르는 '수수께끼'라니 … .

(3) 서라벌에 도깨비가 판친다. 이들 귀신은 다리도 놓고, 그 우두머리인 비형은 위대한 조형물 황룡사구층탑도 감독했다. 귀신들은 비형의 이름만 듣거나 보아도 도망간다고 하는데, 그는 신라 중대(中代)의 첫 임금 무열왕의 아버지다. 이즈음 신라 왕통은 성골과 진골로 갈린다.

(4) 경주 서쪽 교외의 선도산에서 비구니 지혜스님은 봄·가을로 점찰법회를 연

다. 이 참회수행은 세속오계를 설한 원광스님의 가르침이다. 지혜스님은 이 산에 터 잡고 살던 천신이나 산신을 부처님 아래로 거두었으니 비로소 불교는 토착종교와 더불어 살게 되었다. 다종교시대의 오늘날 우리가 배워야 할 덕목이다.

(5) 우리 역사 최대의 여주인공(heroine)은 선덕여왕이다. 이웃나라 황제가 추파를 던졌다고도 하고, 여왕 자신은 족집게 같이 예언을 했단다. 여성에 대한 편견을 극복하려고 역대급 공사를 마무리하고 부처님과 같은 신성한 혈통(성골)임을 내세웠지만 역부족이었다. 죽음에 대해서도 이야기는 남아돈다.

(6) 신라 양지스님은 자신의 지팡이에 주머니를 걸어놓으면 지팡이가 스스로 날아다니면서 시주를 받아왔다. 그는 손재주나 예술감각이 뛰어나서 영묘사의 불상을 비롯하여 탑도 쌓고, 절의 현판도 손수 썼다. 장안의 남녀는 그를 도와 환희심으로 흙을 나르면서 노래를 불렀으니 곧 '풍요(風謠)'라는 향가다. 하지만 그가 살았던 석장사터에서 '民貢'이라 쓰인 기와가 출토된 이상 풍요를 공덕가로 보기 어렵고 노동요로 보는 것이 사실에 가깝지 않을까.

(7) 문화재청의 '문무대왕릉' 설명이다.

사적 제158호, 1967.07.24 지정.
대왕암은 자연 바위를 이용하여 만든 것으로 그 안은 동서남북으로 인공수로를 만들었다. 바닷물은 동쪽에서 들어와 서쪽으로 나가게 만들어 항상 잔잔하게 하였다. 수면 아래에는 길이 3.7m, 폭 2.06m

의 남북으로 길게 놓인 넓적한 거북모양의 돌이 덮혀 있는데 이 안에 문무왕의 유골이 매장되어 있을 것이라 추측된다.

『삼국사기』에 의하면 왕이 죽으면서 불교식 장례에 따라 화장하고 동해에 묻으면 용이 되어 동해로 침입하는 왜구를 막겠다는 유언을 남겼다고 한다. 그의 아들 신문왕은 동해 근처에 감은사를 세워 법당아래 동해를 향한 배수로를 만들어 용이 된 문무왕이 왕래할 수 있도록 설계하였다.

※(문무대왕릉 → 경주 문무대왕릉)으로 명칭변경 되었습니다.(2011.07.28 고시)

지정시기는 호국정신을 한창 부르짖던 제3공화국 때. 이 중요한 사안을 '추측'으로 했단다. "용이 되어 왜구를 막겠다."는 유언은 『삼국유사』 문무왕법민조 내용이다. 『삼국사기』에는 전혀 없는 내용인데 두 역사책을 혼동·조합하였다. 이런 넌센스는 오늘날도 변함이 없고, 잘못된 고증과 믿음은 더욱 증폭되고 있다. '문무대왕릉'을 '경주 문무대왕릉'으로 바꿨다니 다른 지방에도 문무대왕릉이 있는 모양이다.

(8) 옛 기록을 그대로 베껴놓거나 듣고 본대로 적어두기가 『삼국유사』의 본령이다. 그러므로 어느 한 사건이나 테마의 자료일지라도 조목을 달리 하거나 편목이 다른 데 실린 예도 더러 있다. 기이편 <효소왕대 죽지랑>조와 탑상편의 <백률사>조는 각각 모량부의 몰락과 사량부의 약진을 알려준다. 익선 아간이라는 개인의 뇌물 수수로 왕비족 모량부(점탁부) 사람들이 연좌죄를 받았다는 내용이 석연치 않던 차에 금석문 <단석산신선사조상명기>는 많은

것을 밝혀준다. 서악(선도산)의 '잠탁(점탁)'부 사람들은 왕권에 버금가는 불
사를 조영하여 견제를 받은 것으로 이해된다.

(9) 〈욱면비염불서승〉조에 나오는 중심인물로는 시대를 전후하여 발징(팔진)과
욱면 두 사람이 있다. 종래의 연구는 팔진이 곧 (발)징(옮겨적기의 차이)임을 알
지 못하여 욱면만 대상으로 삼았고, 따라서 이 조목은 번역조차 안 되는 사
료로 버려두었다. 강주(剛州. 경북 영주시) 주변에 사는 욱면은 귀진의 계집종
(婢)으로서 주인 몰래 지극정성 염불하여 서방정토에 왕생했다. 그녀가 왕생
할 수 있었던 것은 1차결사 때 구제하지 못한 중생을 내세에 제도해 준다는
약속 덕분이라는 재생의 모티프다. 욱면의 왕생이란 신분을 망각하고 불사
에 몰래 참여한 죄로 처형당한 것이 사실에 가깝다. 욱면 왕생 이야기는 사
찰쪽에서 나온 것이며, 이 영험설화를 적어둔 지식인도 승려임을 잊지 않는
다면 욱면조에서 우리는 오히려 당대의 숨겨진 폭력을 읽을 수 있다.
욱면왕생의 결정적 증거는 그녀가 기도하던 채로 왕생한 통로 즉 법당지붕
에 뚫린 구멍이다. 욱면의 육신등공을 이보다 더 생생히 전할 수는 없는데
그것은 다름 아닌, 화재를 막아준다는 구슬 화주(火珠)가 내려앉은 자취다.

(10) 무왕과 미륵사·서동요는 국어국문학계에서도 오래 논의된 테마다. 근년의
순차적 발굴을 통하여『삼국유사』무왕조의 절 지은 기록이 대부분 사실과
합치됨을 확인하였고, 마지막 단계에 미륵사 서탑에서 사리기가 발견됨으
로써 미륵사를 창건한 사람들의 이름과 그들의 염원까지 엿볼 수 있게 되
었다. 사리기에 적힌 발원자는 뜻밖에도 왕비 '사택'씨이므로 이제 선화공
주에 대한 미련은 버려야 한다. 그렇지만 중앙탑이나 동탑 사리기에 선화

공주가 언급되었을 '기대론'이 아직도 남아 있는 것은 지금까지 쏟아 부은 공력이 아깝기 때문은 아닐까.

서동과의 결혼이야기 또한 설화를 빌어 무왕의 즉위를 설명한 것에 지나지 않는데 지금까지 너무 역사적으로 접근했다. 그 설화성이란, 횡재/운수대통이 즉위 ⋯ 절짓기로 이어지는데 이 모두가 '셋째 딸/공주'의 타고난 복 때문이라는 서사를 말한다. 이러한 전개야말로 사실과는 별개로 존재하는 '이야기문법'이다. 당대의 기록 사리기는 미륵사 조영에 대하여 친절히 기록하지 않는다. 당시에는 모두가 아는 사실이기 때문에. 2016년 익산 쌍릉 발굴에서 유골과 치아가 나와서 해석이 분분하다. 그러니 <무왕>조 연구는 여전히 현재진행형이다.

알량한 실력으로 크낙한 고전에 덤벼들었다. 하지만 책을 냄으로써 나의 이해가 '여기까지' 왔다고 금이라도 그을 수 있지 않겠는가. 독자들도 길 잃지 않을 것이고.

모쪼록 욕심대로 되기를!

날마다 동해대왕님을 맞이한 해파랑길 순례를 마치고
2019년 4월 16일
지은이 씀

차 례

삼국유사 三國遺事
깊이 읽기

이 땅에 사람이 나서,
나라를 세우다

- 〈고조선〉

우리는 단군신화에 대하여
제대로 질문한 적 있는가?

고조선[왕검조선]

『위서』는 이렇게 적고 있다.

지금부터 2천 년 전 단군왕검이라는 이가 있었다. 도읍을 아사달[『경(經)』에서는 무엽산이라 했고 또 백악이라고도 한다. 백주 땅에 있다. 혹은 개성 동쪽에 있다고도 하니 지금의 백악궁(白岳宮)이 그것이다]에 정하고, 나라를 열어 이름을 조선이라 하니 요 임금과 같은 시대다.

옛 기록[古記]에는 이렇게 쓰여 있다.

옛날에 환인(桓因)[곧 제석이다]의 서자 환웅(桓雄)이 있어 자주 천하에 뜻을 두고 인간세상을 욕심내었다. 아버지가 아들의 뜻을 알고 삼위태백(三危太白)을 내려다보니 널리 인간을 이롭게 할 만하여 천부인(天符印) 3개를 주어 가서 다스리게 하였다. (환)웅은 무리 3천 명을 거느리고 태백산 꼭대기[태백은 곧 지금의 묘향산이다] 신단수 아래로 내려왔다. 여기를 신불(神市)이라 부르며, 이 분이 환웅 천왕이다. 풍백(風伯)·우사(雨師)·운사(雲師)를 거느리고 곡식·목숨·질병·형벌·선악 등 인간의 360여 온갖 일을 맡아서 세상을 다스리고 가르쳤다.

이때 곰 한 마리와 범 한 마리가 같은 굴에 살면서 사람이 되게 해달라고 항상 신웅(神雄)에게 빌었다. 그러자 신(神)이 신령스러운 쑥 한 줄기와 마늘 20 쪽을 주고 말하였다. "이것을 먹고 100일 동안 햇빛을 보지 않으면 곧 사람의 모습으로 될 것이다." 곰과 호랑이는 이것을 받아먹고 3·7일 동안 금기를 하는데, 곰은 여자의 몸이 되었으나 호랑이는 참지 못하여 뜻을 이룰 수 없었다.

웅녀는 혼인할 상대가 없어서 언제나 신단수 아래에서 아이를 배게 하여 달라고 빌었다. 환웅은 임시로 사람이 되어 혼인해주었다. 임신하여 아이를 낳았는데 단군왕검이라고 불렀다.

당(唐)의 고(高)임금이 즉위한 지 50년인 경인년[당의 요(堯)임금 즉위 원년은 무진년이므로 50년은 정사년이요 경인이 아니므로 틀린 것 같다.]으로서 평양성[지금의 서경]에 도읍하고 비로소 조선이라 하였다. 또 도읍을 백악산 아사달에 옮겼다. 궁(弓)[혹은 방(方)]홀산(忽山)이라고도 하며 또는 금미달(今彌達)이라고도 한다. 그 뒤 1,500년이나 나라를 다스렸다. 주(周)의 호왕(虎王=武王)이 즉위한 기묘(己卯)에 기자를 조선에 봉하자, 단군은 이에 장당경으로 옮겼다가 나중에 돌아와 아사달에 숨어 산신이 되었다. 나이 1,908살이었다.

(1) 환인·환국 그리고 환웅

환인(桓因)인가 환국(桓國)인가?

오늘날 널리 유통되는 『삼국유사』 중종임신본(정덕본, 1512) <고조선>조의 환인 표기를 보자.

古記云 昔有桓国(謂帝釋也) [옛 기록에는 이렇게 쓰여 있다. 옛날에

환국(곧 제석이다)이 있었다]

파른본 삼국유사

'国(국)'이 '國(국)'의 속자이므로 현대에 와서는 친절하게 '桓國(환국)'으로 인쇄해놓곤 한다. 조선시대 학자들은 물론, 최남선(1890~1957)도 "환국(桓國)적 천제가 환웅적 천자를 강세시키는"이라고 했듯이 '국'자로 읽기에 주저하지 않았다(「단군 신전의 고의(古義)」). 이능화(1868~1943)는 처음에, 환국은 환인의 오자(誤字)가 확실하다고 『조선불교통사』(1918)에서 말했다. 이후 1922년에 「조선신교원류고(朝鮮神敎源流考)」를 쓸 때 환국설로 돌아서면서 "제대로 보지 않아서 후회 막심하다."고 자백한 뒤 '곧 제석이다.'라고 한 것은 망령된 주석으로서 일연의 실수라 했다. 일본학계를 보면 1904년에 동경제국대학 활자본에서 '昔有桓国(석유환국)'으로 교감했으나 이후 환국설을 전혀 받아들이지 않았다. 1927년 『신수대장경』에 실린 『삼국유사』나 이마니시 류[今西龍] 이름으로 나온 조선사학회본이 그러하다. 이들이 환국설을 부정한 까닭은 물론 '곧 제석이다.'라는 끼움주[夾註] 때문이었다.

그런데 중종임신본보다 앞서 조선초기에 간행된 『삼국유사』에는 '桓国'으로 적혀 있었던지, 일찍부터 그렇게 베껴 쓴 석남본(石南은 송석하의 아호)이 있다. 2015년, 파른(손보기의 아호)본이 공개되면서 이 글자는 '国'에서 한 획이 빠진 '㟙'자로 확인되었다.

파른본은 다시 환인·환국 논쟁을 일으켜서 세간의 관심을 끌었다. 일부 '학계'

에서는 이를 확대해석하여, 단군 이전에 이런 거대한 나라가 있었다고 하여 지금까지도 왕성한 연구와 신념은 수그러들지 않고 있다. '시작은 미약했으나 끝은 창대'한 법. 거대한 환국 시대 다음에 환웅이 신단수 아래에서 처음 나라를 열었다고 하면 어딘지 순서가 바뀐 느낌이다. 그런데 '国'자가 아닌데 어찌하랴! 거기에 쓰인 '国'은 '因'을 달리-쓴-글자[異體字]임이 밝혀졌다. 고려시대에 '因'자를 '国'으로도 더러 썼음은 고려대장경『문수사리보초삼매경』에서도 확인된다.

'환인'은 하늘(한울)님

제석은 불교의 호법신으로서 수미산 꼭대기의 도리천에 좌정하고 있는데『묘법연화경』등에 나오는 석제환인(釋帝桓因 ← 釋迦帝桓因陀羅)의 다른 이름이다. 설령 '桓○'의 뒷 글자를 모른다 해도 "제석을 말한다."는 주석을 따르면 桓因이 될 것이다. '환인' 단독으로 제석을 가리키는 경우는 없으므로, 안정복(1712~1791)이『동사강목』에서 지적했던 것처럼 환인을 제석으로 풀이한 것은 지나치게 불교에 기울어진 해석이다. 환인이 제석천이 아니라면 무슨 뜻일까? "환인은 하늘 혹은 하느님의 근원이 되는 어떤-말[語形]의 소리적음[寫音]"이라는 최남선의 해설(「단군고기전석」『사상계』)이 비로소 설득력을 가진다. 불교/한자용어를 빌어 자신들의 토박이말 하느(하늘, 한울)님을 환인이라고 쓰고, 이 생소한 용어를 풀이하는데 '제석' 말고는 달리 하늘에 앉아 계시는 신령을 나타내는 마땅한 말이 없을 듯.『삼국유사』탑상, <흥륜사벽화보현>조에서는 제석이 곧 천제(天帝. 하느님)라 했다. 이승휴의『제왕운기』(1295~1296년 사이 출간)에도 환인을 '상제(上帝)'라 했다.

환인과 환웅, 얼마나 다르고 같은가?

환인의 아들이라는 '환웅(桓雄)'의 고대 소리값[音價]이 어떤지는 정확히 알 수 없지만, 환웅도 환인 못지 않게 발음이 하늘·한울에 가깝다. 그렇다면 단군의 아버지·할아버지 모두 하늘(님)=천신이 되므로 그들 사이의 아버지·아들 관계가 미심쩍다. 비로소 발상의 전환이 요구되는데, 탄생의 씨앗/원인을 제공한 이 즉 아버지에게 '因(인)'자를 씌운 것은 아닐까. 한편 설암 추붕(秋鵬. 1651~1706)의 『묘향산지(妙香山誌)』에는 '桓仁(환인)'이라고 쓰고 있으니, 환인은 불교의 제석신과 더욱 멀어지고 있다. 애초 같은 천신이었지만 두 번째 신격에게 수컷 '雄(웅)'자를 붙인 까닭은, 그가 생명을 탄생시키려면 생식원리에 따라 수컷/남성이 되어야 하는데 그 배역을 환웅이 맡았다. 단군은 환인의 손자이기도 하지만 이승휴의 『제왕운기』의 따르면 단군은 '단웅(<고조선>조의 환웅) 손녀'의 아들이므로 환인의 4, 5대 자손이라는 주장도 가능하다. 이것은 실재하지 않는 세대를 계산하는 데서 나온 혼란이므로 별다른 의미는 없다. 설화마당에서 구연자가 세대를 줄이거나(겹치거나) 늘이는 현상은 더러 있는 일이다. 문자화되어 있지 않은 상태에서 일어나는 가변성이다.

(2) 단군신화와 곰·호랑이

단군의 왕비가 있는가?

지금까지 단군신화를 해석할 때 선배학자들은 고장의 뒷산은 제쳐두고 먼 나라의 인종과 지구 생태계까지 알뜰히 챙겼다. 그래서 우리가 얻은 결론이란 흡사 남의 이야기처럼 들린다. 내가 보기에 단군신화의 요지는 이것이다. 환웅천왕이 태백산 꼭대기에 내려왔고, 그의 주거 공간은 산이었다. 환웅의 아들 단군도 종국에는 산신이 되었다. 그러므로 단군은 산신의 아들로서, 그 자신도 산신이다. 여기에 환인까지를 더하면, 단군신화는 세 분 신령들의 - 삼성(三聖) - 계보와 세계를 펼쳐 놓은 이야기다.

환웅은 천지와 인간세상의 질서를 바로잡아주었고, 단군은 건국시조가 되었다. 2대에서 3대로 내려갈수록 인간과 가까워졌으며, 신화는 나름대로 그렇게 된 까닭/과정을 밝히고 있다. 그 발단은 환웅이 산꼭대기로 내려온 것이며, 단군의 어머니가 사람[웅녀]이라고 한다. 단군신화는 이야기 중간에서 단군 출생의 과정도 밝혀야 하는 인간 이야기로 전개된다.

신화의 무대에는 동물도 등장한다. 그 가운데, 곰은 여자가 되었고 산에 남은 배우는 호랑이 뿐이다. 단군이 죽어 산신이 되었고, 신과 동물이 서로 몸을 바꿀 수 있는 것이라면, 단군은 범이 될 확률이 더 크다. 단군=산신이 범이라고 쓰여 있지는 않지만, 서사논리상으로는 단군=산신=범의 등식도 가능하다. 아래 그림을 보면 더 이해가 빠를 것이다.

이런 이야기 문법을 두고 신화학자는 "단군신화에서 웅녀는 단군을 낳기 위해 잠시 자궁을 내어준 대리모 같다. 단군을 낳았다는 진술 이후 웅녀에 대한 언급은 어디에도 없지 않은가"(조현설, 『우리신화의 수수께끼』)라고 했다. 자신의 이야기를 잃고 타자화한 여성(여신)이라는 얘기다.

단군신화의 무대가 묘향산이나 구월산·마니산 등 어느 산이든간에 산신의 유래

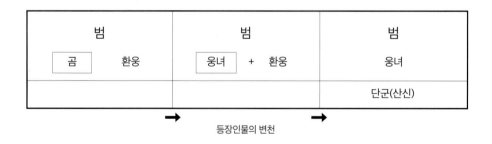

등장인물의 변천

담(由來譚)/본풀이로서 전해져 왔을 것이다. 단군은 이곳의 산신으로 좌정하여, 주민들의 제사를 받고 있던 살아 있는 신이다. 우리나라 산신당의 주신(主神)이 산신이자 인물신이듯이, 단군신화도 처음에는 이들 마을의 당신(堂神) 이야기 정도에 지나지 않았을 터.

고려말 몽골의 침략을 받자 그에 대응하여 민족 공동의 조상을 설정하고, 그 화합과 동질성을 도모하여 고조선의 개국신화로부터 시작하여 후삼국 역사까지 정리하기에 이른다. 서경 주변에 남아 있는 고조선 유적과 고구려를 비롯한 삼국의 개국신화에 대해서도 재해석이 필요했다. 다름 아닌 단군과의 연관성이다. 『삼국유사』 고구려조에 인용된 '단군(본)기'를 보면 단군은 부여의 시조 부루(夫婁)를 낳았다고 한다. 이승휴는 『제왕운기』에서 이렇게 썼다. "이름은 단군이라 하고, 조선의 땅을 차지하여 왕이 되었다. 이런 까닭에 시라(尸羅. 신라)·고례(高禮. 고구려)·남북옥저·동북부여·예(濊)와 맥(貊)은 모두 단군의 자손이다." 산신에서 출발한 단군은 비로소 고대 한반도 및 주변 나라의 맏시조[長始祖]가 되어 고려인들의 호국신으로서 나라를 지켰다. 근대에 와서도 일본에 나라를 빼앗기자 똑같은 일이 일어났는데 천도교나 대종교 등 민족종교의 발흥이 그렇다. 다종교(多宗敎) 시대인 지금, 앞으로 나라가 어지러워진다면 무엇이 그 구심점이 될지?

단골(손님), '하얀 산' 숭배자들

'단군'의 말뜻을 육당 최남선은 이렇게 풀었다. 단군은 무당의 다른 이름인 '단골(당굴)'을 한자로 적은 것으로서 몽골이나 터키말의 '텡그리(Tengri)'와 공통된다(『불함문화론』). 그 시절에 이런 외국어까지 접한 박학다식이 놀랍다. 단골은 원래 세습무당을 가리킨다. 전라도 지방에는 마을마다 정해진 무속인이 있어서 동네 사람들의 애환을 치유하는데 마을이 존속하는 한 해당 무당도 대를 이어 '고객'을 상대한다. 이 말이 확대 전파되어 상업거래상의 고정 손님을 '단골(손님)'이라 하게 되었다.

지구상에는 나날이 텡그리와 접하는 사람들이 있다. 키르기즈스탄-카자흐스탄 사이 천산(天山)산맥에서 가장 높은(≒7,000미터) 칸-텡그리(Khan-Tengri)가 솟아 있다. 그 나라말로 텡그리는 하늘[天]이자 신[神]이니 곧 천산이며 신성한 산이다. '칸'·'한(Han)'은 임금[王]이니 '천왕산'이라 해도 된다.

단군·단골·텡그리 그리고 영웅신화! 이곳 키르기즈스탄에 온 한국인들은 중앙아시아의 이 땅이 한국인들의 본고장이 아닌가 하는 착각이 들게 되어 있다. 이 나라의 수도 비쉬켁 어디에서나 만년설을, 그것을 여름에 보면서 "아, 저 산이 백산(白山)이다. 저 높고 끝없이 이어지는 산맥이야말로 태.백.산.맥이 아닌가."하는 탄성이 나온다.

키르기즈스탄은 오래 전에 우리가 두고 온 산하(山河)가 아닌가 하는 '착각'의 결정판은 주(駐)키르기즈스탄 정병후 대사가 우리들을 만찬에 초대하여 내놓은 주장이다.

> 환웅이 하늘에서 지구로 내려올 때 무언가 보여야, 목표가 있어야 찾아오지 않겠어요. 그 까마득한 우주에서 백두산 천지가 보일 리가 있나요. 조그만 웅덩이 정도인데. 나는 환웅이 이 나라 이쉬쿨 호수, 수평선이 보이는 이 세계 3대 호수를 보고 내려왔다고 봐요, 틀림없이.　　　　　　　　　　　　　　　　　　　　　(2017년 8월)

실은 천산산맥에도 '천지(天池)'가 있다.

산맥의 동쪽 끝 높이 5,445m인 보그다 봉우리의 산중턱에 천연의 호수 천지가 있다. 우룸치 시내에서 110km 지점, 해발 1,980m, 길이 3.4km, 너비 1.5km, 수심 105m의 반달 모양 호면 넓이는 4.9평방킬로 (건너뜀) 빙하호수였다. 백두산(불함산, 태백산, 장백산)이 천연 빗물이 고인 못이라면, 이곳 천지는 빙하가 녹은 물이다. (건너뜀) 규모에서 보면 백두산 천지에 이곳 천지가 조금은 당하지 못한다. (건너뜀) 무엇보다 신비한 것이 백두산 천지다. 무엇보다 성스러운 것이 백두산 천지다. 신비스럽다든가 성스럽다는 것은 무엇인가. 아마도 그것은 관념에 지나지 않는 것이 아닐까. 우리가 날 때부터 머리에 이고 살은 산이 백두산이었고 동해였고 무궁화였고 천지였다.

(김윤식, 『천지 가는 길』)

문헌상으로 우리 겨레가 백두산을 꿈기 시작한 때는 아주 오래되지는 않았다. 고려 중기의 학자 김관의(金寬毅)의 『편년통록』에 나오는 이야기로서 이승휴의 『제왕운기』나 『고려사』에도 실린 태조 왕건의 선조 호경장군에 대한 이야기다.

처음 백두산으로부터 아홉 사람을 거느리고 사냥놀이를 왔다가 마치고는 산굴 속에서 자는데 호랑이가 와서 울부짖으며 떠나지 않았다.

백두산은 주변 산들의 비롯됨[始源]이자 어른으로 나타난다. 고려시대에 백두산은 고려의 영토 바깥에 있지만, 서경천도를 주장한 묘청(~ 1135)이 자신의 팔성당(八聖堂)에 '호국백두악태백선인실덕문수사리보살(護國白頭嶽太白仙人實德文殊舍利

菩薩)'을 모신 이래 이인로(1152~1220)가『파한집』에서 고려 산천의 백두산 연원설을 말한 바 있다.『삼국유사』에도 오대산의 뿌리가 백두산이라고 나온다(<대산오만진진>·<명주오대산보질도태자전기>). 우리의 선조들이 한자를 익히고, 중국 문헌을 교과서로 하여 공부한 결과는 지식 범위가 교재를 넘어서기 어렵다. 그보다는 백두산 지역이 그리 문제된 적이 없었다. 그것은 한반도의 북방 종족이 분파·발전하여 나라를 세우고, 아래위 국제관계를 요구해 왔을 때 비로소 눈에 들어오는 강토의식이다. 이후 겨레와 나라의 꿈을 펼칠 때 그 영역을 마음에 새겨두는 기억이자 다짐이다.

익히 아는 소리를 거듭하는 까닭은 단군신화를 말할 때 천지를 들먹이지 말자는 뜻이다. 그 신화에 어디 산정호수가 있었던가. 이것은 일종의 착시현상이고, 사료 읽는 이가 원문을 벗어나 따로 노는 본보기다. '태백산'은 신화=이야기 속의 산이다. 고대 사료에 보이는 땅이름을 위치비정할 때 그 후보지는 여럿 나오게 마련이다. 전국에 '△백산'이 어디 한두 군데인가.

곰인가 범인가? - 호랑이, 권리를 되찾다

단군신화에서 곰은 여인이 되어 단군을 낳았다. 이를 두고 흔히 우리민족이 가졌던 곰 토템을 말한다. 설화에서 '산신령인 곰'이 나타나는 경우가 하나 있기는 하지만(남창 손진태선생 유고집2) 예로부터 한국인들의 동물숭배를 들자면 산신인 범을 제외하고는 별로 없다. 중국의 정사(正史)『삼국지』에서도 오늘날의 함경도와 강원도 지역에 있던 예(濊)나라에서는 호랑이를 신으로 여겨 제사지낸다 했다. 무릇 온 나라 산 위에 모셔놓은 산신당과 산신도를 돌이켜 볼 일이다. 오래 된 그림일수록 산을 배경으로 호랑이 한 마리만 있다. 점차 '고객'을 배려하여 의인화된 산신=할아버지가 호랑이를 거느리거나 깔고 앉아 있는데 1인2역(mountain spirit & his alter-ego)의 그림이다.

'호랑이 담배 먹던 시절'이란 말을 떠올리면 산신도는 아주 오래 전부터 있었을 것으로 생각하기 쉽다. 하지만 담배가 임진왜란 때 들어왔다고 하니 이 말도 실은 그리 오래된 것은 아니다. 마찬가지로 우리나라의 산신도는 1800년대부터 등장한다. 누가 신을 보았을 것이며, 보았다 한들 누가 (산)신의 형상을 감히 그리겠는가.

단군신화에서 호랑이의 존재는 결코 무의미하지 않다. 웅녀 화소대로의 논리라면 굳이 범이 있을 필요도 없으며, 곰을 돋보이게 하는 열등생·패배자[loser]로서의 범이라 하기에는 어딘지 석연치 않다. 지금까지 곰 위주로 단군신화를 생각하다보니 실제 범이 맡은 역할은 거의 없는 것처럼 보인다. 그렇지만 범은 산과 같이 단지 존재함으로써 신의 모습을 훌륭히 연기하고 있다. 범은 참을성이 적다거나, 채식을 하지 않는 식성 때문에 금기를 지키지 못했을 것이라는 해석도 있지만, 당초에 범은 이러한 시험에 빠질 존재가 아니었다. 그건 그렇고, 신들의 세계에서 과연 배우자가 필요할까?

우리 옛말의 '감·금'은 '어른[長]·임금[王]·신령[神]'의 뜻을 가지고 있다. 송 나라 손목(孫穆)의 고려말사전[高麗方言書] 『계림유사(鷄林類事)』에는 "호랑이를 '감'이라 하고(虎曰監) '범'(蒲南切 - 원주)"이라 하였다. 이것 또한 '虎[호(랑이)]'에 신의 뜻이 있음을 말해주며, 신령으로서의 범은 또 다른 신 환웅과 짝할 만하다.

곰의 출현에 대하여 돌이켜보자. 환웅이 환인의 아들이라는 데 대해서는 아무런 설명이 없었지만, 단군에 대해서는 다르다. 건국의 시조 단군은 인간과 마찬가지로 '출생'의 모습을 갖추어야 실감이 난다. 생명의 기원을 설명하는 논리로는 창조설과 생식설이 있다. 예를 들면, 하늘에서 내려온 벌레가 자라나서 사람이 되었다는 한국 신화 고유의 화소는 창조·진화론적 사유다. 단군신화는 생식설에 입

대구 동화사의 산신도(ⓒ최희준)

각하여 곰을 등장시키고 있다. 환웅이 자식을 낳으려면 배우자가 필요하다. 곰은 환웅의 배우자로서 신이어야 하고, 단군의 어머니로서 인간이어야 한다. 우리는 그동안 곰의 인간됨만 말하여왔지, 곰이 신이기도 한 논리와 말뜻에 대해서는 침묵하여왔다.

이미 고려 후기에 신을 표기하는 한자는 '熊(웅)'으로 거의 정착된 모양이다. 그래서 神(雄)은 그 상대의 神(熊)과 혼인이 이루어진다는 유권해석이 나온다. 이 결합을 생식론적으로 설명해주는 장치(mechanism)가 마늘 및 금기[taboo] 화소[話素. motif]다. 문헌상에서 곰과 비교해볼 때 호랑이를 신으로 내세운 예는 『계림유사』를 비롯하여, 단군신화에서 그 일부를 볼 수 있다.

두 짐승을 형상화한 유물을 보자. 충남 공주시 곰나루의 웅신사(熊神祠)에는 곰

석상이 모셔져 있다. 1970년대에 주변에서 발견된 유물이다. 거기에 비하면 왕릉이나 큰 무덤 앞의 돌호랑이(石虎)또는 그 안속 무덤그림(벽화)의 호랑이는 일반적이다. 호랑이 형상의 유물은 경북 영천 어은동 유적, 경주 사라리 유적, 김해 대성동 유적에서 삼한시대의 유물 띠쇠(버클, 帶鉤)가 출토된 바 있다. 최근 청주시 오송면에 생명산업과학단지를 세울 때 2~3세기의 호랑이 모양 띠쇠가 출토되었는데, 익살스럽게 입을 벌린 채 웅크리고 앉은 어미 호랑이와 둘둘 말린 어미의 꼬리에 발을 걸친 새끼 호랑이를 조각했다.(사진) 이러한 허리띠를 찬 사람은 지역의 권력자/존장(尊長)일 터인데 그들이 호랑이로써 자신의 지위를 상징한 사실이 의미심장하다.

곰은 신이다

혜통(惠通)은 7세기 후반에 활동한 고승이다. 일찍이 당나라로 건너가서 어렵게 밀교의 거장 선무외 삼장의 제자가 되었다. 혜통이 신통력으로 당나라 공주의 병을 고쳐주자, 병을 일으켰던 독룡(毒龍)은 원한을 품고 신라의 문잉림이라는 숲에까지 쫓아 와서 분탕질했다.

> 용(龍)은 이미 정공(鄭恭)에게 원수를 갚자 기장산(機張山)에 가서 웅신(熊神)이 되어 해독을 끼침이 더욱 심하여 백성들이 많이 괴로워하였다. 혜통은 그 산에 가서 용을 달래어 살생하지 말라는 계율을 가르쳤다. 신(神)의 해악이 그제야 그쳤다.[『삼국유사』, 신주, 혜통항룡]

위 인용문에 나오는 이야기에서 용은 '교룡(蛟龍)'·'독룡'으로도 쓰였는데, 여기서는 龍→熊神→龍→神의 차례로 쓰였다. '熊神'을 글자대로 보아 곰 신앙의 증거

오송면 생명산업과학단지 호랑이 장식 띠쇠(©오세윤)

로 보기도 하며, 용을 웅신이라 했으니 무슨 착오 같다고 연구자들은 의심하거나, 번역하지 않고 넘어간 책도 있다. 한자를 본래의 뜻대로 새기려면 그럴 수 있지만, 원문에 보이는 등식은 어디까지나 龍=熊=神이다. 이들 모두가 神이지만 그 대표격이자 원초적 표현 '熊'을 빌어 중간에 한 번 더 '熊神'이라고 써주었다. '熊神'의 '熊'자는 글자대로의 뜻 곰이 아니라 바로 뒤의 '神'을 말하는 겹말[同語反覆]이다. '熊'은 그 소리값 '곰·금·고마(固麻)'만을 취하여 '神'의 뜻으로 썼다. 일본말의 '가미[神]'도 여기에 해당된다.

조선 세종 때까지 충청도 서천군의 물귀신[水神] 제사터는 '熊津溟所'였는데 『신증동국여지승람』에 오면 '용진(龍津)'으로 바뀔 수 있었던 것도 '熊'이 곰의 뜻이 아니기에 가능한 일이었다.

큰 홍수와 인류 (1)

옛날 큰 홍수가 난 적이 있었다. 오랫동안 큰비와 물살로 인해 이 세상은 모두 바다로 변해버렸다. 생물은 물론이고 인간이라고 하는 것까지도 전부 씨가 말라버렸다. 그 가운데 오직 두 사람, 오빠와 누이동생이 살아남아 높은 산 위에 표류하여 큰 나무에 올라가 있었다.

큰물이 빠져나가 세상이 원래대로 되자 인간은 한 사람도 남아 있지 않았으니, 그 오누이가 결혼하지 않으면 인간의 씨는 말라버리지 않을 수 없었다. 그렇지만 오누이간에 결혼 할 수는 없는 노릇이기에 두 사람은 결국 늙어가서 머리가 빠지기 시작하였다. 그 때 호랑이 한 마리가 어디선가 남자 하나를 데리고 와서 누이는 그 남자와 결혼하여 아들을 낳고 드디어 오늘날 인류의 조상이 되었다고도 한다.

(1923년 11월 8일 부산부 좌천동 김승태군 구술. 손진태, 『조선민담집』)

이쯤해서, 여인이 된 곰이 뱃사공을 만나 자식들 낳고 살다가 곰으로 되돌아가는 슬픈 얘기라든가 더 지독한 버전은, 이렇게 결말을 맺게 된 이상 자식들까지 모조리 죽이고 사라지는 얘기 등 '곰나루 전설'을 한 번쯤 읽어볼 일이다. 지금도 건재하는 곰여인[熊→女] 버전이다. 나라로부터 위함[尊崇]을 받던 곰나루제사는 신라시대 이래 나라의 네 물가제사 [四瀆] 가운데 곰[熊] 글자가 들어 있는 지명이어서 널리 알려진 듯하다.

『묘향산지』

신의 아들이 내려와 인간을 낳는다는 이야기 속에 설정된 암·수 곧 남녀의 짝짓기에 대하여, 묘향산에서 구전되는 또 다른 단군신화의 버전(각편)을 접할 수 있어

〈함길도 도절제사가 우지개 내의 소문을 전하다〉

함길도 도절제사가 회령 절제사(會寧節制使)의 정문(呈文)에 의거해서 병조(兵曹)에 이첩(移牒)하였다.

"오도리(吾都里) 지휘(指揮) 마가탕(馬加湯)이 와서 말하기를, '구주(具州)의 우지개(亏知介) 등이 떠들어대어 전(傳)하기를, 「어느 사람이 강에서 큰 고기를 잡았는데 배를 갈라 보니 두 아이를 배었다 하기에, 그 사람이 동네 사람과 함께 가 보니 아이는 모두 이미 죽었다.」고 하 또 말하기를, '우지개(亏知介)의 풍속이 여자는 모두 방울을 차는데, 무오년 5월에 여자 세 사람이 벚나무 껍질을 벗기기 위하여 산에 들어갔다가, 한 여자는 집으로 돌아오고 두 여자는 돌아오지 않았는데, 그 해 11월에 사냥하는 사람이 산에 들어가서 곰 사냥을 하다가, 나무의 빈 구멍 속에서 방울 소리가 나는 것을 듣고, 나무를 베어 내고 보니, 두 여자가 모두 아이를 데리고 있었으므로, 그 연유를 물으니 대답하기를, 「지난 5월에 벚나무 껍질을 벗기려고 산 속에 들어왔다가 길을 잃어 집에 돌아가지 못하였는데, 수곰의 협박을 당하여 함께 자서 각각 아이를 낳았다.」고 하였는데, 그 아이의 얼굴이 반은 곰의 모양과 같았다. 그 사람이 그 아이를 죽이고 두 여자를 거느리고 돌아왔다.'고 하였습니다." 하였다.

(『세종실록』 권86, 21년 7월 2일)

웬 사내가 나무하러 갔다가 암곰에게 잡혀 굴에서 몇 년 동거하게 되었다. 그 사이에 곰 새끼 두 마리가 태어난다. 자식을 낳은 뒤 암곰은 안심하고 굴을 비운 사이 사내는 도망쳐 배를 타고 강을 건넌다. 이를 알게 된 곰은 뒤따라와서 자식을 죽이겠다고 위협하지만 사내는 가 버린다. 곰은 두 자식을 물에 던지고 자신도 강물에 빠져 죽는다. 곰이 죽은 뒤부터 배가 자주 뒤집히자, 나라에서 사당을 지어 그 넋을 위로한 뒤로는 배사고가 그쳤다.

공주의 곰나루 전설

다행한 일이다.

> 지난 일은 아주 오래되어 그 사실을 말하기가 어렵다. 다만 대조기
> (朝代記?)에 말하기를, "환인(桓仁)의 아들 환웅(桓熊)이 태백산의 신단
> (神檀) 아래로 내려와서 살았다. 환웅이 어느 날 백호(白虎)와 교통(交
> 通)하여 아들을 낳으니 이 분이 단군(檀君)이시며, 우리 동방에 나라
> 를 세운 군장(君長)이 되시어 요(堯) 임금과 같은 해에 나라를 다스리
> 셨다."고 하였으니, (그렇다면 그 말은) 세상 사람들이 기이한 것을 좋
> 아하고 잘못된 것을 답습하는 말이 아님이 분명하다. (설암 추봉, 『묘
> 향산지』)

환인의 표기도 색다르지만, 생식이라는 명제를 풀려다보니 환웅을 곧바로 곰
桓熊으로 처리하여 백호와 관계를 맺는 것으로 되어 있다. 어느 쪽이 암·수컷인
지 언급도 없지만, 그러한 물음 자체가 『삼국유사』의 단군신화에 물든 발상이다.
교합을 하지 않는 신에게 성의 구별은 의미가 없다. 환웅과 백호의 교합이란 신
이 자식을 '출산'한다는 설정에 지나지 않는다. 환웅과 혼인했다는 백호도 신일뿐
이다. 곰을 굳이 여자로 변신시키지 않아도 단군 탄생의 신비를 이야기하고 있는
『묘향산지』의 단군신화는 서사 논리로 볼 때 오히려 <고조선>조보다 더 오래된
모습을 간직하고 있다.

그뿐 아니다. 『묘향산지』가 있음으로써 <고조선>조의 단군신화도 더 잘 이해된
다. 흔히 호랑이를 거느리고 있는 산신도를 보면 애초 산신은 남성[할아버지]이어
야하는데 <고조선>조 버전에서는 호랑이가 여자 되기를 염원했다. 『묘향산지』는
이미 그 소원이 이루어진 버전이다.

여성 산신들

산신도에 여자가 등장하는 예는 계룡산 중악단의 종전 산신그림을 위시하여 적지 않으며, 일찍부터 선도성모·운제산성모 등 여성 산신이 많았다. 현재도 할미산·노고산(老姑壇)·대모산(大母山) 등 여성 산 이름이 많다. 호랑이 및 여성 산신과 관련하여 고려 태조 왕건의 조상 호경(虎景) 전설은 흥미롭다.

> 호경이 마을 사람 9명과 평나산에 매 잡으러 갔다가 날이 저물어 굴 속에서 자게 되었는데, 범 한 마리가 굴을 막고 포효하였다. 열 사람 은 각자의 관(冠)을 던져서 범이 짚는 관의 주인이 범과 상대하기로 정했다. 범이 호경의 관을 물자, 호경이 나가서 싸우려하는데, 갑자기 범은 사라지고 굴이 무너져 아홉 사람은 죽었다. 호경은 마을로 돌아와 이들을 장사지내려고 먼저 산신에게 제사지냈더니, 산신이 나타나 말하였다. "나는 과부로서 이 산의 주인이다. 다행히 장군[호경]을 만나 서로 부부의 인연을 맺고 함께 신정(神政)을 펼치고자, 그 대를 이 산의 대왕으로 봉하려한다." 마을 사람들은 호경을 대왕으로 삼고 사당을 세워 제사지냈다.[『고려사』1, 고려세계]

이렇게 호경이 평나산신 즉 대왕이 되었지만, 원래는 과부 호랑이가 평나산신이었다. 호랑이는 신이며 여성임을 알 수 있다. 그리고 산신의 주체는 호랑이이기도 하고, 호경이기도 한 데서 신격의 자기분화를 읽을 수 있다.

후백제를 세운 견훤이 아기 때 그 어머니가 들에서 잠시 자리를 비운 사이에 호랑이가 와서 젖을 먹였다고 한다(『삼국사기』견훤전). 이렇게 보면 문헌 및 구전설화에 등장하는 신화상의 동물은 단연 호랑이다.

나라를 연 첫 임금이 호랑이의 배우자라든가 호랑이가 기른 자식 또는, 이 산왕(山王. 虎)이 보호한 인물이라는 관념은 조선시대에 들어와서도 바뀌지 않는다. 태조 이성계에게는 숨기고 싶은 사실이 있다. 나라를 세우는 과정에서 부득이 많은 사람을 죽인 것. 이 콤플렉스를 해결해주려고 호랑이는 이성계의 동료들을 모두 굴속에 몰아넣어 죽였다(아래 네모칸). 이런 맥락에서 보더라도 고조선조의 단군만이 곰의 자식이라는 모티프는 우리 역사와 문화로 볼 때 예외적이다.

경기도 의정부시 장암동 수락산의 쌍암사에는 대웅전 경내의 거대한 돌덩이에 암벽을 배경으로 여산신(할머니)이 호랑이를 깔고 앉아 있고, 좌우로 동자가 합장하면서 산신을 시봉하는 원각고부조상(圓角高浮彫像)을(밑변 650cm, 높이 150cm) 새겨놓고 있다(사진). 원래 선각(線刻)이 있던 것을 10년 전에 바위덩이 앞면을 깎아서 모신 것이다.

그 많은 호랑이 이야기

한국사람이 태어나서 제일 먼저 듣고, 많이 듣는 것이 호랑이 이야기다. 꾀 많은 토끼에게 속아서 꼬리를 물에 담갔다가 얼어붙어 나오지도 못하고 말았다는 등. 마을마다 호랑이 보았다는 사람, 만났다는 사람이 있다. 나도 자주 듣는 이야기다. 대개 자기 고을에서 출세한 아무개를 두고, 그 양반은 어렸을 적 마을에 있을 때도 호랑이를 몰고 다녔다고들 말한다. 이런 말도 한다. 호랑이와 마주쳤는지도 몰랐는데 산길을 가다가 무언가 불덩이 같은 것이 슬로우-비디오로 자기 앞을 지나가더란다. 나중에 생각하니 바로 호랑이였다. 이 점, 달리 이야깃거리도 없는 곰(탱이)과 비교하면 너무 대조적이다.

여기, 적은 산골마을 한 군데서만도 아래와 같이 호랑이얘기가 적지 않다. 이 신령한 동물의 착하고 어엿함, 가깝고도 먼 관념이 고스란히 배어 있다.

이성계의 어린시절

이성계가 어렸을 적에 동무덜허고 산에서 군사놀이를 하넌디 그 중 한 놈이 잘못헝께 이런 놈한티는 군법을 시행히야 헌다고 험서 그만 그놈의 목을 낫으로 비어 쥑여 버렸다. 그리고 낭계 갑재기 비가 쏟아져서 아그덜은 모다 비를 개니하고 큰 바우굴로 들어갔다. 그릿더니 난디없는 큰 호랭이가 바우굴 앞에 와서 어헝! 허며 소리 지름서 큰 입을 쩌억 벌리고 있었다. 모다 무서워서 벌벌 떨고 있넌디 이성계만은 무서워허지 않고 호랭이보고 "니가 여그 멋허로 왔냐, 우리를 잡어먹을라고 왔냐"허고 물었다. 호랭이 그렇다는 듯이 고개를 끄덕끄덕힜다. "다 잡어먹을래?"헝께 아니란 듯이 고래를 옆으로 살살 내둘렀다. "그럼 하나만 잡어먹을레?"헝께 그렇다는딧기 고개를 끄덕끄덕힜다. 이성계는 아그덜보고 "우리 중에 호랭이가 잡어먹을 아가 있당께 우리 씨이리 적삼을 벗어서 호랭이 앞으로 덴져서 호랭이가 물어가는 적삼으 임자가 호랭이헌티로 나가 보자" 이렇게 말헝께 다른 아덜도 그러자고 힜다. 그리서 아그덜이 씨이리 적삼을 벗어서 호랭이 앞으로 던졌다. 그랬더니 다른 아그덜 적삼은 안 물어가고 이성계 적삼만 델컥 물어갔다. 그리서 이성계는 호랭이 앞으로 가니라고 바우굴에서 나갔다. 그랬더니 이성계가 나가자마자 별안간 그 큰 바우가 무너져서 그 굴 속에 있는 아그덜은 다 죽고 말았다. 호랭이는 간디 없이 가 버리고 말았다.

이것은 이성계와 같이 뒤에 큰 일을 헐 사람은 하늘이 돕니라고 그맀다는 것이다. 이성계가 군사놀이 험서 잘못힜다고 군법 시행으로 사람을 쥑여서 여럿이 봤던 일이 소문나면 이성계는 살인으로 몰려서 죽게 됭께 이런 소문이 안 나게 헐라면 이성계가 살인헌 것을 본 사람은 죄다 없어야 헝께 하늘이 비를 내려 바우 밑으로 들어가게 허고 호랭이를 보내서 이성계만 나오게 히서 아무일 없이 살게 힜다는 것이다.

*1924년 5월 순창군 순창면 은행정리 김영호 (임석재, 『한국구전설화, 전라북도편 1』)

의정부시 쌍암사 여산신

① 백봉령 호랑이

　　우리 시할아버지 나이가 많았거든. 두 노인들이 살았는데 우리는 큰
집이고, 우리 작은 할아버이 집인데요. 우리 시할아버이 얘기가, 엿
을 사가지고 팔러 저 백봉령인가 사방 글로 뎅겼는데요. 엿장사하느
라고, 가지고 가는데 호랭이가 가로 서가며 따라 같이 갈 때면 든든
하더라고. 떨어지면 무섭더래, 그 놈이 옆에 올 땐 무섭지는 않더래,

그냥 멀쩡하더래요. (고단리 박석봉 님)

② 호랑이 만난 이야기

　나도 호랭이를 만나가지고, 저 위에 심상호 집에, 그 때 누가 살았나, 내려오더니 말이야. 지금도 길이 신작로 사람만 다니고 그러는데, 그 때 우리 한 20살 되고 이랬어. 내려오더니 산에서 뭐이 난데없는 놈이 산에 쳐다보니 불이 번쩍 번쩍 하는게 비추케. 그래 뭔 불이 후라시 비추는 것처럼 번쩍 번쩍 해. 이래 보니까 진짜 호랭이 불이란 말이야. 겁이 나서 내려오다가 저 위에 강만이 사는 데 거기 내려와 철재? 어머니도 마당에서 내다보니까 그 불이 보이더래. 그래 내가 들어오니 빨리 들어와 그래. 왜서 그래 이러니, 빨리 들어와, 들어가서 그러니 나도 보고 있어 그래. 나는 신작로로 내려오고 그 놈은 산에서 가로다지 내려오니 사람을 자꾸 보니까 불이 번쩍번쩍 하는게 보이더라고. 그래 한번은 호랭이 불을 봤거든. (고단리 박재운)

　6.25 전쟁 이후에는 호랑이를 본 사람이 별로 없다. 하지만 이 동네는 높은 산이 많아서 재를 넘어오다가 호랑이를 보고 놀라서 결국 나중에 죽었다는 이야기가 전해온다. 그러나 박석봉 할머니는 호랑이가 별로 무섭지 않더라고 했다. 실제로 밤에 산길을 갈 때 짐승이 따라오는 것을 느낀다. 하지만 눈에 보이지는 않는다는 것이다. 박재운 할아버지는 팔자에 있어야 호랑이에게 잡혀 먹히는 것이라면서 여간해서는 호랑이가 사람을 보고 비킨다고 한다. 거기에 박석봉 할머니는 호랑이가 무섭지 않을 뿐 아니라 매우 인간적 존재라는 이야기를 하나 더 거들었다.

③ 친정어머니에게서 들은 호랑이 이야기

우리 어머니가 삼척 도계 있을 적에, 나물 뜯으러, 새닥일 적에 늑구 동이라는 동네를 여러이 갔는데, 나물 뜯으러. 안개가 자욱하게 내렸는데 나물은 쪼만치 뜯고 뒤에 짊어지기도 하고 그러고는 어디 가니 뭐이 새까만 게 강아지 새끼가 참 이쁘더래, 반질반질 한 게, 요고 뭐이 이쁘냐 하며 요래 만지니, 호랭이가 머리맡에 내려다가 좋다고 허허 웃으니 이 새댁들이 놀래 가지고, 뭐이 이래는가 하고 오다가 보니 신도 다 벗겨지고 비녀도 다 빠져 달아나고 나물 보따리 다 달아나고 옴매나 식겁했다니. 아침에 자고 일어나니 집집마다 다 갖다 놨더래요. 신발을, 비녀도 갖다 놓고 아주 똑바로 갖다가 사람을 알고 하나도 빠지지 않게 하고 물건을 참 명감하더래요. 자기 새끼를 보고 이쁘다 한다고 그래 웃는다는 게 놀래가지고 신을 다 벗어 내버리고 이게 다 글러지고 난리가 났데. 비녀가 다 빠져 달아나고 다 집집마다 뜨럭에 갖다 놨더라고.

(제보자 : 박석봉)

고단 2리 마을에는 실제 호랑이를 봤다는 이야기도 전한다. 재당골에서 약초를 캐고 있는데 호랑이가 있더라는 것이다. 약초를 캐다가 기침이 나서 얼굴을 들고 보니 호랑이가 이렇게 앉아서 내려다보더라는 것이다. 호랑이가 혀를 한번 돌리는 것을 보고는 눈을 꾹 감았더니 눈을 꿈뻑 하더란다. 그래서 '날 잡수시오.'하고 엎드려있다 보니 얼마 지나서 없어졌다고 한다. 그게 호랑이인지 돼지인지 확인은 안 된 이야기지만 실제로 그 일을 당한 사람은 홍순덕 할머니라고 한다. (임영민속연구회, 『강릉시 왕산면 전통 생활문화 조사』)

④ 땅이름 '호랑이산'

옛날 경북 청도군에 노부모가 무남독녀를 데리고 살았다. 어느날 딸이 행방불명이 되었다. 1년이 지나 마을사람들이 깊은 산에서 딸을 보았다고 한다. 호랑이가 그녀 곁에서 짐승고기를 먹고 있었고 그녀는 불을 피우고 있었다는 것이다. 부모들이 뛰어가 보니 딸은 상복(喪服)을 입고 있었다. 한사코 딸이 하산하지 않겠다고 해서 부모는 허사로 돌아왔다. 그로부터 몇 년 뒤, 어느 날 큰 호랑이가 나타나 부모를 업고 산으로 갔다. 딸이 죽어 있었는데 유서에는 부모에게 불효를 용서해 달라는 말과 함께 그동안 호랑이와 함께 살았으니 산에 묻어달라는 것이었다. 부모는 동네사람들의 협조로 소원대로 해주었다. 그래서 호산(虎山)이 되었다.

(류증선, 『영남의 전설』)

⑤ 호랑이 형님

저자: 방정환

1926년 《어린이》 신년호에 발표.

옛날 호랑이 담배 먹을 적 일입니다.

지혜 많은 나무꾼 한 사람이 깊은 산 속에 나무를 하러 갔다가, 길도 없는 나무 숲속에서 크디큰 호랑이를 만났습니다.

며칠이나 주린 듯싶은 무서운 호랑이가 기다리고 있었던 듯이 그 큰 입을 벌리고 오는 것과 딱 맞닥뜨렸습니다. 소리를 질러도 소용이 있겠습니까, 달아난다 한들 뛸 수가 있겠습니까. 꼼짝달싹을 못하고, 고스란히 잡혀먹히게 되었습니다..

악 소리도 못 지르고, 그냥 기절해 쓰러질 판인데, 이 나무꾼이 원래 지혜가 많고 능청스런 사람이라, 얼른 지게를 진 채 엎드려 절[拜禮]을 한 번 공손히 하고,

"에구, 형님! 인제야 만나 뵙니다 그려."

하고, 손이라도 쥘 듯이 가깝게 다가갔습니다. 호랑이도 형님이란 소리에 어이가 없었는지,

“이놈아, 사람 놈이 나를 보고 형님이라니, 형님은 무슨 형님이냐?”

합니다.

나무꾼은 시치미를 딱 떼고 능청스럽게,

“우리 어머니께서 늘 말씀하시기를, 너의 형이 어렸을 때 산에 갔다가 길을 잃어 이내 돌아오지 못하고 말았는데, 죽은 셈치고 있었더니, 그 후로 가끔가끔 꿈을 꿀 때마다 그 형이 호랑이가 되어서 돌아오지 못한다고 울고 있는 것을 본즉, 분명히 너의 형이 산 속에서 호랑이가 되어 돌아오지 못하는 모양이니, 네가 산에서 호랑이를 만나거든 형님이라 부르고 자세한 이야기를 하라고 하시었는데, 이제 당신을 뵈오니 꼭 우리 형님 같아서 그럽니다. 그래, 그 동안 이 산 속에서 얼마나 고생을 하셨습니까?”

하고 눈물까지 글썽글썽해 보였습니다.

그러니까, 호랑이도 가만히 생각하니, 자기가 누구의 아들인지도 그것도 모르겠거니와, 낳기도 어디서 낳았는지 어릴 때 일도 도무지 모르겠으므로, 그 사람 말같이 자기가 나무꾼의 형이었을지도 모른다는 생각이 들었습니다. 그렇게 생각하기 시작하자 어머니를 그렇게 오래 뵙지 못하고 혼자 산 속에서 쓸쓸히 지내온 일이 슬프게 생각되어서,

“아이고, 얘야, 그래 어머니께선 지금도 안녕히 계시냐?”

하고 눈물을 흘렸습니다.

“예, 안녕하시기야 하지만, 날마다 형님 생각을 하고 울고만 계십니다. 오늘 이렇게 만났으니, 어서 집으로 가서 어머님을 뵙시다.”

하고, 나무꾼이 조르니까,

“얘야, 내 마음은 지금 단숨에라도 뛰어가서 어머님을 뵙고, 그 동안 불효한 죄를 빌고 싶다만, 내가 이렇게 호랑이 탈을 쓰고서야 어떻게 갈 수가 있겠느냐……. 내가 가서 뵙지는 못하나마, 한 달에 두 번씩 돼지나 한 마리씩 갖다 줄 터이니, 네가 내 대신 어머님 봉양이나 잘 해 드려라.”

하였습니다.

그래서 나무꾼은 죽을 것을 면해 가지고 돌아와 있었더니 호랑이는 정말로 한 달에 두 번

씩, 꼭 초하루와 보름날 밤에 뒤꼍 울타리 안에 돼지를 한 마리씩 놓고는 가는 것이었습니다. 나무꾼은 그것이 밤 사이에 호랑이가 어머님 봉양하느라고 잡아다 두고 가는 것인 줄 알았습니다.

그 해 여름이 지나고 또 가을이 지나고 또 겨울이 지날 때까지, 꼭 한 달에 두 번씩 으레 돼지를 잡아다 두고 가더니, 그 후 정말 어머니가 돌아가셨는데, 그 후로는 영영 초하루와 보름이 되어도 돼지도 갖다 놓지 않고, 만날 수도 없고, 아무 소식도 없어져 버렸습니다.

그래 웬일인가 하고 궁금하게 지내다가, 하루는 산에 갔다가 조그만 호랑이 세 마리를 만났는데, 겁도 안 내고 가만히 보니까, 그 꼬랑지에 베[布] 헝겊을 매달고 있었습니다. 하도 이상해서 그것이 무엇이냐고 물어 보니까, 그 작은 호랑이는 아주 친하게,

"그런 게 아니라오. 우리 할머니는 호랑이가 아니고 사람인데, 그 할머니가 살아 계실 때는 우리 아버지가 한 달에 두 번씩 돼지를 잡아다 드리고 왔는데, 그 할머니가 돌아가셨다는 말을 듣고, 그날부터 우리 아버지는 굴 밖에 나가지도 않고, 먹을 것을 잡아오지도 않고, 굴 속에만 꼭 들어앉아서 음식도 안 먹고, '어머니 어머니' 하고 부르면서 울고만 계시다가 그만 병이 나서 돌아가셨답니다. 그래 우리들이 흰 댕기를 드렸답니다."

하였습니다.

아무리 한 때의 거짓 꾀로 호랑이를 보고 형님이라고 하였던 일이라도, 그 말 한마디로 말미암아 호랑이가 그지도 의리를 지키고, 효성을 다한 일에 감복하여, 나무꾼도 눈물을 흘렸습니다.

호랑이가 물어간 사람, 호랑이와 사랑을 나눈 사람

호랑이=산신에 대한 믿음은 불과 한두 세대 전까지만 해도 우리 겨레에게 은밀히 전해오던 '상식'이었다. 지금이야 호랑이가 자취를 감춘 마당에 그런 전래 지침 자체도 공허하게 들리겠지만, '호랑이가 물어갈 놈'이란 말은 천벌을 받으라는 욕설이다. 범이 서식하던 시절에 범에게 잡아먹힌 비명횡사는 더러 있었다. 이 하

태백산 당골 호식총(ⓒ장정태)　　　　　　　　　『호식장』표지(ⓒ김강산)

늘이 내린 형벌을 받은 사람의 가족은 사건을 입밖에 낼 수조차 없고, 그것이 알려지면 혼사까지도 끊어지므로 절대 비밀에 부친다. 장례를 치르지 않는 것은 말할 나위도 없다. 남몰래 주검을 현장에 묻고, 그래도 가족들로서는 죽은이를 잊을/잃을 수 없으므로 나지막한 단지 하나를 엎어 표시해둔다. 강원도 깊은 산중에 뜻밖에 마주친 항아리나 깨진 시루가 나뒹구는 것은 이 때문이다. 죽은이의 동향은 눈치로 알고 있지만 쉬쉬할 뿐. 하지만 비밀이 어디까지 지켜지랴? 그(녀)는 죽기 전 며칠 동안 까닭 없이 하늘을 쳐다보고 눈물지었다 하며, 물 기르거나 나무하면서 한숨을 지었고, 혼자 있을 때는 슬픈 노래를 하염없이 불렀다고 한다. 산신이자 하늘[천신]인 호랑이가 부르러 오는 것을 자신은 운명적으로 알았다.(김강산, 『호식장(虎食葬)』)

　호랑이에게 해를 당하거나 죽는 것을 호환(虎患)이라고 하는데 그 반대로 사람과 호랑이가 만나 애틋한 사랑을 나누고 소원을 이루었다는 호원(虎願) 이야기도 있다. 신라 원성왕 때 흥륜사에서 탑돌이 하던 때다. 암호랑이가 처녀로 변신하여 김현(金現)이라는 사람과 정분을 맺었다. 호환을 일으킨 장본인들로서 현상금이

걸린 오빠를 살리려고 대신 남편의 칼로 자신의 목을 찔러 죽은 뒤 김현은 높은 벼슬에 올랐다. 남편은 호원사(虎願寺)라는 절을 지어 호랑이여인의 명복을 빌었다 (『삼국유사』감통, 김현감호).

'호랑'이란 이름

호랑(이)를 한자로 다 채워서 '虎狼(호랑)'이라 표기하는 사례도 일찍부터 보인다. 하지만 그것은 '범+이리(狼)'를 합친 말이니 정확한 한자어가 아니다. 그래서인지 '虎'의 중국 상고시대 소리값에서 발전하여 호랑이가 되었다고 설명하기도 한다. 하지만 맹수 '虎'를 가리키는 중국어에서 '호랑이'의 어원을 찾으면 여타 동물·식물 또는 꽃 이름에 붙는 '호랑OO'를 설명할 길이 없다. 저 새 이름 호랑지빠

호랑나리(참나리) 잎이 많이 나와 있고, 얼룩 반점이 강조가 없음

귀나 곤충 호랑나비는 어떻게 할 것이며, 호랑버들·호랑가시나무·호랑나리·호랑
거미에 이르러서는 말문이 막힌다. 결국 '호랑'은 노란색이나 얼룩무늬를 가리키
는 말이다. 그러한 놈들 가운데 가장 크고, 무섭고, 잘 생긴 놈 즉 모든 '호랑(이)'의
대표 주자/선수가 산신이자 맹수인 '호랑이'다.

(3) '신시'인가 '신불'인가? - 수풀 속의 제단

『삼국유사』와 거의 같은 시대에 나온 『제왕운기』에도 다른 버전의 단군신화가
실려 있는데 지금까지 아류 취급을 받아온 것은 아닌지 모르겠다. 『삼국유사』의
'신단수(神壇樹)'라는 표기를 보면, 환웅이 내려온 곳은 다름 아닌 제단[壇]과 '신성
한 숲/나무[樹]'가 있는 장소가 연상된다. 『제왕운기』의 <본기>를 보면 나무-신
(神)을 '단수신(檀樹神)'이라고도 하여 나무신앙의 모습을 더욱 여실히 보여준다.
이와 같은 숲을 일러 '市(불)'이라고 한다. '神市'을(를) '신시'로 읽어서 도시나 나
라를 가리키는 것이 아니라 '신성한 숲' 즉 '신불'이라고 읽어야 옳다. 환웅이 하늘
에서 내려와 아들 단군을 점지 받고 처음 인간세상을 만들어 가는데 이미 마을이
나 도시가 있었다면 이상하지 않은가.

　태백산 꼭대기의 '신성한 숲(神林)'에서 모시는 신은 단군이며, 더 연원을 올라가
면 환웅·환인에 이른다. 즉 단군신화는 산신>나무신[樹神]>조상신의 내력을 이야
기한 것이다. 이러한 구도나 형태는 현재의 민속에서 흔히 볼 수 있는 산맥이/골
맥이(신앙) 그것임을 알 때, 단군신화가 비로소 우리의 역사와 문화 속에 자리 잡
게 된다. 어느 선배학자는 이렇게 유권해석 한다. "신시란 어쩌면 신굿이 올려지
는 곳, 말하자면 굿터인 성역을 의미하고 있는지도 모른다. 구태여 더 캐고 들어

서, 오늘날의 '서낭터'와 다를 바 없는 곳이 신시라고 추정해도 크게 엇나가지는 않을 것이다."(김열규, <한국 신화와 무속> 『한국 사상의 심층연구』) 따라서 '檀'은 전단(栴檀)의 그것이며, 범어/불교 어원의 가공인물이라는 주장은 논의가 빗나갔다.

단군신화를 기록한 두 역사책 가운데 『삼국유사』가 제단을 강조하였다면 『제왕운기』는 나무를 강조하여 檀君·檀雄[환웅]·神檀樹라고 썼다. 이승휴나 일연이 우리 역사의 시작을 단군에서 비롯된 것으로 보게 된 계기는, 고려 원종이 강화도 마니산 참성단에서 친히 제사지낸(1264) 초제(醮祭)를 견문한 데 있음에도 이렇게 차이가 난다. 당시까지도 '단군'을 쓰는 한자가 고정되어 있지 않았음을 볼 때 '단군'이 본래 한자어가 아니라 '단골' 같은 고유어라는 주장에 새삼 수긍이 간다. 그런데 '神檀樹'라는 글자를 보면 제단의 존재는 상정할 수 없다. '檀'이라는 나무가 '樹'에 내포되는 개념- 나무의 종류 -이기는 하지만 뜻이 중복되기도 한다. 무엇보다 우리나라 역사에서나 현재의 마을숲과 서낭당 어디에도 박달나무가 신수/당목인 예는 하나도 없다. 그렇다면 나무 변[木]의 단(檀)은 의미 없이 쓰였거나 잘못 쓴 것이 된다. 거기에 비하여 신을 모시는 장소 즉 제사터에 제단(祭壇)은 필수불가결하다. 반드시 어떤 건조물은 아니더라도 제사상을 차릴 수 있는 차별화된 공간이 있어야 한다. 제단+나무의 조합은 예나 지금이나 야외제사에서는 정해진 공식이다. 단군 시절로 돌아간다 하더라도 이런 내용을 안다면 오히려 흙토(土) 변의 神壇樹는 신불(신시)의 광경을 정확히 기록한 것이 된다. '檀紀'를 비롯하여 모두들 '檀君'으로 쓰기를 좋아하지만 내가 굳이 '壇君'이라고 쓰는 까닭이다.

최남선은 조선사람은 일본사람이 쓰는 '檀君'을 쓰지 말고 '壇君'을 써야 한다고 1920년대 내내 '壇君' 표기 전도사 역할을 스스로 맡더니 나중에는 "소리적음 글자[音寫字]로서는 檀·壇 어느 것을 취하든지 무방하다."고(「단군소고」, 1930) 후퇴하였다. 그 또한 많은 고민을 하였지만 종국에는 "조선과 일본이 문화적으로 같은 뿌리[同源]에 있다."는 천황이데올로기를 조선인들에게 주입하려 했다. 단군을 기왕에 한자로 쓸 바에야 우리의 역사·문화에 맞는 글자를 써야 하지 않을까.

우리 조상들이 숲을 배경으로 살아오면서 이루어낸 신성공간이 어디 한둘이겠는가. 그렇다고 그들을 똑같이 대하면 신들의 무질서/난장판이 된다. 더 많은 영검[靈驗]이 내리고 '신빨(神力)' 많이 받는 제사터는 입에서 입으로 전해진다. 그 가운데 으뜸 되고 어른이 되는 제당/제사터로 환웅은 내려온다. 거기가 바로 '태백'이다. <고조선>조에는 그곳이 묘향산이라 했는데 많은 분들이 그곳을 황해도 구월산이라 한다. 나는 환웅이 내려왔다는 태백산 후보가 더 많았으면 좋겠다. 유서 깊은 산신당과 제사터는 동티날까봐 쉽게 허물거나 훼손시키지 못했다. 적어도 20세기 전까지는. 이제부터라도 우리나라 산신들이 더 이상 어려움 당하지 않고, 자신의 정체성(identity)을 지키는 가운데 우리의 전통 녹지대도 살리고 정신적 풍요까지 누렸으면 좋겠다!

불경에서 단군신화의 요소를 찾는다면, 나무신이 사람으로 태어났다든가 '향산(香山)' 이름이 등장하는 『수행본기경』류가 있다. 향산과 나무신이 등장하는 불경 한 구절을 소개한다.

세존이 거름통에 빠진 비단을 끄집어내어 씻고자 빨랫돌이 있었으면 하였다. 석제환인은 부처의 뜻을 알고 팔을 굽혔다 펼 정도의 짧은 시간에 향산(香山)에 가서 네모난 돌을 나무 사이에 놓아주었다. 이제는 물이 있어야 씻을 텐데 하고 걱정하였다. 석제환인은 다시 향산에 가서 돌대야를 찾아 깨끗한 물을 담아주었다. 하루는 목욕을 다하고 못에서 나오려하였으나 잡고 나올 나뭇가지가 없었다. 그런데 못 위에는 '가루가'라는 나뭇가지가 울창하게 뻗어 있었다. 나무

삼척시 근덕면 심방리 서남당(ⓒ김도현)

신[樹神]이 이것을 알고 가지를 굽혀주어 부처는 나왔고, 또 그늘까
지 만들어주었다.   (『과거현재인과경』권4)

  그밖에도 『금광명경』 유수장자품 등에 나무신이 나온다. 불경에서도 이러한 형
태의 탄생이야기가 있으므로 불가(佛家)에서 단군신화를 더욱 쉽게 설명할 수 있
었을 것이고, 단군신화가 사찰에서 전승·보존될 수 있었다. 그렇지만 단군신화는
단군의 탄생을 생식 원리로 설명하므로 육화(肉化. incarnated)된 단군이 설정되어,
엄격히 말하면 불교교리나 용어를 빌려올 필요가 없다. 나무신앙은 우리의 환경
속에서 나온 생래적이고 고유한 것이다.
  다른 이야기지만, 지리산에 풀어놓은 반달곰은 드디어 정착하여 이제 60여 마

큰 홍수와 인류 (2)

옛날 어느 곳에 큰 계수나무가 한 그루 서 있었다. 그 아래에는 언제나 하늘의 선녀 한 사람이 내려와 쉬고 있었다. 선녀는 나무 정령(樹精)에게 씌어(感) 예쁜 동자 하나를 낳았다. 이 아이가 일곱, 여덟 살 되었을 무렵 선녀는 아이를 나무 밑에 홀로 두고 하늘로 올라가버렸다.

어느날 폭풍우가 갑자기 일었다. 비가 몇 달 동안이나 계속해서 내리자 지상의 모든 것이 휩쓸려 바다가 되고 말았으며, 빗물은 드디어 거대한 계수나무까지 올라 찼다. 그때 계수나무는 아이에게 "너는 내 아이다. 나도 지금 폭풍우 때문에 넘어지지 않을 수 없게 되었으니, 만약 내가 넘어지면 너는 곧바로 내 등에 올라타라! 그러면 살 수 있을 것이다."라고 말하였다. 이윽고 폭풍과 함께 급물살이 밀려와 큰 나무가 쓰러졌다. 아이는 아버지가 시키는 대로 큰 나무에 올랐다. 쓰러진 나무는 몇날 며칠 물살이 휘모는 대로 내맡겨져갔다.

어느날 수많은 개미가 떠내려 오면서 큰 소리로 "살려줘, 살려줘!"라고 소리지르자 나무도령(木都令)은 가엾은 생각이 들어 아버지인 巨木을 보고 "아버지, 저 개미들을 살려주어도 좋아요?"라고 물었다. 아버지는 "응"하고 대답하니, 나무도령은 "나무에 올라타!"라고 소리 질렀다. 개미들은 좋아서 계수나무의 가지와 잎사귀 위로 기어 올라갔다. 한참 흘러가다니까 이번에는 수많은 모기가 날아와서 "살려줘, 살려줘!"하고 아우성이었다. 나무도령은 또 아버지에게 물었다. "아버지, 저 모기들을 살려줘도 좋아요?" 아버지는 또 "응"하고 대답하니, 나무도령은 "나무에 올라!"라고 소리쳤다. 모기들은 기뻐서 계수나무의 가지나 잎에 올라가 머물렀다. 또 한참을 떠내려갔더니 이번에는 아이 하나가 – 마침 나무도령과 같은 또래의 사내아이 – 떠내려 와서 "살려줘, 살려줘!"라고 소리쳤다. 나무도령은 또 아버지에게 "저 불쌍한 아이를 살려주세요!"라고 말씀드렸다. 그런데 아버지 계수나무는 뜻밖에도 "안돼"라고 대답했다. 나무는 그대로 흘러갔다. 뒤에서 떠내려 오는 아이는 "살려줘!"라고 또 애원했다. 나무도령은 "아버지, 저 아이를 살려주어요!"라고 재차 애원했다. 그래도 아버지는 역시 안된다고 답했다. 나무는 또 그대로 흘러가고, 아이도 뒤에서 떠내려 왔다. 그러자 또다시 "살려줘!"라고 소리 질렀다. 나무도령은 불쌍한 마음을 어쩌지 못해 세 번째로 아버지에게 "아버지, 저 아이를 살려줘요!"라고 간청했다. 아버지의 세 번째 대답은 "그렇다면 네 마음대로하렴!"라고 하는 것이었다. 나무도령은 정말 기뻐, "나무 위에 올라타!"라고 떠내려 오는 아이를 향해 말했다. 그랬더니 그 아이는 몇 번이나 절을 하면서 나무 위로 기어올랐다.

두 아이와 개미, 모기를 실은 계수나무는 계속 떠내려가다가 어느 섬에 도착했다. 그곳은 백두산 같은 높은 산의 가장 높은 봉우리였다. 개미와 모기는 나무도령에게 "덕분에 목숨을 건졌습니다. 그럼 안녕히 계세요!"라고 말하고는 어디론가 가버렸다. 두 아이는 배가 고파 참을 수가 없어서 인가를 찾아다니던 중에 어두움 속에서 산 위를 보니, 거기에는 희미한 등불이 비치는 오두막 한 채가 있었다. 아이들이 그 집을 찾아가니, 한 할머니가 나와서 그들을 맞아들였다. 두 아이는 그 할머니 집에서 머슴을 살면서 열심히 일했다. 할머니에게는 두 딸이 있었는데, 하나는 친딸이고 나머지 하나는 얻어온 딸(혹은 婢라고도 한다)이었다.

비가 그치자 홍수도 물러갔는데 세상에 인간이라고는 한 사람도 남지 않았다. 큰 홍수로 모든 것이 쓸어 없어졌기 때문이다. 남은 인간이라고는 두 사내아이와 두 계집아이, 그리고 할머니 뿐이었다. 그들은 밭농사를 지으며 살아갔다.

아이들이 나이가 찼을 때 할머니는 그들을 두 쌍의 부부로 맺어주려 하였다. 그리고 현명한 자에게는 친딸을, 남은 총각에게는 얻어온 딸을 주려하였다. 그것을 안 나무도령이 아닌 쪽 청년은 할머니를 향해서 "저 나무도령에게는 이상한 재능이 있습니다. 한 섬의 좁쌀을 모래바닥에 흩어놓아도 반나절이 안 되어 조를 원래의 섬으로 만들 수 있답니다. 그래도 모래는 하나도 섞이지 않고 본래의 섬가마니에 주워 담을 수 있답니다. 그렇지만 그는 좀처럼 그 기술을 쓰지 않는답니다. 그것을 한 번 시켜보세요!"라고 거짓말을 했다. 할머니는 그 일을 나무도령에게 시켰다. 한 번도 해본 적이 없는 일이라 재차, 삼차 사양하였더니 할머니는 크게 노하여 "너는 나를 모욕하고 있어. 내가 말하는 것을 듣지 않으면 내 친딸을 줄 수가 없어!"라고 말하였다. 나무도령은 어쩔 수 없이 할머니가 뿌린 모랫벌 위의 좁쌀을 내려다보고만 있을 뿐이었다. 한 톨, 한 톨 줍기 시작해보았지만 반나절은커녕 반년이 지나도 원래의 섬에 가득찰 것 같지 않아서, 나무도령은 다만 머리를 숙인 채 생각에 잠겼다. 그러자 그 때 나무도령의 복사뼈를 따끔하게 쏘는 것이 있었다. 내려다보았더니 그것은 한 마리의 커다란 개미였다.

"뭐 걱정거리라도 있습니까? 저는 일전에 당신에게 도움을 받은 개미올시다. 저희들이 할 수 있는 일이라면 뭐든지 할테니 제발 말씀해주세요!"라고 개미가 말했다. 청년은 고민하고 있는 것에 대해 개미에게 말했다. "그런 것쯤이야 문제없습니다."라는 말을 남기고 개미는 어디론가 가버렸다. 이윽고 숫자를 헤아릴 수 없을 만큼 많은 개미가 왔는가했더니, 한 마리마다 한 톨씩의 좁쌀을 물고 와서 섬가마니에 채우니 금방 처음대로 좁쌀 한 섬이 되었다. "안녕히 계세요!"라고 말하면서 개미들은 어디론가 가버렸다. 이윽고 나와 본 할머니는 기뻤지만, 다른 청년은 놀라 있었다. 그는 나무도령을 골탕 먹이고, 할머니와의 관계를 나쁘게 만들어 할머니의 친딸을 자기 부인으로 맞아들일 속셈이었는데 일이 이렇게 되어버렸다. 그는 그래도 더욱 (할머니의) 친딸을 갖고 싶다고 말하면서 어떤 말도 듣지 않았다. 그러자 할머니가 말했다. "그대들 누구라도 나에게는 사랑스럽다네. 그러니 누구에게 친딸을 주고 누구에게는 얻어온 딸을 줄 수는 없어. 여기에 좋은 방법이 있네. 오늘은 마침 달이 뜨지 않는 그믐이야. 오늘밤 내가 두 딸을 동쪽 방과 서쪽 방에 각각 넣어둘 것이야. 어느 방에 어느 딸을 넣을지는 내 마음이야. 그 사이 그대들은 밖에 나가 있게! 그런 다음 내가 좋다고 말할 때 와서 각자 들어가고 싶은 방에 들어가면 되네. 그래서 맺어지는 것은 운(運)이야. 불평은 있을 수가 없지. 두 청년은 저녁을 먹은 뒤 제각기 밖에 나와 있었다. 때는 마침 여름이었다. 나무도령은 "자 어느 방에 들어가면 좋을까?"라고 생각하고 있는데, 커다란 모기 한 마리가 나무도령의 귓가를 지나가면서 "나무도령, 동쪽 방이에요. 부웅붕"라고 말했다. 그것을 듣고 나무도령은 동쪽 방에 들어가서 어여쁜 딸을 얻게 되었다.

그들 두 쌍의 부부로부터 인간의 종자가 드디어 이어져갔다. 그들이 오늘날 인류의 조상이라고 하는 이야기이다. (1923년 11월 8일 부산부 좌천동 김승태군 구술)

우리 지방에도 이와 비슷한 이야기가 있는데 이야기 가운데 큰 뱀이라든가 제비가 나옵니다. 자세한 것은 잊어버렸지만 (마산부 명주영군 구술)

출전 : 손진태, 『조선민담집』

리에 육박한다. 온 나라에 포장도로를 너무 내어 산토끼밖에 살지 못할 것이라고 했는데 그게 어디냐. 백두대간의 경북 북부지역에는 호랑이를 풀어 기른다. 단군 이래 '우리' 겨레의 가족이라고 그렇게 지었는지 시방 백두대간수목원에 사는 7살 수컷 호랑이의 이름은 '우리'다. 그 형은 17살 '두만이', 그 누나는 13살 '한청이'다. 모쪼록 이들 가족이 번성하기를! 하여, 곰과 호랑이가 다시 이 땅에 정착하여 '이야기'의 주인공이 되기를 빈다. 남북관계가 잘 풀리어 생태계의 보물곳간이라는 비무장지대에 놈들이 뛰어다니며 포효하는 날을 손꼽아본다. 그러자면 비무장지대를 지나 북녘으로 가는 길은 땅속이거나 구름다리가 되어야 맞다.

(4) 단군조선

단군 기원

기원(紀元)이란 역사상의 어느 시점으로서 이 해(원년)를 기준으로 더하고 뺌으로써 해당 연도를 일직선상에서 알 수 있는 방식이다. 단군이 중국 요 임금 50년에 나라를 세웠다는 <고조선>조의 기록은 이미 끼움주[夾註]에서도 다른 견해를 제시했듯이 정확하지 않다. 신화시대의 연도를 1년 단위로 파악하는 것 자체가 무리이지만, 그렇더라도 연도를 헤아리는 기준은 있어야 하므로 한자문화권에서는 중국의 기년을 빌려 자기나라의 연도를 표시하였다.

1948년 정부수립 이후 1961년까지 단기(檀紀)를 사용하였는데, 이 단기 즉 서력 기원전 2333년은 단군의 즉위 연도가 요 임금 무진년이라는 이승휴의 『제왕운기』나 서거정 등의 『동국통감』에 따른 것이다.

기자조선

<고조선>조는 『삼국유사』 가운데서도 역사편에 해당하는 기이편에 실려 있는데, 이어서 <위만조선>·<마한>조를 두어 우리 역사를 풀어나간다. 우리들이 궁금해하는 기자조선은 원문에서 밑줄 친 한 줄이 전부다. 고대 중국의 성인 기자가 동쪽으로 왔다는 전설(기자동래설)에 기대어 자신들이 기자와 연결됨을 천명하는 구절이다. 이 역사관/신념은 조선 후기에 들어와서 더욱 굳어졌다. 중원에서 한족(漢族)이 세운 명나라가 망하고 동북변방에서 발흥한 청나라가 들어서자 조선의 선비들은 만고의 중화문물이 오직 조선에만 남아 있다는 소중화(小中華)사상에 책임과 자부심을 느끼던 터였다. 우리 선조들은 기자에 열광했지만 그 내용은 뜻밖에도 눈을 안으로 돌려야한다.

(고)조선 왕조가 1천5백년 이어지다가 그 결말에 대해서는 <위만조선>조에서 언급했다. 연(燕)나라 사람 위만이 천여 명의 무리를 이끌고 조선의 국경지대에 머물다가 점차 여러 망명자들을 복속시켜 나라를 차지했다고. 곧 '위만조선'이다. <마한>조에 따르면 이때 조선왕 준(準)은 궁중인원과 신하들을 거느리고 남쪽으로 와서 마한이라는 나라를 세웠다. 그러니까 준왕은 고조선의 마지막 임금이다. 조선의 역사/흥망과 동떨어진 기자에 현혹되지 않는다면 준왕은 그 선대가 단군에까지 닿는다. 정리하면, 두 개의 조선왕조가 있는데 위만조선에 앞서는 오래된 조선 즉 '옛 조선'이 '고조선'이다. 이를 『제왕운기』에서는 '전조선(前朝鮮)'이라 했다.

기자(조선)는 누구 또는 무엇인가? 그것은 특정 인물 즉 고유명사가 아니다. 왕을 뜻하는 백제계통의 낱말로서 광주본(光州本) 천자문을 보면 '임금 왕'이 아니라 '기자 왕'이다. 기자/기츠/기장(稘)은 왕을 뜻하는 백제계통 말이다. 고구려에도 이 말의 흔적이 남아 있는데 『삼국사기』 고구려 지명에 보이는 '개차(皆次)'가 그것이다. 구태여 중국 성인에다 역사의 시작을 대거나 그를 찾을 것이 아니라 '기자조선'은 '왕이 다스리는 조선'이다. 여기에서 새삼 주목되는 표현이 <고조선>조에 보이는 고조선의 다른-이름(異稱) '왕검조선'이다. 왕검은 땅이름도 되지만 나라이름을 말할 때는 '왕(임금)=기자'로서 '왕=기자가 다스리는 나라' 즉 왕국[kingdom]이라고 이해된다.

신화와 역사

"햇볕에 바래면 역사가 되고, 달빛에 물들면 신화가 된다."는 말이 신화와 역사라는 두 명제를 잘 갈래짓는다. 과거/사실을 포장하는 방식의 차이다. 이른바 상고시대로 갈수록 '달빛에 물들' 소지가 큰 것은 기억이나 기록이 그만큼 적게 남아 있기 때문이다. 신화는 역사의 처음[序章]이기 때문에 단군 및 고조선의 역사를 왜 신화라고 하느냐 하는 항변은 무의미하다.

단군이 나라를 1천5백 년이나 다스렸고, 나중에 산신이 되어 소임을 다했을 때 나이는 1천9백08살이다. 이 신화의 언어를 역사 언어로 바꾸면 단군조선(왕검조선) 왕조가 1천5백 년 이어졌고, 이 재위기간에다가 왕들의 나이를 더하면 그만큼 더 많아진다는 명언(明言)이 아닐까.

<고조선>조는 신화를 신화대로 두었다. 여기에다 인공을 가하면 왕들이 수십 명 나올 것이고, 그래도 계산이 맞지 않으면 평균 수명이 200년 정도는 되었다고 적을 수밖에 없다. 기록이 없으면 없는 대로 두는 것이 더 정확한 역사서술이다. 현대에 와서 단군신화를 '역사'로 바꾸려고 50명에 가까운 단군조선 임금들을 설정해놓으면 그것은 역사도 아니고 신화도 아니다.

(5) '고조선'의 실체

왕조 이름

<가락국기>라는 긴 조목까지 넣어 우리 역사에서 가야 여러나라[諸國]를 복권시킨 일연은 부여는 물론이려니와 대방·발해말갈이나 후삼국 등 민족사에서 피고 진 나라들을 빠짐없이 기록했다. 다시 그 처음부터 보면 <고조선> 다음에는 <위만조선>을 적음으로써 이성계가 건국한 '(나중) 조선' 이전의 두 나라 조선을 망라하였다. 이들 두 조선 가운에 고조선은 위만조선보다 옛적 나라라고 해서 '고-조선'이 되었음은 나라이름에서 잘 드러난다. 이를 더 친절하게 말하여 '왕검조선'이라 했고, '위만조선' 식으로 건국 시조의 이름을 붙이면 '단군조선'이 된다. 기자조선을 왕조로 인정하지 않은 일연의 역사의식이 잘 드러난다. 연구자에 따라서는 위만조선도 고조선의 일부로 본다. 주나라 무왕이 기자를 조선에 봉하여 우리나라에 왔다는 기자동래설(箕子東來說)은 고려시대에도 의외로 영향력이 컸다.

아사달과 고조선 영역

'아사달'은 한자 조선(朝鮮)에 대응되는 고유어 '아침의 땅'을 이름이라고 풀이한 분이 있다(이병도, <단군설화의 해석과 아사달문제>). 그 뒤 이런 식의 언어풀이 방식은 그 타당성 여부를 증명하기 어렵기 때문에 삼가는 추세다.

땅이름 아사달은 『위서』나 <고기>에 모두 나온다. 고조선의 실체를 말하려면 그 시작은 아사달이 어디인지부터 알아야 된다. 그런데 그 후보땅[候補地]은 원문에서 보듯이 한둘이 아니다. 단군신화를 나와 같이 이해할 때 예사롭게 보이지 않는 지명이 '백악궁'이다. '궁(宮)'은 신전/사당[廟]을 이름이기 때문이다. '백악'이 어디에 있든 거기에는 단군을 모시는 신전이 있는데, 그 이름으로 보아 예사 당집이 아니라 국가 제사/체계의 건물로 보인다. 그것은 고조선 이래의 전통과 규모를 이어 온 것으로 보아도 좋다.

아사달이 이러한데, 고조선의 중심지에 대한 추정도 단순하지 않다. 그 중심지는 요동이라고도 하고, 평양이라고도 하며, 양쪽을 다 인정하여 요동에서 평양으로 중심지가 옮겨졌다는 이동설이 있다. 문헌에서 중국 왕조의 이름난 사람이 동쪽(조선)으로 왔다거나 이 시기의 표지[標識]가 되는 유물 비파형동검의 출토 상황으로 볼 때 나는 이동설이 더 설득력이 있다고 본다.

고조선의 국가 단계 - 물질문화

고조선은 언제부터 왕이 다스리는 나라(kingdom)가 되었을까?『삼국지』동이전의 위략에는 이런 기사가 나온다.

> 주(周)나라가 쇠약해지자 연(燕)이 스스로 높여 '왕'이라 부르고 동쪽
> 으로 침략하려는 것을 보고 조선후(朝鮮侯) 역시 스스로 왕이라 칭하
> 고 군사를 일으켜 연을 역으로 공격하여 주나라 왕실을 받들려고 했
> 으나 조선의 대부(大夫) 예(禮)가 간언하여 그만두었다.

일정한 영토에 인민을 거느리는 통치자를 부를 때, 한자문화권에서는 그 영토와 권력의 크기에 따라 후·왕 등 호칭을 달리 한다. 대개 왕(king)이라고 부르면 국가(state) 단계에 이르렀다고 할 만한 관료·상비군·신전 등을 갖추고 있으며 왕위 세습이 이루어진다. 위에 인용한 사료를 지표로 할 때 기원전 4세기 중엽에 고조선은 연나라와 겨룰 정도이므로 고대국가라 부르기에 손색이 없다.

또 하나의 기준으로는 고고학 유물을 객관적이고 절대적인 지표로 삼는다. 국

가단계의 대표적 품목으로는 비파형동검이 있는데 그 사용 주민이 곧 고조선 사람들이라고 한다. 이 검/칼은 요령지방과 한반도에서 출토되는데 청동기문화를 기준으로 할 때 고조선의 출현은 기원전 10세기까지 올라간다.

그래도 문제는 남는다. 아사달의 위치비정 때도 같은 문제에 부딪쳤지만, 나라의 존재를 입증할만한 성곽이나 대형 제사시설 등이 아직 나온 바 없다. 고조선 연구는 아직도 많은 유적·유물이 조사되어 자료가 더 모아져야 하며, 이를 합리적으로 해석하고 이론화해야 한다. 그래서 지금도 '열공중'이고 심사숙고하는 과정이라고 함이 어떨지 모르겠다.

중국학계의 도전

단군 및 고조선 연구자가 근래 많이 나온 계기는 역설적이게도 2002년부터 시작된 중국의 '동북공정' 때문이다. 그들은 단군을 부정하고, 은나라 유민인 기자가 세운 기자조선을 동북변강사(東北邊疆史)의 시작이라고 본다. 그 다음 왕조인 위만조선은 한(漢)나라의 외신(外臣) 위만이 세운 나라인데 이후 위만조선이 신하의 의무를 다하지 않자 한사군을 설치하여 직접 지배하게 되었다는 설명이다. 한사군의 지배에서 벗어난 고구려가 수·당나라를 격파한 것은 중국의 군현질서를 어지럽힌 행위라고 한다. 역대 중국 왕조가 구사한 '의례적 책봉'을 글자 그대로 적용시킨 결과다. 동북공정의 논리대로라면 그들이 20세기까지 연구·교육한 이웃나라 한국사에 대한 잣대를 스스로 부정한 셈이 된다. 2017년 4월 6~7일 중국의 시진핑 주석과 미국의 트럼프 대통령이 마주한 정상회담에서 나온 "한국사는 사실상 중국사의 일부였다."라는 말은 이러한 분위기를 잘 전해주고 있다. (동북아역사재단, 『2000년 이후, 고조선사 연구동향』)

홍익 인간

'홍익'이란 말은 양(梁)나라의 관리이자 문인인 임방(任昉. 460~508)이 한 번 쓴 적 있는 것으로 보아 중원문화권에서는 생소한 말이지만 불경에서는 자주 쓰는 용어다. 《증일아함경》 권31에 "큰 비원(悲願)으로 힘을 삼아 중생을 널리 이롭게 하라(以大悲爲力弘益衆生)!"라는 구절이 있고, 《수행도지경》 권1에는 "큰 자비로써 중생을 널리 이익되게 했다(以大慈悲弘益衆生)."고 썼다. '홍익 인간' 얼마나 좋은 말인가, 특히 나라를 세워 세상을 펼칠 즈음에는! 신라 원효도 《대승기신론소》 상권에서 "모든 부처와 세존은 대비로써 힘을 삼아 중생을 널리 이익되게 하기 때문이다(諸佛世尊以大悲爲力 弘益衆生故)."라고 썼다. 환인이 아들 환웅에게 이런 세상을 만들라고 원대하고 자비로운 이상을 당부한 이래 우리 겨레는 면면히 그 정신을 이어왔다. 그것도 '중생'보다 더 보편적인 말 '인간'으로 바꾸어. 스님이 쓴 <고조선>조에서 불교용어를 찾으려면 그것은 '환인'에 있는 것이 아니라 바로 '홍익'에 있다.

삼국유사 깊이 읽기

둘째마당.

소지왕이
죽을 뻔하다

-〈사금갑(射琴匣)〉

'까마귀 나는 곳'엔 무언가 있다.

신라 왕들의 신변을 그린[素描] 『삼국유사』기이편에는 '고집[琴匣]을 쏘아라[射]' 라는 조목이 있다.

제21대 비처왕(일명 소지왕) 10년(488), 왕이 천천정(天泉亭)에 거동했다. 그때 까마귀와 쥐가 나타나 울더니, 쥐가 말하였다. "이 까마귀가 가는 곳을 따라가 보십시오. (혹은 신덕왕이 흥륜사에 가서 향을 피우려고 하는데, 길에서 여러 마리의 쥐가 꼬리를 물고 가는 것을 보고 이상하게 여겨 돌아와 점을 쳐보니, 내일 맨 먼저 우는 까마귀를 찾아가라고 하였다는데 이 말은 틀렸다.)" 왕은 말 탄 병사를 시켜 까마귀를 좇게 했다. 남쪽 피촌(避村)에 이르자 멧돼지 두 마리가 싸우고 있었다. 한참 구경을 하다가 그만 까마귀의 행방을 놓쳐버렸다. 그래서 길가를 배회하던 중 한 할아버지가 연못 속에서 나와 편지를 바쳤다. 겉봉에는 '이 편지를 뜯어보면 두 사람이 죽고, 뜯지 않으면 한 사람이 죽을 것이다.'라고 씌어 있었다. 병사가 이것을 가져와 바쳤더니, 왕이 말하였다. "두 사람이 죽는 것보다는 뜯지 않음으로써 한 사람만 죽는 편이 낫다." 일관(日官)이 아뢰었다. "두 사람이란 서민이요, 한 사람이란 왕을 말합니다." 왕도 그렇게 여겨 뜯어보았더니, 편지 내용은 '고집을 쏘아라'라고 씌어 있었다. 왕은 궁으로 들어가 신라금 통을 향하여 쏘았더니, 내전(內殿) 분수승(焚修僧)과 궁주(宮主)가 몰래 간통하고 있었다. 두 사람은 죽임을 당했다.

이로부터 나라 풍습에 해마다 정월 첫 돼지날[亥日], 첫 쥐날[子日], 첫 말날[午日]에는 모든 일을 조심하여 함부로 움직이지 않았다. 16일을 까마귀제삿날(烏忌日)이라 하여 찰밥으로 제사지냈는데 지금까지도 행하고 있다. 시쳇말로 달도(怛忉)라 하는데 슬퍼하고 조심하며 모든 일을 삼간다는 뜻이다. 그 못을 이름지어 서출지라 했다.

(1) 매끄럽지 못한 서사(敍事. narrative)

어색한 동행(同行)

이야기를 풀어나가는 데 있어서 <사금갑>조에는 부자연스럽다고 할까 생경한 부분이 없지 않다. 처음에 "까마귀와 쥐가 나타나 울었다."고 했는데 운다는 표현이 쥐에게는 어울리지 않으며, 날짐승과 길짐승이 같이 있는 것도 어색하기는 마찬가지다. 짝을 이룬 두 짐승이 제3자 즉 자신들 외의 타자를 따라가보라면 그럴싸하지만, 자신들 중에서 한 명을 지목하여 찾아가보라는 것 역시 어딘가 잘못 들려주고 있다. 이 점에서 끼움주를 보면, 쥐들이 먼저 나타나서 까마귀 쪽으로 시선을 돌려준다. 옛날부터 쥐가 등장하는 이야기의 정석은 끼움주 타입이다.

왕권의례인가 세시풍속인가?

원문의 '16일'을 『삼국유사』 조선사학회본 이후 15일로 고쳐 쓰고 있다. 아마도 그것이 정월 보름(上元)의 풍속이라 이해하여 그렇게 고친 것 같다. 후대 사람들의 판단에 따라 마음대로 원문을 고치는 태도는 바람직하지 않다. 『신증동국여지승람』 경주부, 풍속조나 이규경의 『오주연문장전산고』에도 '16일[以十六日爲烏忌日]'이라 하였다. 이 점은 현대에도 다르지 않다. "16일은 귀신날, 또는 귀신 붙은 날이라 하여 이 날은 온 동네 사람이 바깥 출입을 삼가고 집안에서 푹 쉰다. 남자가 일을 하면 1년 내 우환이 있고, 여자가 일을 하면 과부가 된다고 하여 통[도무지] 일을 하지 않는다." (『한국민속종합조사보고서 경기편』, 문화재관리국) 민속절기를 밤에 쇠는 경우 하루가 쉽게 지나간다. 정초의 마을제사도 정월 초하루보다 이튿날에 지낸다는 보고서가 적지 않은데, 이렇게 하루 정도는 쉽게 넘나든다. 크리스마스 이브를 생각해보라!

그런데 지역에 따라서는 정월 대보름과 열엿샛날을 달리 지내는 경우도 있다. 강원도 강릉시 왕산면이 그러하다.

① 정월 대보름

보름 제사를 지낸다. 아침 일찍 거름을 지고 밭으로 가서 거름을 낸다. 또 밭을 매기도 한다. 새벽에 아무도 보지 않을 때 거름을 내고 밭을 매면 농사가 잘 된다고 해서 날이 새기 전에 나갔다. 달이 뜨는 것을 먼저 보면 그 해 신수가 좋다고 믿는다. 망우리는 어린 아이들만 돌렸다. 이 날은 다리를 밟는다. 큰 길에서 마을로 들어오는 다리인데 이름은 없다. 원래 돌로 만든 징검다리였다. 그 후 나무다리로 바꿨지만 포락에 떠내려갔다. 새마을운동할 때 시멘트 다리를 놨다. 당시 명주군에서 다리를 잘 놓았다고 일등상을 받기도 했는데 당시 상금이 백만원이었다.

대보름날에는 풍흉을 점치는 행사가 있다. 소에게 나물하고 밥을 준다. 소가 밥을 먼저 먹으면 풍년이 든다고 생각했다. 불이 붙어있는 숯검덩이 열두 개를 죽 늘어놓고 매달로 생각한다. 먼저 꺼지면 비가 많이 오고 늦게까지 불이 안 꺼지면 적게 온다고 생각한다.

마을 청년들이 찰밥 얻어먹으러 다녔다. 지신밟기를 하면서 돌아다닌다. 먹고 놀기 위한 것이다.

② 귀신달구는 날 (정월 열엿새 날)

집집이 마당에 불을 해놓는다. 머리털과 독한 냄새가 나는 삼꼬리, 생으로 자른 대나무를 모아 불을 지른다. 대나무 속에 공기가 들어가 차면 터지면서 탕탕 소리가 난다. 사람들이 들어오는 쪽 마당에서 그렇게 불을 피워 잡귀를 물렸다. 또 솔잎을 꽂은 채를 문에 걸어둔다. 그러면 귀신이 와서 채의 눈을 세다가 날이 새면 내뺀다고 한다. 신발을 엎어놓거나 방안에 들여다 놓는다. 귀신이 와서 맞으면 신고 가면서 그 사람을 잡아간다는 속신 때문이다. 이 날은 일을 하지 않는다. 만약 일을 하면 죽을 적에 헛손질을 한다는 이야기가 전승한다. (임영민속연구회, 『강릉시 왕산면 전통 생활문화 조사』)

최명희 소설 『혼불』 5권에 이런 내용이 나온다. 정월 보름 다리밟기(踏橋) 때 아녀자들은 밤길 나들이가 금지되어 있어서 열엿새 날 밤에 하게 되어 있었다. 일제 강점기가 되자 달집이나 풍물놀이 풍속도 신명이 덜하고, 규모가 적어지자 보름에 하기로 날짜를 옮겼다.

등장하는 동물의 역할을 보면 각자 단역(端役)을 맡으므로 비중의 차이가 없는데도 사건을 기리는/제사하는 날을 '까마귀날'이라 함으로써 까마귀를 주역으로 올려놓았다. 사실 보름날 찰밥/오곡밥을 지어 내놓으면 잡식동물인 쥐나 멧돼지도 까마귀 못지않게 이런 특식(特食)을 반길 터이다. 내 말이 맞다면 정월 보름은 '쥐날'이나 '돝날'이라 해도 상관없다. 다만 쥐날·돝날은 열이틀에 한 번씩 순차대로 돌아온다.

원문에는 소지왕의 행차 날짜가 안 나온다. 하지만 세시풍속을 말하는 대목에서 모두 정월 초순의 해당 짐승날을 말한 뒤에 '보름 까마귀날'을 말했으므로 이 보름날 앞에는 '정월'이 생략되었을 뿐이다.

일년에 한 번, 한 해가 시작되는 정월 보름(뒤에서 설명함)에 까마귀를 대응[match]시켜놓았을 때 까마귀의 존재감은 여타 동물과 비교도 안 된다. 더하여, 정월 보름에 나아가는 왕의 행차가 정해진 의식[定例]임을 알면 까마귀는 왕과 관련되는 존재다. 정월 보름에 신라왕의 행차 사례는 경문왕 6년(866)과 진성여왕 4년(890)에 임금이 황룡사에 납시어 연등행사[看燈]를 했다. 이날 신덕왕(912~916)은 흥륜사에 납시었다. <사금갑>조는 시작과 끝을 소지왕과 까마귀(날)에 대해 말했다. 까마귀날은 왕권의례를 집전하는 날이다. 그것은 왕의 권위와 권력의 기원을 보여주고, 그것을 합리화하는 행위[performance]다. 이렇게 왕과 관련된 내용이므로 일연은 <사금갑>조를 기이편에 넣어서 정치사 대접을 했다.

까마귀날과 별도로 정월의 첫[上] 말날[午日]도 쥐날[子日], 돝날[亥日]도 마찬가지로 절일(節日)이다. <사금갑>조에는 '上午日'(말날)이라는 낱말만 나올 뿐 등장하는 캐릭터에 말(馬)은 없다. 까마귀제삿날[烏忌日]의 까마귀(烏)가 12지(支)의 말(午)로 대체된 것인가? 『삼국유사』 기이 <태종춘추공>조를 보면 김춘추는 김유신과 함께 '正月午忌日(<사금갑>조에 보이는데 최치원의 설이다-끼움주)에 축구를 했다고 나온다. 이를 보면 최치원도 비슷한 의문을 가지고, 까마귀날을 12지(支)의 날짜로 고쳐놓았다. 그렇지만 실제 풍속은 上午日과 관계없이 정월 16일로 고정되어 있어서 상충된다. 일연은 궁중비화를 말하다가 세시풍속까지 해설하여 일을 그르쳤다.

'금갑'의 변고를 알리는 데는 까마귀만 있어도 충분하다. 여기에 동참한 엑스트라 쥐와 멧돼지는 까마귀와 동격이다가 까마귀날이 정해진 뒤 '신분'이 강등되었다. 그것은 정월의 다른 절일 소개가 덤으로 들어가다보니 그렇게 되었다. 이들 세 짐승날을 중심으로 보면 <사금갑>조는 세시풍속에 대한 글이다.『동경잡기』는 두 테마를 분명히 하여 정월 절일에 대한 내용은 풍속조에 싣고, 왕권의례 내용은 고적조에 실었다. 그러나『용재총화』·『기문총화(紀聞叢話)』나『대동야승』등에는 까마귀만이 동물캐릭터로 나온다. 모두 <사금갑> 신화의 퇴화형이다.

우리의 정초 풍속에는 쥐날·돝날에 콩을 볶거나 무엇을 태워 돼지와 쥐의 주둥이를 지진다고 하는데, 농작물을 해치는 대표적 동물이기 때문에 행하는 상징적 주술이다(최남선,『조선상식 풍속편』). 검불을 태우는 작업은 새해 농사를 짓기 전에 어차피 해야 될 일인데 거기에 풍작을 기원하는 의미를 부여하는 것이리라. 실은 까마귀날이든 다른 짐승날이든간에 당일 아무 것도 하지 않고 조심한다는 해설도 맞지 않는다. 김춘추와 김유신이 까마귀날에 축구 경기를 한 것으로 보아도 이 날에 슬프고 삼간다는 것은 맞지 않다.『용재총화』나『동사강목』에서는 용(龍)날[辰日]까지 더하여 정초 이 날에는 '서로 마시고 놀았다.'고 했다. 이를 정합적으로 이해하면, 이들 짐승날에 금기하며 세시풍속을 지키다가 정초 명절이 끝나는 보름날에 모여 축구하면서 심신을 풀어주는 절차가 아닐까. 앞뒤 순서는 바뀌었지만 서양의 사육제(카니발)와 흡사한 것으로 이해된다.

민간의 보름날 찰밥 풍속에 대해서는 다음과 같은 증언이 있는데 오곡밥이 까마귀와 관련되어 있음을 말해준다. "지금도 경주 지방에 잔존하고 있다. 즉 정월 보름날 아이들이 감나무에다 찰밥을 맥질하면서 '까마귀 밥 주자'라는 주언(呪言)을 되풀이하는 풍속이 그것인데, 지금은 그 주술법의 목적이 감이 조락하지 않게 하기 위함이라 한다". (이동환 역,『삼국유사』)

처음 문희(文姬)의 언니 보희(寶姬)가 서악(西岳)에 올라가 오줌을 누는데 그 오줌이 서울에 가득 차는 꿈을 꾸었다. 다음날 아침 꿈 이야기를 아우에게 했더니 문희가 이야기를 듣고 "내가 이 꿈을 사겠어요." 하였다. 언니가 말하기를 "어떤 물건을 주겠느냐?" 하자 문희가 "비단치마를 주면 되겠지요." 하니 언니가 승낙하였다. 문희가 치마폭을 펼쳐 꿈을 받을 때 언니가 말하기를 "어젯밤의 꿈을 너에게 준다." 하였다. 문희는 비단 치마로써 그 꿈값을 갚았다. 열흘이 지나 유신이 춘추공과 함께 정월 오기일(午忌日. 앞의 사금갑조에 자세히 보이며 최치원의 견해다 – 원주)에 유신의 집 앞에서 축구(蹴鞠. 신라인들이 공을 가지고 노는 것을 말한다 – 원주)를 하다가 일부러 춘추공의 옷을 밟아 저고리 고름을 떨어뜨리게 하고 말했다.

"우리 집에 들어가서 옷고름을 답시다!" 하니 [춘추]공이 그 말을 따랐다. 유신이 언니 보희에게 "옷고름을 달아 드리라!"고 하니, 그녀는 "어찌 사소한 일로써 함부로 귀공자를 가까이 하겠습니까." 하고 사양하였다(옛책에는 병이 나서 나아가지 않았다고 한다). 그러자 아우에게 명하였다. [춘추]공이 유신의 뜻을 알아차리고 마침내 문희와 [정을] 통하였는데, 이후 춘추공이 자주 왕래하였다. 유신은 문희가 임신한 것을 알고 그녀를 책망하였다.

"네가 부모에게 알리지도 않고 임신했으니 무슨 까닭이냐?" 하고는 온 나라에 말을 퍼뜨려 그녀를 불태워 죽인다고 했다. 어느 날 선덕여왕이 남산에 행차할 때를 기다렸다가 뜰에 땔나무를 쌓아 놓고 불을 지르니 연기가 났다. 왕이 바라보고 "무슨 연기인가?" 하고 묻자 좌우에서 아뢰기를 "아마도 유신이 누이를 불태우려는 것 같습니다." 하였다.

왕이 그 까닭을 물으니, 아뢰었다. "그 누이가 남편도 없이 임신했기 때문입니다." 왕이 이르기를 "그것은 누구의 소행이냐?"라고 물었다. 마침 [춘추]공이 왕을 모시고 앞에 있다가 얼굴색이 붉게 변했다. [그것을 보고] 왕이 말하였다. "이것은 그대의 소행이니 속히 가서 그녀를 구하도록 하여라." 춘추공이 임금의 명을 받고 말을 달려 왕명을 전하여 죽이지 못하게 하고 그 뒤 떳떳이 혼례를 올렸다.

(2) 왕궁의 풍경

신라고[新羅琴]

<(사)금갑>의 '갑(匣)'은 '집(case)'이다. '칼집'이나 '안경집'에서 그 쓰임을 본다. 여기에 넣는 금(琴)을 지금까지 거문고[玄琴]라고 번역해왔다. 거문고[玄琴]에 대해서는 삼국통일 뒤 신문왕 때 그것을 천존고(天尊庫)라는 창고에 보관했다는 기록이 있다(『삼국유사』, 탑상, 백률사). 이후 경덕왕 때 옥보고(玉寶高)가 제자 양성에 힘쓴 결과 거의 신라말에 이르러 널리 보급되었다고 한다. 명칭을 보면 '거문'은 '검을 玄(현)'에 대응되고, '고'는 한자 '琴(금)'의 뜻이다. 『훈몽자회』에서도 '고 琴'이라 했다. 신라사에서 '琴'이 보이는 예로는 나혜왕(196~230) 때 물계자(勿稽子)라는 이가 '금'을 탔고, 자비왕(458~479) 때 백결선생이 '금'으로 방아타령을 지은 일이 있다. 이 시기는 우륵이 가야에서 신라로 투항하기 – 진흥왕 때(6세기) – 이전이므로 가얏고라고 보기는 어렵다.

시방은 모두 '가야금'이라 부르지만 옛문헌의 한글 표기는 예외없이 '가얏고'였다. 거문고든 가얏고를 막론하고 '琴匣'은 '고의 집' 즉 '고집'이다. 그래서 나는 '사금갑'을 "고집을 쏘아라!"라고 번역한다. 짧고도 정확하지 않은가. 여기에 제3의 '고'가 있다. 이미 3~5세기의 토우에 신라고의 축소판(미니어쳐)이 여럿 보인다. 꼭지[羊耳頭]가 뚜렷한 것과 그렇지 않은 것 두 종류다. 일본의 정창원에 보관된 신라고집은 길이가 187 센티미터나 되므로 사람이 들어가지 못할 바도 아니다. 다만 이 화소[motif]를 그대로 받아들여 역사해석에 활용하는 태도가 문제다.

궁주는 누구인가?

궁중에서 불공드리는 스님 분수승과 궁주가 '고집'에 들어가서 무슨 짓을 했다고 한다. 이야기를 들려주는 사람이나 듣는 사람 가운데는 좁은 공간에서의 행위 가능성을 문제 삼을 만하다. 나중 18세기 후반에 와서는 더욱 그럴싸하게 궁주를 '왕비 선혜부인(妃善兮夫人)'이라고 했다(『동사강목』 권2, 소지왕 10년). 선혜부인은 소지왕의 왕비다. 궁주의 용례는 이밖에도 있으니, 효소왕 때의 국선 부례랑의 어머니는 신라고[琴]와 만파식적을 찾아준 공로로 '사량부 경정궁주'가 되었다. '궁주'는 고려시대의 왕비, 왕의 후궁, 공주 등을 책봉하던 별칭의 하나로서 궁궐의 주인을 의미하는 낱말이다. 여기에서 <사금갑> 사료의 형성시기가 문제된다. 적어도 '궁주' 표현이 나올 정도면 궁주 모티프는 고려시대 이전으로 보기 어렵기 때문이다. 이 점에 대해서는 다시 논하기로 한다.

'고집' 사건의 한 쪽 주인공을 왕비라 했을 때 역사설화의 구성이 더 탄탄해짐은 말할 나위가 없다. 감히 요승(妖僧)이 당대의 왕비를 범하다니! 다만 이전 버전에 보이지 않던 궁녀의 이름까지 나오는 것은 믿기지 않는다. 고구려 안시성의 성주 '양만춘'도 조선후기 실학자들의 책에 비로소 이름이 나온다. 양만춘 기록을 '야사'라 하여 비중을 두지 않는 태도라면 '고집' 사건의 선혜부인도 마찬가지다.

(3) 신궁 제사

정월 대보름

일연이 소지왕 때의 <사금갑> 에피소드와 다른 설을 소개한 것을 보면 당시 왕의 운명을 건 '재치문답'이 더러 있는데 그 주인공은 반드시 소지왕 뿐이 아님을 알 수 있다. 아마도 신덕왕 버전의 결말도 소지왕 때와 마찬가지로 불상사로 끝났을 것이므로 더 이상 언급하지 않은 듯하다. 신덕왕이 향 피우러[行香] 간 날짜도 적어놓지 않았지만 본문에서는 모두 정월 명절을 말하고 있으며, '16일 까마귀날'이라고도 명시했으니 정월 보름에 행차했다고 보아도 좋다. <사금갑>조는 이 중요한 시제(時制)를 빠뜨리고 있어서 약간의 흠결이 있으나 『용재총화』를 비롯한 『동국통감』 등 조선시대 문헌에는 '정월 15일'이라고 써놓았다.

비슷한 버전이 시대를 달리하여 둘이나 전해오지만 일연은 신덕왕 버전은 아니라고 했다. 그는 비처왕의 다른 이름을 적어둔다든가, '금갑' 사건 연도의 이설을 소개한다든가 하여 사실추구에 열심이었다. 이런 태도로 보아 신덕왕대 설을 부정하는 데는 그 근거조차 말할 필요가 없었던 모양인데 역사가로서는 아쉬운 태도다.

서사는 뒤로 갈수록 일상의 경험세계와 다르다. 이 상반된 태도는 궁중비화의 진정성 여부에서 비롯된다. 일연은 어떤 사실에 대해 독자들이 '새겨듣기'를 바라면서도 전해오는 사실 자체가 많은 굴절을 겪어온 것이기에 동물들을 등장시켜 스스로 해석해주다보니 세시풍속으로까지 발전했다. 실은 일연이 그렇게 들은 당대 사람들의 설명방식이다.

음력 한 달 가운데서 초하루를 찾는 데는 고난도의 역산(曆算)과 숙련이 필요하므로 포기하고, 육안으로 잘 보이는 보름달에서 한 달 길이의 시작을 찾아냈다고 한다. 매달 보름 가운데서도 한 해의 첫째 달인 정월 보름이야말로 '기준이 되는 날[元日]' 중에서도 맨 앞에 오는 날이므로 '상원(上元)'이라 했다. 이후에는 중원(7월), 하원(10월)이 뒤따른다. 신라의 전통을 이어받아 고려에서도 상원에는 연등행사를 했다.

신궁

지금까지 알려진 바 신라 왕들의 상원 날 행차는 네 명에 달한다. 소지왕을 제외하면 모두가 황룡사나 흥륜사의 연등행사에 납시었다. 이들 큰절이 생기기 이전, 소지왕은 그 10년 정월 대보름에 어디에 가서 무슨 행사를 주관했을까? 그의 천천정(天泉亭) 행차는 나정(羅井)=나을(奈乙=날)로 가는 길이며, 나정은 시조 혁거세가 탄생한 우물이다. 따라서 소지왕은 새해 첫날 시조왕 제사를 지냄으로써 나라 첫 임금의 재생과 혼령위무, 그리고 풍요를 기원하려 했다(나희라, <사금갑설화와 신라의 왕권의례>). 신라에는 개국 이래 왕들의 즉위의례로서 시조묘(始祖廟) 제사가 있다. 소지왕도 그 2년 2월에 시조묘 제사를 지냈다. 그런데도 다시 시조 탄생지를 찾아갔다면 기존의 시조(묘)와는 다른 대상일 수 있다. 여기에 눈에 띄는 기사가 있다.

> 9년(487) 봄 2월에 신궁(神宮)을 나을(奈乙)에 설치했다. 나을은 시조
> 께서 처음 태어난 곳이다(『삼국사기』 소지왕본기)

그러니까 신궁을 짓고난 이듬해 정월 보름에 제사지내러 갔다가 불미스러운 일이 일어나고만 내막이 '고집' 사건이다. (신)궁의 뜻은 사당 즉 묘(廟)다. 시조왕 혁거세를 모시는 시조묘가 있는데 새로이 신궁을 지음은 시조묘와 동일한 시조를 모시고자함은 아닐 터이다. 나는 일찍이, 소지왕대에 오면 이미 김씨 왕들이 세습하는 시대가 되었으므로 신궁 제사는 자신들 김씨족의 시조 나물왕을 모시는 것으로 본 바 있다(<삼국사기 제사지 연구 – 신라 사전(祀典)의 연혁·내용·의의를 중심으로). 여기에 더하여 사당의 모습이나 갖춤[設備]도 시조묘와 대동소이하다면 신궁을 세울 까닭이 없다.

시조묘의 양식에 대해 전하는 바는 없지만 나라를 갓 세울 즈음에는 격식과 위엄을 갖출 겨를이 없다. 이후 김씨 왕들 세습시대에 들어와서 자비왕 12년(469)에

까마귀 솟대 : 우리나라 동해안 및 제주도에 분포(ⓒ김주미)

는 서울에 도시구획[坊里]을 정하고, 소지왕대에 와서는 교통·통신을 정비하고(487) 시장까지 열었다(490). 이렇게 국왕 중심의 지배체제를 갖춤에 따라 통치이념도 정비되는데 소지왕은 그 7년(485)에 시조묘를 지키고 관리[守廟]하는 집을 20호로 늘였다. 2년 뒤에 신궁이 세워졌으나 국왕의 신궁 제사에는 마찰-고집 사건-이 있었다. 다시 몇 년 뒤(495) 정월에 소지왕은 친히 신궁에 제사를 지낸다.

'금갑' 사건 즉 신궁과 관련해서는 왜 동물이야기가 나올까? 동물중에서도 하늘 높이 나르는 까마귀가 단연 주인공이다. 아마도 신궁의 들머리 또는 궁=사당 안에 까마귀 조각이나 장식이 있을 법하다. 마을 어귀나 사방의 솟대, 또는 일본 신사의 도리이[鳥居]를 연상하면 된다. 까마귀를 가운데 둔 짐승들의 만신세계(萬神世界. pantheon)에는 참모격인 쥐나 멧돼지 상(像)도 있음직하다. 일연은 이들 아랫 계급 동물신[下位神]도 '위하는' 세심한 배려를 했다. 그래서 일반의 세시풍속도 겸하여 소개했는지 모른다.

까마귀는 하늘나라의 전령이자 천신(天神) 자체를 상징하는 신조(神鳥)다. 까마귀가 왕권의례의 주인공이라면 쥐와 멧돼지는 세시풍속의 주인들이다. 신화는 현실세계의 반영이다. 나는 신궁에서 모시는 신은 시조신인 동시에 천신으로 주장했는데 바로 이 뜻이다. 자신들의 시조가 하늘에서 내려왔다든가 태양신의 후예임을 표방하는 신화는 어느 나라에서나 볼 수 있다. 중국의 교묘제사[郊祀]도 마찬가지다. 비로소 까마귀는 예사 새가 아님을 알게 된다. 멀리는 저 고구려 무덤그림

의 삼족오나 씨름무덤 그림의 나무에 앉은 검은 새에까지 연원이 닿으며, 가까이
는 경상도 해안이나 제주도 솟대 위의 까마귀 조각에서 신화는 재현되고 있다. 조
선시대의 문인 김려(金鑢. 1766~1821)는 정월보름 시를 지으면서 "까마귀에 제사 않
고 조상에 제사 지내네(不祭烏神祭祖祠)"라고 읊었다. 까마귀는 인간 세상에 날아드
는 혼령이라는 이야기는 최명희의 소설 『혼불』 2권에도 나온다.

(4) 세계문화유산 급(級)의 동물 캐릭터

까마귀·쥐 그리고 멧돼지

지금은 까마귀를 흉측한 새로 보는 데 반해 까치는 지자체나 은행 등에서 자신
들의 상징새로 정하곤 했다. 알프레드 히치콕 감독의 공포영화(thriller) '새'를 보
면 악역을 하는 까마귀의 진면목을 볼 것이다. 앞에서 솟대의 예를 들었지만 옛날
부터 까마귀는 물론, 새는 인간의 염원과 영혼을 하늘에 전해주었다. 삼한시대에
는 새털을 무덤에 넣어 죽은이가 하늘로 잘 날아가라고 빌었다(『삼국지』 동이전). 창
원 다호리나 성주 예산동 무덤에서는 칠기로 만든 부채가 발견되었다. 죽은이의
가슴에 놓여 있는 부채 손잡이에는 새 깃털로 된 부챗살을 꽂게 구멍이 뚫려 있다
(『영혼의 전달자-새·풍요·숭배-』, 국립김해박물관).

쥐와 뱀을 쫓아갔더니 놈이 땅속으로 숨어버리자 "이제는 지하세계, 저승으로
가서 숨었나보다!"라는 연상도 이들 동물이 샤머니즘에서 인간세계와 지하계를
이어주는 영적(靈的) 도우미 즉 '보조령(補助靈. helping spirit)이라는 정체성과 연결
된다.

제주도에는 염라대왕의 심부름을 하는 까마귀 이야기가 있다.

저승에서 염라대왕이 말했다.

"야, 강림아. 강림아. 내가 적폐지(赤牌旨. 인간의 수명을 적은 명부)를 내어줄테니, 적폐지를 가지고 인간세상에 가서 백 살 먹은 하르방, 백 살 먹은 할망으로 가서 차례대로 어서 데려오너라."

"어서 걸랑 그리 헙서."

그런데 마을에 이르러 이것을 잃어버린 까마귀가 자기 멋대로 외쳐댔기 때문에 어른과 아이, 부모와 자식의 죽는 순서가 뒤바뀌어 사람들이 무질서하게 죽어갔다. 이 때부터 까마귀의 울음소리를 불길한 징조로 받아들이기 시작했다. (차사본풀이)

이를 보면 까마귀는 저승사자 구실을 하고 있다. 썩은 고기를 먹는 습성 때문에 까마귀는 전 세계 문화권에서 죽음과 밀접한 관련을 갖게 되었다. 반 고흐가 삶의 마지막에 "슬픔과 외로움을 따로 표현할 필요가 없더구나."라고 가족에게 편지를 쓰던 때 그린 작품 <까마귀 나는 밀밭>이나 괴기스럽고 음습한 소설을 쓰던 애드가 알란 포의 <까마귀>라는 시(詩)도 아주 의식적이고 계획적 구상임을 비로소 알게 된다.

강원도 화천군의 국도에서 겪은 일이다. 길에 까마귀 한 마리가 무엇에 치었는지 날지 못하고 버둥거리는 것을 동료 까마귀 몇 마리가 주변을 서성이며 떠나지 못하는 광경이 아직 기억에 생생하다. 까마귀는 영리한 동물이고 의리가 있다. 자신을 낳고 길러준 노년의 어미에게 먹이를 물어다준다고 하여 '정 많은 까마귀 어미를 먹여살린다.'는 자오반포(慈烏反哺) 숙어가 있고, 이 때문에 '효성스런 새[孝鳥]'라고 불리지 않던가. 까마귀는 그 음습한 색깔과 울음소리로 말미암아 세계 여러 지역에서 신의 청지기 또는 신 그 자체라고 믿었다. 우리 선조들이 까마귀를 영물(靈物)로 여겼음은 고구려 고분벽화에서도 볼 수 있다. 씨름무덤 그림에서, 지상과 천상을 연결한다는 우주나무(cosmic tree)에는 네 마리의 까마귀가 앉아 있다. 이제는 까마귀에 대한 인식이 제대로 자리 잡아가는지 경기도 오산시는 2015년에 시 상징물인 시조(市鳥)를 비둘기에서 까마귀로 바꾸었다. 비로소 땅이름 오산(烏山)의 유래와 맞게 되어 다행이다.

〈까마귀의 의리〉

작성자 안한준 작성일시 2010-10-27 14:15:42.0 조회수 2123

한 무리의 까마귀들로 인하여 상념에 젖었던 적이 있다.

한국인들한테는 까마귀가 썩 유쾌한 인상을 주지 못하는 것으로 알고 있다. 그런데 스리랑카 사람들은 이 새를 상서로운 동물로 여긴다. 왜 그럴까?

다음과 같은 그들의 아름다운 마음씀이 혹 그 답이 될 수 있을까?

어느 날 사무실 앞마당에는 난데없이 수많은 까마귀들의 합창(?)이 있었다. 호기심으로 즉시 뛰어나가 보았다.

어! 웬일일까? 수백 마리의 까마귀들이 몰려들어 울부짖고 있지 아니한가?

물론 평소에도 사무실 주변 어디라도 자유로 왕래하고 있는 그들이니만큼, 그때라 하여 그들의 출현이 의외일 수는 없다. 이 나라는 까마귀의 천국이라 해도 과언이 아닐 테니까.

하지만 그저 몇 마리 정도가 아니었다. 수백 마리는 족히 될 법한 무리였다. 가까이 가 보았다. 오호, 애재라!

거기에는 아기 까마귀 한 마리가 피를 흘린 채 죽어 있었다. 혹 전선에 감전되었는지, 혹 누구의 테러공격을 받았는지, 혹 아직 아기라서 그 움직임의 미숙함으로 인한 실족이었는지 정확한 사인은 알 수 없었으나, 아무튼 그는 목이 부러진 채 땅바닥에 죽어 널브러져 있었던 것이다.

나는 그 아침 까마귀들의 그 모임이 자기네 친구의 죽음을 애도하기 위한 것이라는 것을 알았다. 그들은 인근 각처의 연락 가능한 가족, 친지 그리고 동무들에게 서로서로 기별을 했을 것이다. 그리고 기별 받은 "모두"(연락이 가능한 모두라고 말하고 싶다)는 한 까마귀도 빠짐없이 찾아 왔을 것이다.

친구의 주검을 앞에 놓고 애도하기 위하여….

나는 알아들을 수 없었지만, 혹 장송곡이라도 부르고 있는 중이었는지 누가 알겠는가?

그래서 그런지 평소와는 달리 그들이 울음이 어딘지 모르게 애조를 띤 것 같기도 하고, 어쩌면 분노를 띤 것 같기도 하다는 느낌을 받았다. 과장일까?

사람들이 다가가도 좀체 흩어질 기미를 보이지 않는다. 애도의 부르짖음을 조금도 멈추려 들질 않는다.

마당 한 켠에 잘 묻어 주었다. 그리고 나서야 비로소 그들은 물러났다.

참으로 의리 있는 동물이라고 느꼈다. 정말이지 이웃에 있던 모든 까마귀들이 다 몰려왔다고 나는 믿는다.

사람이라면 그러지 않았을 것이다. 사람들은 도대체 이유가 많고, 극히 형식적이지는 않은가? 아니 요즘은 기별을 받고도 오지 않는 이들이 많다. 설혹 오더라도 위 까마귀들처럼 그리 함께 슬퍼하지도 않는다. 분(忿)해하지도 않는다.

'즐거워하는 자들로 함께 즐거워하고, 우는 자들로 함께 울라' 하지만, 인간은 갈수록 '더불어 나누기'를 망설인다. 그러다 보니 점점 더 틀어져만 간다.

'우는 자들과 될 수 있으면 거리를 두자'하고, 즐거워하는 자들을 대하여는 그들의 즐거움을 시샘하며, 더 나아가 '그것을 빼앗자' 하지는 않는가?

어제는 참 운수 좋은 날이다.

평소 하찮게 여겨오던 까마귀들한테서까지 한 수 배울 수 있었으니….

(https://www.father.or.kr/board/read.action?id= 아버지학교 아버지학교 목회칼럼)

쥐는 또 어떠한가. 월터 디즈니는 미국 어린이들이 워낙 쥐를 보고 놀라며 싫어하여, 좀 친숙해지라고 만화영화 미키마우스를 만들었다. 하지만 우리 아이들은 먼 나라의 에니메이션을 보고 그들의 문화세례를 받을 것이 아니라 예전부터 이런 동무들이 우리의 이웃이자 때로는 의지처이기도 했음을 가르쳐야 한다. 흰쥐를 본 사람은 백호(白虎)를 본 것과 마찬가지로 자신은 선택된 사람이며, 신의 어떤 점지를 받았다고 숙연해 한다. 쥐는 마루 밑이나 벽장 어디에 나와 같이 살고 있는 '가족'이다. 아이가 울거나 보채면 "곰쥐 나온다!"고 하여 그치게 한다. 왜 그냥 쥐가 아니고 '곰+쥐'인지? 세상에 존재하는 것 가운데 쓸모없는 것은 하나도 없다. 이러한 진리를 알 때 의기소침해 있던 청소년의 자존감도 달라질 것이다.

사람이 살아있는 시간이란 알고보니 쥐가 콧구멍 속으로 들락거리는 동안이었다. '낮 말은 새가 듣고, 밤 말은 쥐가 듣는다.'는 속담이나 '쥐도 새도 모르게'라는 표현의 쥐와 새는 곧 (귀)신이거나 귀신같은 존재다. 불교가 널리 퍼진 뒤에는 새가 부처님의 신중(神衆)이 되곤 했다. 문무왕 시절에 지통 스님에게 까마귀가 날아와서 영취산에 가보라고 하여 그대로 따르니, 보현보살이 나타나 계품을 주었다(『삼국유사』 피은 <낭지승운 보현수>). '고집' 사건의 까마귀와 무엇이 다른가.

지금은 야생동물 먹이사슬의 가장 윗자리에 있으면서 농작물 피해는 물론 사람도 해치는 짐승이 멧돼지다. 농가에서는 놈을 쫓아내느라고 갖은 고안을 다 한다. 그 하나가 확성기로 호랑이가 포효하는 소리를 들려주는 것. 멧돼지를 많이 잡으라고 시·군청에서는 포상금을 걸어놓았다. 놈은 야행성으로서 집돼지와 마찬가지로 새끼를 많이 낳는다. 그 야행성이 쥐와 마찬가지로 영성(靈性)과 관련되는 것 같다. 돼지꿈이 길몽(吉夢)이고, 돼지가 복많음을 의미한다는 것은 본래 이런 멧돼지를 두고 한 말이라고 추측된다. 옛 이야기나 사료를 볼수록 더욱 그러하다.

고구려에서는 삼월삼짇날 등 나라제사나 잔치 때 멧돼지와 사슴을 잡아 하늘에 바쳤다. 유리왕 19년(서기 1)에 궁중의 멧돼지가 도망가자 신하 둘은 멧돼지를 잡아서 심줄을 끊었다. 그러자 '하늘에 제사 지낼' 짐승을 해쳤다 하여 신하들은 죽음을 당하였고, 얼마 뒤 왕도 병이 났다. 무당은 죽은 신하들이 빌미가 되었다고 하여, 살풀이를 해주었더니 병이 나았다(『삼국사기』 고구려본기1). 일본의 고대 역사책 『고지키(古事記)』에서도 멧돼지를 '신의 심부름꾼[神之使者]'이라 하였으니, 유네스코에 '세계문화유산'으로 두 나라 공동신청이라도 해야 할 판이다.

이 고맙고 갸륵한 들짐승·날짐승 이야기는 지금도 심심찮게 들을 수 있다.

> 아무리 기다려도 선비(남편)가 돌아오지 않자 색시는 남편을 찾아 나섰습니다. 한참을 가는데 까마귀가 잔뜩 모여 구더기를 먹고 있기에 남편이 어디 있는지 물어보았습니다. 그러자 까마귀는 구더기를 윗물에 씻고 아랫물에 헹구고 가운데 물에서 건져 주면 가르쳐 준다고 하였습니다. 시킨 대로 하자 까마귀가 길을 가르쳐 주었습니다. 고개를 넘어가니 이번에는 멧돼지가 칡뿌리를 다 캐 주면 가르쳐준다고 해서 색시는 그대로 또 하게 됩니다. 멧돼지는 이번에도 요 다음 고개를 넘어가라고 했습니다. (이나미, 구렁덩덩새선비)

멧돼지와 까마귀는 때로 민담에서 무서운 존재로 나타나기도 한다.

> 계모는 멧돼지로 변해 있고, 아들들의 화살을 맞은 멧돼지는 다시 까마귀로 변한다. 누이가 변한 접동새는 그래서 까마귀가 없는 밤에만 나타나 슬피 울며 다닙니다.(접동새누이)

이렇게 보면 까마귀는 의외로 우리에게 가까이 있다. 천재시인 이상의 '오감도(烏瞰圖)'도 까마귀가 주인공이며, '의식있는' 노래 <추도가> 가사 또한 이러하다.

> 날아가는 까마귀야 시체보고 우지마라
> 몸은 비록 죽었으나 혁명정신 살아있다

사료에 보이는 짐승

분수승을 타도하는 데 한몫을 한 까마귀·쥐·멧돼지 등은 고대인의 정신세계와 무관해 보이지 않는다. 신라 음악가 이문(泥文)이 지은 가야금 세 곡은 그 이름이 까마귀·쥐·수리(鶉)였다. 제사지내거나 놀이하러 신라 왕족, 혹은 화랑들이 자주 들렀던 경상남도 울주 천전리 바위에도 「상원 4년(677) 10월 24일 부줍평 댁의 멧돼지와 까마귀(上元四年十月二十四日夫汁坪宅猪烏)」라고 새겨져 있다. 상원 4년은 서기 677년으로 추정된다.

쥐와 새, 이들은 그냥 동물이 아니라 정령/요정이었다. 옛이야기에서 쥐가 꼬리에 꼬리를 물고 가는 곳을 따라가보니 어떤 비밀스러운 사건의 단서가 열렸다는 삽화가 드물지 않게 나온다. 오래 전 신라 때도 있었던 우리의 무형문화다.

> 11월에 치악현에서 8천여 마리의 쥐떼가 평양 쪽으로 갔다. (이 해에) 눈이 내리지 않았다.(『삼국사기』 권9, 혜공왕 5년. 769)

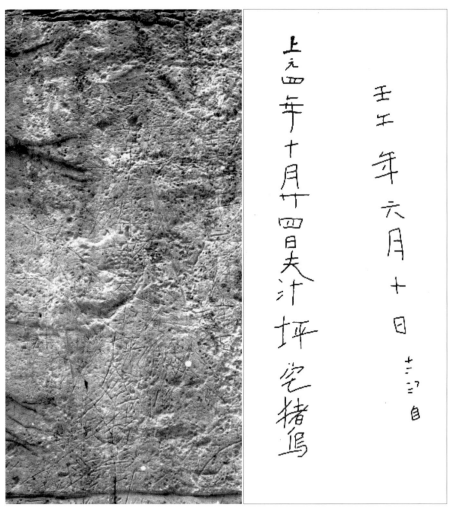

울주천전리새김글 상원4년명(한국금석문종합영상시스템)

(5) <사금갑>조를 통해 본 소지왕의 신변불안

정월 보름을 까마귀날로 대응시킬 필연적 계기나 이유가 없다고 할 때 '고집' 사건의 실재정/신빙성은 크게 떨어진다. 이런 에피소드로 말미암아 크게는 나라의 제사제도가, 적게는 정월 풍속이 생겼다는 설명은 좀 지나치지 않은가. 이쯤에서 우리는 <사금갑> 사건이 어떤 배경이나 환경에서 지어낸 허구=문학임을 과감히 인정해야 한다. 하지만 이 이야기가 어느 왕 때, 어느 장소에서 생겼다는 단서는 간접적·비유적 차원에서 역사연구의 지평을 열어준다.

수수께끼에 대한 중대한 오해

노인이 들고 나온 수수께끼는 또 얼마나 황당한가. '한 사람'이 곧 왕이라는 것은 일관만이 아는 '정답'이다. 수수께끼란 실제로는 그렇지 않음에도 어떤 책략을 써서 상대방을 혼란시키는 하나의 말장난이다. 수수께끼를 내는 사람만이 그런 뜻이 있다고 '억지를 부려서' 상대방의 허를 찌르니 사실 수수께끼의 답변 그 자체가 또 하나의 수수께끼다.

'이 편지를 뜯어보면 두 사람이 죽고, 뜯지 않으면 한 사람이 죽는다.'는 문제는 삶과 죽음을 택하라는 일종의 '교수대 수수께끼(neck riddle)'다. 수수께끼란 것은 반드시 함정을 파놓고 천연덕스럽게 묻는 질문이다. (W. J. 페피셀로 & 그린 지음, 남기탁·김문태 역주, 『수수께끼의 언어』) 스핑크스의 수수께끼를 떠올려보자. 지나가는 사람에게 '아침에는 다리가 넷, 낮엔 다리가 둘, 저녁에는 다리가 셋인 것은?' 이라는 문제를 내어 맞추지 못하면 잡아먹었다. 수수께끼의 논리는 일상의 사고체계와는 다른 차원으로서 놀이(game)의 일종이다. 정색을 하고 너무 진지하게 받아들이면 오히려 일을 그르친다.

<사금갑>조의 '한 사람'에 대해 생각해보자. 천하 또는 온 나라의 한 사람이라면 남을 의식하지 않아도 되고, 모두가 그를 중심으로 움직이는 사람을 말한다. 곧 천자나 왕이다. 재상을 두고 '한 사람 아래, 모든 사람들 위(一人之下 萬人之上)'에 있는 지위라 하지 않았던가. 이런 논리와 관점으로 보면 일관의 말은 맞다. 오직 답을 그쪽으로 몰아갔을 때만. 그러나 어긋장을 놓을라치면 그 누구도 '한 사람'이 곧 왕임을 증명할 수 없다.

<사금갑>조의 편지봉투 제목은 인류 보편/공통의 교수형 수수께끼다. 이를 바로 궁중처형, 왕비교체에 대입(代入)시키려면 더 많은 방증이 필요할 것이다. 교수형 수수께끼 이야기는 우리나라에도 전국적으로 퍼져 있다(뒤의 box). 그 주인공은 고구려의 어느 임금이기도 하고, 신라의 진덕/진성여왕이기도 하다. 이런 보편성을 시대와 나라에 맞게 바로 앉힌 안목을 일연 스님은 가졌다.

내전 분수승

경주시 남산 기슭, 통일전 동남쪽의 연못이 서출지로서 사적 138호로 지정되었다. 일설에는 이곳에서 남쪽으로 200 미터 떨어진 속칭 양기못(『동경통지』권6의 揚避堤)이 서출지라고 한다.

'내전'은 여느 건물이 아니라 내불당(內佛堂)·내제석궁(內帝釋宮)으로도 불렸으며 나중의 천주사(天柱寺)다. 분수승이란 향을 사루어 복을 비는 스님이다. 『삼국유사』 탑상, 전후소장사리조에도 '내전분수(승)'가 나온다. 일관은 왕의 장래를 점쳐 화를 면하게 해주었다. 역사/사실은 얼마나 복잡하고 인과관계 또한 보는 사람에 따라 다른가. 반면 문학/설화는 곁가지를 다 제거한 뒤 원인과 결과를 일직선상에 나열한다. 어찌 분수승 혼자서 사직을 넘본다는 말인가. 그를 둘러싼 세력이나 무리가 있을 테지만 그것을 다 들추자면 사건심리가 되고 만다. 그 지루하고 시비를 가리기 어려운 '법정공방'을 누가 들으려 할 것인가. <사금갑>조는 소지왕의 반대편에 선 사람들을 스님 하나로 단순화시키고, 그 죄목은 어느 시대에나 일어날 수 있는 치정(癡情)에다가 가중치를 붙였다. 왕권을 빌어 새로 들어온 불교를 공격하는 구실로는 시해의 혐의보다 효과적인 것이 없다. 이보다 40여 년 뒤 법흥왕이 불교를 일으키고자 하는 데 반대한 구실에도 '찬탈·반역[簒逆]' 어쩌고 하는 내용이 보인다. 신라 사회에 불교가 들어온 것은 눌지왕(417~457) 때인데, 소지왕 10년은 그로부터 50년 안팎이 된다. 이즈음 일관이나 무(巫)로 불리는 종교직능자와 불승 사이의 마찰은 예상되고도 남는다. 일관은 전자에 속하는 인물이며, 이들의 공격에 의해 불교가 거세당했다. 고대 왕권국가 이데올로기의 방향을 정하는 계제에 일어났다는 '고집' 사건 이야기는 길이 기억될 것이고, 현재 전해지는 가장 이른 기록은 『삼국유사』다.

어디까지가 사실인가? "그것이 과연 어떠했던가(Wie es eigentlich gewesen war)?"를 따지는 역사연구는 무대 뒤에 가려진 당사자들을 모두 불러낸다. 지금 우리가 읽는 소지왕대 에피소드는 오히려 동화(fairy tale) 차원이다. 이야기는 그냥 받아들이고 넘어가야 한다. 자신도 모르게 문제해결/고갯마루에 다 올라왔을 때는 감동한다. 따지지 않고, 숨 가쁘게 넘어가야 드라마틱한 서사가 된다. 그럴수록 사실과는 멀어진다. 설화와 역사의 '아름다운 동행'에서 서로 헤어지는 기점을 언제로 잡을 것인가에 『삼국유사』 제대로 읽기의 열쇠가 있다.

지증왕의 즉위 배경

<사금갑>이라는 제목에서 다 말했듯이 전체 이야기에서 사건이라고는 '고집'을 쏘아 두 사람을 죽인 것이 전부다. 역사는 사람(들)의 일이나 관계에 대해 쓰는 것이 본령인만큼 <사금갑>조를 신라사 나아가 한국고대사 흐름의 한 고리로 자리

잡아주려면 등장인물인 왕과 분수승·궁주에 대한 조명이 전부다.

<사금갑>조의 '고집' 기사를 실제 있었던 사건으로 보아 그 배경과 의미를 추구하는, 말하자면 역사 베이스(base)의 연구도 만만치 않다. 그 길을 튼 연구(주보돈, <삼국유사 사금갑조의 이해>)에서 <사금갑>조는 '소지왕에 대한 암살미수사건'이라고 불렀다. 한 사람(一人)=국왕의 죽음이 걸려 있는 스토리인만큼 달리 이름 붙일 무엇이 없다. 그것은 본문에 나오는 기사나 표현을 100% 수용한 결과다. 나아가, 연구가 옆길로 새지 않도록 해당 시기의 『삼국사기』는 물론 금석문까지 참조하여 시대의 내막을 균형있고 건실하게 재구성했다. 소지왕이 500년에 사망했다는 문헌자료와 상충되게 영일냉수리비(503)에는 다음 왕(지증왕)이 아직 왕위에 오르지 못하고 '지증/智哲老'를 달리 쓴 '지도로갈문왕(智度路葛文王)'으로 나온다. 그 사이 왕위계승이 순탄치 않았음은 분명하다. 이러한 사정은 소지왕이 날이군(捺已郡. 영주)에 행차 갔다 왔다는 아래 기사에서도 간파된다. 소지왕이 말년(22년)에 날이군(捺已郡. 영주)에 행차하여 그곳 사람 파로(波路)의 딸 벽화(碧花)와 정분을 맺고, 나중에 아들까지 낳았다. '암살미수사건'이란 소생을 두지 못한 것으로 추정되는 선

22년(500) 가을 9월에 왕이 날이군(捺已郡)에 행차하였다. 군(郡) 사람 파로(波路)에게 딸이 있어 벽화(碧花)라 했는데, 16세로 나라 안의 절세미인이었다. 그 아버지가 [딸에게] 수놓은 비단을 입혀 수레에 태우고 색깔 있는 명주로 덮어 왕에게 바쳤다. 왕은 음식을 보낸 것으로 생각해 열어보니 어린 소녀가 있어 이상히 여겨 받지 않았다. 궁으로 돌아왔는데 생각이 그치지 않아 두세 차례 몰래 그 집에 가서 그녀를 왕의 침석에 들게 했다. 고타군(古陀郡)을 지나가는 길에 할머니[노구(老嫗)]의 집에 묵었다. [왕이] 묻기를 "지금 사람들은 국왕을 어떤 군주로 생각합니까?"라 하니, 할머니가 대답했다. "많은 사람들이 성인으로 여기지만 저만은 그것이 의심스럽습니다. 왜냐하면 제가 왕이 날이의 여자와 침석에 들러 여러 번 미복차림으

혜부인과 그 아버지 내숙(乃宿)과 분수승이 소지왕을 암살하려 기도했으나 실패한 것으로 볼 만하다.

지증왕이 사탁부이므로 이전 왕들의 소속부인 탁부 사이의 갈등이 짚혀진다. 소지왕이 본래 불교옹호자였는데 신궁 설치에 반대하는 전통 6부의 반발을 받고 무격신앙을 옹호하는 쪽으로 급선회했다는 해석도 가능하지만 그렇지 않을 가능성도 있다. 6부 가운데 어느 부가 친불교적인지도 지금은 모른다. 왕들의 종교 성향이 이러한 마당에 왕녀/궁주가 신궁 건립에 앞장섰는지는 더더욱 모른다. 그녀가 앞장섰다면 궁주와 분수승 사이의 애정관계는 또 무엇으로 설명할지? 모르는 것을 캐내는 것이 학문의 본분이지만 모르는 것은 모르는대로 두는 것도 미덕이다.

신라중고기의 비약적 발전에 단초를 마련한 소지왕이 고구려의 파상적 공격을 막는 과정에서 <사금갑> 사건이 발생한 것으로 보기도 한다(장창은, <신라 소지왕대 대고구려관계와 정치변동>). 궁주를 『동사강목』의 기록을 받아들여 소지왕비 선혜부인으로, 분수승을 고구려의 첩자로 보아 내린 결론이다. 학계의 자정적(自淨的) 표현으로 '너무 멀리 나아간 해석'이라고 한다.

과거에 어떤 사실이 있었고 그를 해석하는 역사가가 있으며, 그 중간에 사료가 있다. 사료를 통해 아무리 과거에 접근한다 하더라도 사료를 적은 이의 판단이 들어 있어서 과거를 온전히 보여주지는 못한다. 가능한 모든 자료를 모아서 힘닿는 데까지 사실에 한 발 한 발 가까이 갈 뿐이다.

정월 대보름 오곡밥의 유래

그전 고구려 시대 때 어느 왕이 참, 이 농촌에 시찰을, 지금으로 말허자면 시찰이나 한가집니다. 나와서 신하를 멫을 데리고서 참 어느어느 산골짝을 가는디, 가그매간치(까막까치)가 꽉꽉 그 가는 질(길) 앞으서 울고 있다 이거여. 하, 그런게 그 왕이 있다가,

"멈춰라 -. 이거 질이, 질 앞으 신작로 앞으가서 가그매(까마귀)가 울고 있으니 묘헌 일이다. 멈춰라."

"그런게 신하들이 왕의 명이 떨어졌은게 멈출 건 사실 아뇨?"

[조사자 : 그러죠.] 음.

딱 멈추고 본게, 왕이 동서남방을 죽 흘트리보니 아무 거시기도 없고 저 서행쪽으로 [한참 생각하다가] 연못이 있는디, 연못이라는 것, 둠벙이나 한가집니다. [조사자 : 예, 그러죠.]

못이 있는디 못에서 사람 하나가 빠져가지고 모가지만 들어갔다 나왔다 그 이렇게 허드라, 이거여 왕이 치다본게. 근게 그 임금이 있다가 신하를 부름서,

"너 저그 좀 갔다 와바라. 저 연못에 가먼, 느덜(너희들) 눈에는 안뵈느냐? 내는 뵌게. 사람 빠졌으니 금방 죽는다. 올라갔다 앉았다 헌게 어서 가봐라, 가서 그 사람을 구해라."

신하가 참 그 말을 듣고서나 바로 그 못가에 갔어요, 갔더니 아니나 다를까 사람이 빠져가지고 모가지만 폭 들어갔다 나왔다 나왔다 들어갔다 이 짓을 허드라 이거여.

그런게 신하가 인자 벗을 여가도 없고 사람이 죽게 생겼은게 그냥 옷 입은 그대로 막 그 못가를 들어갔시요.

그 사람을 구헐라고, 들어가 본게 인자 모가지가 쏙 빠지고 손만 이러고(1)[각주 : 양손을 쳐들어 보임.] 있어요 손만. 그 손이 편지 한 장을 들고 있드라 이거요. 그서 인자 꼭 잡고 손을 잡고 이렇게 끄시내(끌어내) 빌란게(보려니까) 손도 없어지고 사람도 없어지고 편지만 자기 주먹으가 쥐어 있드라 이거요. 그려서 이상허다 허고 그 부근을 훑어봤더니 사람은 시체가 없어요 아까 빠진 사람, 모가지 내놓다 들어간 사람. 그서 그냥 와서나 임금에게 고(告)허기를,

"가봤더니 사람은 읎고, 편지 들고 이렇게 있읍디다." 그서 찾아봤더니 읎고 그서 건지든 못허고 그서 이렇게 편지만 갖고 왔시요."그맀어.

그서 왕기다, 인자 임금기다 딱허니 그 편지를 전해본게 임금이 있다가 읽어본게 '뜯어보면 두 사램이 죽고 안뜯으면 한 사램이 죽는다.' 이 겉봉으가 써났다 이거여. 뜯으면 두 사람이 죽어요, 안뜯으면 한 사람이 죽고, 헌게 그 임금님이 참 묘허거든, 근게,

"야, 내가 이 농촌 이, 이런 거시기를 살피로 왔더니 오늘 일수가 나쁘고 되로(도로) 대궐로 돌아가자."

그 신하를 데리고 감서, 인저 데리고 간 신하를 데리고 도로 대궐로 들어갔어요.

들어가서나 즉시 이 좌우정 우이정(좌의정 우의정) 다 불러가지고 인자 회의를, 회를 했답니다. 회를 했는디,

"내가 아무디 아무디를 갈라고 혔더니 가그매간치가 있어서 이런이런 꼴이 있으니 이 편지를 받었는디 다 해석혀서 내놔라." 그맀어.

근게 [더듬거리며] 우의정이나 좌의정이나 다 한 패는,

"뜯어보면 두 사램이 죽고 안뜯어보먼 한 사람이 죽은게 사람 목숨이 귀헌게 뜯어볼 것이 이 한 사람만 죽입시다." 그맀어 그 정승들이.

또 정승들 한 사람은, "그나지나 뜯어봅시다. 한 사람을 더 죽이더라도 목숨이 귀허지만 뜯어봅시다."

그 정승들이 있다가 서로 이러쿵 저러쿵 허네, 그 수도 등등허고 뜯어보자커니 안뜯어보자는 숫자가 등등혀요.

근게 임금님이 있다가, "야, 내가 결정헐테니 나 허잔대로 혀라."그맀어.

임금님이 결정을 뭐라고 내렸냐먼, "이걸 뜯어보얀다."

그서 그걸 그 자리서 뜯어봤어요. 뜯어봤더니 오늘 저녁으, 지금은 시간적으로 인자 시간 있은게, 밤 한 시랄지 두 시랄지 그런 자시네 뭐 축시네 뭐 인시네 아니요? 지금 시간으로 봐서 한 두어 시나 됐든겝디다. 근게 자시나 되지.

그런데 인자 임금님이 칼 잘 쓰는 무사, 무사면은 칼 쓰는 사람을 무사라고 혀요. [조사자

: 예, 그러죠.]

　무사를 막 대궐인게 앞뒤로 한 이십명 막 순시히 놓고서나 그 두 시쯤인게 자시나 될 것이여. 그 시간에 무사를 불러가지고,

　"농문을 열어봐라."그맀어.

　근게 농문을 딱허니 열은게 머리 팍팍 깎은 중이 나오더라 이거여.

　그 중을 내다가, "너 무신(무슨) 이유로 이 내 방에 와서, 이게가 어느 방이가니…."

　임금님 말씀이, "이게 어느 방에, 니가 내 방으 내 농 속에 들어 있냐?"

　그렇게 물었어 그놈보고, 물으먼 그냥 묻겄어? 인자 주리를 틀트지.

　근게 이놈이, "예, 죽기를 작정헌 몸입니다."

　"어쩌서 죽기를 니가 작정헌 몸이냐?"

　"예…."

　임금님이 나이가 많았던개벼. 그러고 임금쯤 되면 각시가 여럿이 많이 있을 거여.

　작은이가 되았던가 근게, 그 임금님이 참 각시보고, 후딱 말허자면 뭐라고 허던가?

　대비마마라고 허던가? 근디,

　"대비마마가 나를 청을 했습니다."그맀어.

　"그서 대비마마으 청을 안들어도 죽고, 내가 청을 안들어도 죽고 청을 들어도 죽을 지는 알고 있습니다."

　"멫 달이나 됐냐?"근게,

　"석 달 됐다."고, 그렇게 말을 허드래요. 근게,

　"응, 그렇겄다."

　그러고서나 인자 그놈을 집어내고서나 목을 빌 판여. 근디 인자 후딱 말허자면 임금님 각시까지 둘이 목을 비여.

　목을 딱허니 막 비어버맀어.

　인자 물어 볼만큼 물어보고 중도 목 비고 임금님 각시도 목을 비고 딱 비었어.

　그렇게 그 핀지(편지) 내용이 뜯어 봤은게 뜯어보먼 둘 죽고 안뜯어 보면 하나가 죽는다고

거든.

근게 뜯어봐서 중 허고 임금님 각시 허고 죽었어 말허자먼.

근게 작은각실터지, 안뜯어보먼 그 중이 칼을 품고 농 속에 숨어서 그날 저녁은 쥑이기로 약속혔어 왕을, 그 나라 왕을 죽이기로 약속을 혔당게.

그래가지고 인자 안뜯어보먼 그날 임금님이 죽어. 그날 저녁으 뜯어봤은게 살고,

그런게 '하 이게 참 내 운명이 참 하늘이 돌봤구나!' 무릎을 탁 침서(2)[각주: 실제로 자기 무릎을 침.] 신하들보고,

"여봐라. 오늘 날, 날짜가 메친날이냐?"그렸어.

"예, 정월 보름날입니다. 정월 보름날입니다."그렸어.

"어, 정월 보름날이냐? 그러면 가그매, 간치가 나를 살렸으니 오곡을 혀서 막 사방으다 뿌려라. 오곡밥을 혀서…."

아, 보름날 오곡밥 안혀먹어요. 오곡밥을 혀서 사방에다 막 질이고 문악(문앞)이고 다 뿌려라. 그렇게 백성기다 어, 통보를 혀라.

그렸어. 그려서 '보름날 오곡밥을 먹는 것이 원인이 거기가 있다' 소리를 내가 들었시요.

이것도 거짓말인지 참말인지 모른디….

[조사자 : 이얘기를 들었지요?] 예.

- 끝 -

오곡밥의 유래

그전 그 신라시대, 신라시대 진, 선덕여왕이 있고 진덕여왕(1)[각주: 진성여왕의 잘못.]이 있거든. 진덕여왕이 음란했다구만. 진덕여왕이 음란해 가지구 그 화랑도의 제일 건강하고 젊은 청년들을 끌어다가 그 궁궐에서 그냥 이렇게 세월을 보내다가 또 내보내고 또 다른 사람을 들여보내고 또 해구 그렇고 그랬다는 거지.

근데 그 당시에 그 당시에 그 어느 임금, 남자 임금이, 남자 임금이 그 당시에 그 남자 임금이 아니라, 이제 그 당시에 그 궁궐에서 이제 음란한 진덕여왕 적인데, 한 날은 이제 그 왕 행차가 있잖아? 왕 행차가 있는데, 난데 없는, 이제 까치가 이제, 날라 가다가 이제 편지 봉투를 떨어뜨렸다구. 편지 봉투를 떨어뜨렸는데, 그 편지 봉투를 뜯어 보니까는, 아 이 뜯어보지 않고 겉에만 쓰기를 응 뜯으면은 말이지, '뜯으면은 두 사람이 죽고 안 뜯으면 한 사람이 죽는다' 그랬거든.

[청중:안 뜯으면 또 한 사람이 죽어요. (웃음) 이게 어떻게 된 것.] 아니 어떻게 해.

뜯으면 두 사람이 죽고 안 뜯으면 한 사람이 죽는다고 그랬으니까는 안 뜯으면 한 사람만 죽을 거고, 뜯으면 두 사람이 죽을 것이다 이거야.

그래 이게 뜯어 볼 수도 없고 안 뜯어 볼 수도 없단 말야.

그래서 그 왕이 어느 대신을 인제 딱 인제, 그러게 그 정치인에는 영의정 뭐 이런 것들이 다 머리 좋은 사람이 있겠끔 되어 있는 거야.

그래 딱 인제 그 만조 백관을 딱 모셔 불러다 놓고서는, 자,

"이 봉투를 어느 미물의, 여 짐승이 말이지, 던졌는데, 뜯어 보면은 두 사람이 죽고 안 뜯으면 한 사람이 죽는다 그랬는데, 이 걸을 어떻게 해야 하느냐?" 그러니까는

그 어느 대신이 딱 임금한태 고하기를,

"한 사람이 죽는다 하는 것은 그 나라의 기둥 때고 큰 인물이고, 두 사람은 별 볼일['없을'의 누락] 것입니다. 그러니까는…." 말야. 그렇게 얘기를 하거든.

쓰, 자, 과연 그 임금이 들어봐도 그것도 또 그럴듯한 얘기더라 이거라.

그래 뜯어 보자. 뜯어 보니까는 금, 그 인제 궁궐 안에 있는 금궤가 있는데 '금궤를 쏴라' 말야. 금궤를 쏴라.

그 궤짝 속에 궤짝에다 인제 활로다 쏴라 말야.

그러니까는 자 또 그럼 어렵지 않은 거지.

그래 쏴라, 알았다구 그래가지구선 행차를 딱 하구서 들어와서 들어와 보니까는 그 저 왕비 방에 가 궤짝이 하나 있거든. 그래 그 궤짝을 쐈다 이거야.

그러니까 거기서 비명의 소리를 지리면서 사람의 소리가 질르면서, 질르더라 이거야.

그래 열어보니까는 씩씩한 청년인데 거기가 들어있다 이거야. [청중:둘이요?]

아, 혼자. [청중:아! 혼자서.]

그 인제 그 왕비, 그 인제 그러기 때문에 그째 그 그 그허구 그 남자하구 둘을 죽이게 된 거 아냐?

뜯어 봤기 때문에 안 뜯어 봤으면 왕만 죽었거든.

그 날 저녁에 그 구유장에서 나와서 왕을 죽이기로 했대니까, 어 그런데 그걸을 편지 봉투를 인제, 봉투를 뜯어 보니까는 인제 뜯어 보면 둘 죽고 안 뜯으면 하나 죽는다는데 안 뜯어 봤으면 그 날 저녁에 임금이 죽은거라고.

그러기 때문에. "아, 이 아무리 미물이지만은 이 왕, 이 나라를 위해서 이 저 거시기 이러 한 것을 미리 알려줬다." 해가지구서는 보름, 정월 보름날이면은 오곡 잡밥에 밥을 해가지 구 먹구

다 이렇게 그 까치 까마귀덜에게 먹어라 하는 거지.

[청중: 아!] 그래서 그 오곡밥이라는 거, 거기서 생겨.

까마귀 솟대

김세영

밤톨별을 따던
장대가 둑방에 꽂혔다
그 꼭대기에
까마귀가 날아와 앉았다

자학에 멍이 든 몸이 잠든 사이
유체이탈遺體離脫한, 나의 까마귀가
야간비행을 하는 전진기지이다

어둠의 눈을 도려내는
은장도 눈매,
저승의 천막을 뚫고 들어갈
화살촉 부리

삼족오의 후손인
그의 비행속도로 네 시간 거리인
이승과 저승은
서울과 부산처럼 일일 생활권이다

새벽 공기를 휘젓는 날갯소리에
몽유의 산책을 나간다
어둠을 찢는 빛의 발톱을 가진 그가
수천 번이나 허공에 내던진 부메랑처럼
이승의 둥지로 다시 돌아온다

나의 연실이 소진되어, 더 이상
그의 자유의지를 붙들어 둘 수 없는
폐가의 둥지가 될 때까지
그의 습관적 망명의 고백을
넋두리로 중얼거리며
이승의 또 하루를 걸어간다.

『시인세계』 2012년 봄호

삼국유사 깊이 읽기

셋째마당.

서라벌에 판치는
도깨비들

─〈도화녀 · 비형랑〉

밤과 낮은 반씩이다.
밤에도 세상은 돌아가고 있다

『삼국유사』기이편의 <도화녀 비형랑>조 이야기를 들어보자.

제25대 사륜왕(舍輪王)의 시호는 진지대왕(眞智大王)이고, 성은 김씨다. 왕비는 기오공(起烏公)의 딸 지도부인(知刀夫人)이다. 태건(太建) 8년 병신년(576)에 왕위에 올랐다.<옛책에는 11년 기해(己亥)라고 했으나 잘못이다.> 나라를 다스린 지 4년 만에 정치가 어지러워졌고 풍속이 음란하여 나라사람들이 그를 폐위시켰다.

그전 일이다. 사량부(沙梁部) 서민의 딸이 자태가 곱고 아름다워 사람들이 도화랑(桃花娘)이라고 불렀다. 왕이 듣고 궁중으로 불러들여 사랑하고자 하니, 여자가 말하였다. "여자가 지킬 일은 두 남편을 섬기지 않는 것입니다. 남편이 있는데 어찌 남에게 가겠습니까? 비록 임금의 위엄으로서도 끝내 정조는 빼앗지 못할 것입니다". 왕이 묻기를, "[너를] 죽인다면 어찌하겠느냐?"고 하니, 여인이 말하였다. "차라리 저자거리에서 목을 베일지언정 다른 마음은 없습니다". 왕이 희롱삼아, "남편이 없으면 되겠느냐?"고 물으니, "됩니다"라고 대답하였다. 왕이 그를 놓아 돌려보냈다.

이해에 왕이 폐위되어 죽었다. 그 뒤 3년에 그 남편도 죽었다. 죽은 지 열흘 뒤 갑자기 밤중에 왕이 평상시처럼 여인의 방에 들어와 말하였다. "네가 옛날에 승락하였듯이, 지금 네 남편이 없으니 되겠느냐?" 여인은 가벼이 허락하지 못하고 부모에게 고하였다. 부모가 말하기를, "임금님의 말씀인데 어떻게 피할 수가 있겠느냐?"고 하여 딸을 방에 들어가도록 하였다. 왕이 7일 동안 머물렀는데, 항상 오색 구름이 집을 덮고 향기가 방안에 가득하였다. 7일 뒤에 갑자기 [왕의] 자취가 사라졌다. 이로 인해 임신을 하였다. 달이 차서 해산하려 할 때 천지가 진동하더니 사내아이를 낳았는데 이름을 비형(鼻荊)이라고 하였다.

진평대왕이 이 [사연의] 특이함을 듣고 궁중에 데려다 길렀다. 나이가 15살이 되어 집사(執事) 벼슬을 주니, 밤마다 멀리 도망가서 놀았다. 왕이 무사[勇士] 50 명을 시켜서 [비형을] 지키도록 했으나, 매번 월성을 날아 넘어가 서쪽 황천(荒川) 언덕 위<서울 서쪽에 있다.>에 가서 귀신들을 데리고 놀았다. 용사들이 숲 속에 엎드려서 엿보니, 귀신들이 뭇 절의 새벽 종소리를 듣고 각각 흩어지자 비형랑도 돌아왔다. 군사들이 이 사실을 와서 아뢰니, 왕이 비형을 불러 물었다. "네가 귀신들을 데리고 논다는 것이 사실인가?" "그렇습니다". 왕이 "그렇다면 너는 귀신들을 시켜 신원사(神元寺) 북쪽 도랑<또는 신중사(神衆寺)라고도 하나 잘못이다. 또는 황천 동쪽 깊은 도랑이라고도 한다.>에 다리를 놓아라"라고 말하였다. 비형랑은 임금의 명을 받아 귀신들로 하여금 돌을 다듬게 하여 하룻밤 사이에 큰 다리를 놓았다. 이 때문에 귀신다리[鬼橋]라고 불렀다.

왕이 또 물었다. "귀신무리 중에서 사람으로 출현하여 조정 일을 도울 만한 자가 있느냐?" 비형랑은 "길달(吉達)이란 자가 있는데 나라 정치를 도울 만합니다"고 하였다. 왕이 "함께 오라!"고 하여, 이튿날 비형랑은 [길달과] 함께 왕을 뵈니 [왕은 길달에게] 집사 벼슬을 주었다. 과연 충성스럽고 정직하기가 비할 데 없었다. 이때 각간 임종(林宗)이 아들이 없으므로 왕이 명령하여 뒤를 이을 아들로 삼게 하였다. 임종은 길달을 시켜 흥륜사 남쪽에 누문(樓門)을 세우게 했는데, [그는] 밤마다 그 문 위에 올라가서 자므로, [이를] 길달문(吉達門)이라고 하였다. 하루는 길달이 여우로 변해 도망가버리니, 비형랑은 귀신을 시켜 잡아 죽였다. 그리하여 귀신의 무리들은 비형의 이름을 들으면 두려워서 달아났다.

당시 사람들이 글을 지었다.

성제(聖帝)의 혼이 아들을 낳으니 / 비형랑의 집이 바로 그곳일세
날고 뛰는 귀신의 무리들아 / 이곳에 머물지 마라

그 고장 풍속에 이 글을 써 붙여서 귀신을 물리쳤다.

(1) <비형랑>조는 중국 기담(奇譚)의 아류인가?

<비형랑>(<도화녀·비형랑>조의 내용상 비형랑이 주인공이 되므로 <비형랑>조로 줄임)조는 『태평광기』에 수록된 중국설화집 『기사기(奇事記)』의 '염수(茸遂) 이야기'에서

영향 받았다고 한다(김현룡, 『한국고설화론』). 부록으로 실린 '염수 이야기'의 전문(全文)에서 보겠지만 줄거리는 이렇다.

① 염수의 부인은 조옥의 딸로서 이 젊은 여성은 벼슬에 오른 어떤 남성을 탐(貪)하여 관계한다.
② 그 사이에 태어난 아이가 7살에 귀신이 되어 하늘로 날아간다.
③ 귀신들이 떼를 지어 내려와서 행세한다.
④ 그 아이가 외할아버지 조옥을 무덤 속에서 구해낸다.

비형랑 이야기와 비교하면 ③을 제외하고는 공통되는 점이 별로 없다. 오히려 <비형랑>조에는 두두리/도깨비 같은 한국 전래동화의 모습이 고스란히 담겨 있다.

(2) 진지왕(재위: 576~579)의 가족관계

진지왕

이름은 사륜(舍輪) 혹은 금륜(金輪). 진흥왕의 둘째아들로서 어머니는 박씨 사도부인(思道夫人)이며, 왕비는 지도부인(知道夫人)이다. 진흥왕의 태자 동륜(銅輪)이 왕 33년(572)에 죽어서 진흥왕을 이어 즉위했다.

용춘(龍春)과 비형

귀신의 아들이든 정상적 인간의 아들이든 진지왕의 아들이라고 알려진 존재는 비형랑과 용춘 뿐인데 이 둘의 행적에 같은 부분이 적지 않다. 용춘은 진평왕 51

년(629) 고구려의 낭비성 공격 때 대장군으로 출전했다. 한편 비형은 왕의 가신(家臣)이자 궁중업무를 관장하는 근시직(近侍職) '집사'를 맡아 활약했다. 둘 다 왕이 믿고 의지해야하는 일급 신하다. 용춘이 황룡사구층탑을 총감독한 데 반해 비형은 귀신다리를 하룻밤에 놓았다. 모두 귀신같은 솜씨인데 이를 일러 신기(神技)라 한다. 이런 기술을 가진 사람이 범상한 인간일 수는 없다. 그의 정체를 말해주는 방법으로는, 기행(奇行)을 하고 뭇 귀신을 몰고 다니는 정도는 되어야 한다. 현실의 최고 건축물을 두고 이 공사의 주인공을 가리킬 때는 용춘이지만 그의 본성/자질을 '귓속말'로 알려줄 때는 비형이다. 두 존재는 밤과 낮에 따라 정체성을 달리 하는 사람이자 귀신(人鬼)이다. 다소 유치하더라도 하나씩 짚어보자. 아버지가 같고, 그 행적이 같다면 동일인이라고 하기에 족하지 않은가.

비형이 아무개일 것으로 지목되는 또 한 사람은 안홍 스님으로서 근거는 이러하다(장활식, <비형랑과 목랑신앙>), 첫째, 귀신다리를 만든 귀신들은 밀교승려를 말하는데 안홍은 밀교 스님이다. 둘째, 비형은 진지왕 영혼의 아들이라 하니 유복자일 터인데 그러면 비형이 태어난 해는 진평왕 원년(579)이 된다. 이 해에 안홍이 태어났다. 셋째, 비형과 안홍의 증조부가 동일인이다. 위 주장은 첫째, 밀교와 토목공사를 연결했다. 둘째, 설화를 사실로 받아들여 영혼의 아들이 태어난 해를 계산했다. 셋째, 귀신의 증조부 등을 언급한 데서 사료에 대한 오해가 거듭되어 수긍하기 어렵다.

지도부인과 도화녀

진지왕이 사량부의 서인여성에게 통정(通情) 의사를 조심스럽게 밝혔다는 품행을 연구자들은 높이 산다. 여인의 수락조건을 받아들여 기다려주는 왕의 인품을 두고, 진지왕 시절의 정치가 문란하고, 세태가 음란했다는 <비형랑>조의 왕에 대한 평가를 부정한다. 하지만 하찮은 신분이 왕명을 거절했다는 서사는 고대사회의 신분질서에 맞지 않는다. 비로소 이야기 보따리가 풀어지면서 서사논리가 작동하는데 많은 연구자들이 이 모두를 역사로 환원하여 설화의 주인공들을 사료의 실존 인물에다 1:1로 대입시키기에 급급했다. 결론은 예상했겠지만 도화녀가 곧 지도부인이라고 한다. 자연히 진지왕과 상대하는 도화녀는 보잘 것 없는 집안일 리 없고 사량부의 진골귀족인 지도부인이라고 추정하여 사료를 고쳐 보았다(김덕원, 『신라중고정치사연구』).

지도부인과 도화녀, 두 생모(生母) 후보가 있고, 그녀(들)로부터 태어난 용춘/비형이 있다. 지도부인이 도화녀와 동일인이라면 비형이 누구의 아들인지 따져볼 필요도 없지만, 나는 원문을 고쳐보는 태도에 찬동하지 않으면서 정체가 불분명한 설화상의 여인 도화를 무시하고 비형(용춘)은 역사책에 명시된 지도부인의 아들로 본다.

도화녀가 서민의 딸이라는 기록을 받아들이고 '귀신과의 교합(靈交)'을 부정하면 비형의 출산과정은 이렇게 '추리'된다.

> 왕이 생전에 도화녀를 궁중으로 불러서 왕권의 폭압으로 그녀를 범했다. 그러자 도화녀의 남편은 왕권에 항거하지 못하고 죽은 것이며, 왕이 축출당한 뒤에 도화녀가 유복자인 비형랑을 낳았다.(장장식, <도화녀·비형랑 설화의 성립과 의미>)

역시 두 가지 기사를 고쳐볼(왕권의 폭압, 남편의 비명횡사) 수밖에 없었으나, 결론적으로 용춘에게는 배다른 형제가 있게 된다. 귀신이 된 왕의 아들이라서 드나듦[出沒]이 귀신같은 이 단계에서 비형의 행적은 용춘과 겹친다.

남는 문제는 도화가 낳은 자식은 어떻게 되는지, 또는 누구인지다. 비록 아버지가 귀신이라고는 하지만 진지왕과 도화 사이의 소생을 인정하면 신라같이 엄격한 계급사회에서 비형이 이름과 업적을 남길 수 있을까? 설화상으로는 도화가 비형을 낳지만 지도부인이 낳은 용춘=비형을 인정하면 비형을 낳은 도화는 저절로 증

진지왕의 가계

가계	지도부인 ══ 진지왕	도화
	용춘	비형
영역	역사	귀조신화

진평왕 가계도

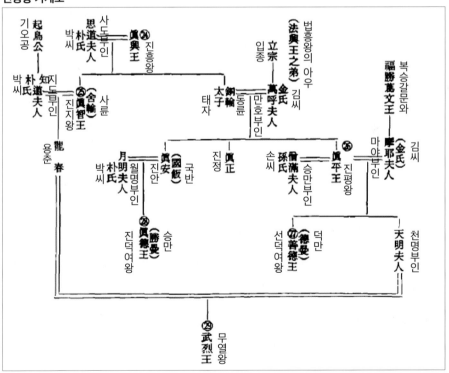

발해버린다. 비로소 설화의 마당에 들어왔다. 도화·비형 이야기는 진지왕 시절의 정치가 어지럽고 풍속이 음란하다는 평가에 이어 나온 에피소드다. 나랏사람들[國人]이 이런 소문을 퍼나를 만하다. 진지왕의 나라다스림에 문제가 많음을 본보기로 든 것이므로 사실여부는 차치하고라도 이야기의 주인공들이 당시의 인물과 겹치거나 걸칠 수밖에 구조다.

(3) 귀신도 도와주는 태평성대

신라·고려시대의 또 다른 정신세계 - 토착종교

『삼국유사』는 삼국시대를 대상으로 하고 있지만 말하고 듣는 이가 고려후기 사람들임을 환기하면 문제의 사건/사실이 책에 적힌 대로의 시제(時制)라고 받아들이기 어려운 경우가 있다. 고려시대 사람들은 비형랑을 통하여 신라 중고기 진지왕시대를 말하고 이해한다. 마치 선화공주를 내세워 백제의 무왕 시대를 말하는 방식처럼. 이야기꾼과 청중의 눈높이는 의외로 그들 일상생활의 토착종교에 있다. 기념비적 건물이나 큰 공사는 나라에서 홍보하는 것처럼 지극한 불심이나 부처님의 자비로 이루어진 것이 아니라 '도깨비 조화'로 하룻밤에 뚝딱 이루어졌다고 한다. 여기에 법문이나 기도·염불이 들어설 시간도 자리도 없다. 그들에게는 여전히 서(西)녁 어느 '깨친' 사람의 언설이 남의 말 같고 어색하다. 고려시대 말기의 신앙경관(religious landscape)에는 여전히 무속과 불교가 함께 있다(巫佛竝存).

일연 같은 고승이 편찬한, 그것도 포교 색깔이 짙은 『삼국유사』에 이런 비형랑 이야기가 들어 있는 것 자체가 놀랍다. 단편적으로 토착신앙을 보여주는 사례가 없는 것은 아니다. 저 <욱면 이야기>를 보자.

욱면이 간 뒤에 귀진 또한 자기 집은 신이한 사람이 살던 곳이라 하여 바쳐서 절로 만들었다. 법왕사라 이름 짓고 토지와 몸종을 바쳤다. 오랜 세월이 지나 퇴락하여 폐허가 되었을 때 큰스님 회경은 승선(承宣) 유석과 소경(小卿) 이원장과 함께 이 절을 중건하기로 원(願)을 세웠다. 회경이 몸소 토목일을 맡아 처음 재목을 나를 때, 꿈에 웬 할아버지가 나타나 삼신과 칡신 한 켤레씩을 주었다. 또 옛 신당[神社]에 나아가 불교의 이치로 타일러서 신당의 재목을 베었다. 모두 5년만에 공사를 마치고 노비까지 더하여주니, 번창하여 동남쪽의 이름난 절이 되었다.(『삼국유사』, 감통, 욱면비염불서승)

신사[神社]는 서낭당(성황당)이나 당집 쯤 된다. 산기슭에 있는지 아니면 마을 한 켠에 있는지는 알 수 없지만 거기 광경이 그려진다. 아람드리 고목이 빼곡이 둘러싼 가운데 망국초 돋아나고 이끼 낀 기와로 덮힌 당집이다. 이런 풍경은 20세기 후반 개발 바람이 불기 전의 우리네 마을 모습이다. 오죽하면 가요의 노랫말에 '성황당 길에'라든가 '성황당 고갯길' '성황당 고갯마루'등이 그렇게 많이 실렸을까. 지금도 강원도 원주시에는 면 이름 자체가 '신림면(神林面)'이다. 물론 전근대 지리지에 올려진 유서 깊은 땅이름이다. 이곳에는 서로 빤히 보이는 마을마다 자신들의 당집을 모시고 있다. 어떤 당집은 서울의 대형 교회 기도원으로 면모일신한 곳도 있다. 욱면이 간 뒤 오랜 세월이 흘렀다니 늦어도 고려전기 쯤은 될 텐데 당시에도 신성림의 언저리라도 손댈라치면 이렇게 조심했다. 여기 있는 풀 한 포기라도 훼손하면 동티난다. '경친다'라고도 하고, 전북지방에서는 '지궐난다'는 말도 쓴다.

『삼국유사』<선도성모 기꺼이 불사를 하다>조는 이런 이야기도 들려준다.

> 진평왕 때 비구니 '지혜'는 어진 일을 많이 했다. '안흥사'라는 절에
> 살면서 새로 불전을 지으려했으나 자금이 모자랐다. 꿈에 예쁜 선
> 녀 모습을 한 여인이 구슬옥으로 머리를 장식하고 와서 위로하였다.
> "나는 선도산 신모(神母)인데, 그대가 법당을 지으려 하는 것이 기뻐
> 서 금 10근을 주어 돕고자 한다. 내 자리 밑의 금을 가져다가 중심불
> 보살[主尊] 세 분(부처와 양쪽의 모심보살), 53 부처·여섯 성중(聖衆) 및
> 천신과 오악(五岳)의 산신을 그려라!(아래 줄임)"

불교·도교가 들어오기 전에도 자연발생적 산악신앙은 있었다. 애니미즘이라 해
도 좋고, 토착종교라 해도 무방하다. 산이 병풍처럼 마을 뒤에 둘러싸인 우리 조상
들에게 "뒤를 봐주는" 산에 대한 어떤 믿음/신앙이 없을 수 없다. 원문을 잘 읽어
보라! 실은 스님들 자신이 기존의 사당을 허물고, 불전을 지었다. 좀 과장해서 말
하면 종교분쟁인데. 무속신앙과 불교 사이의 우열이 가려져야 하고, 금권(金權)까
지 동원되어야 했다.

<선도성모 기꺼이 불사를 하다>조는 서악이 본래 부처님 터가 아니라는 양심
선언이나 다름없다. 지혜의 꿈에 나타난 산신의 모습은 원래 신사에 그려져 있던
아리따운 무속탱화의 모습일 터. 신모의 영역에 불전을 지으려면 산신과 부처 사
이에 질서를 정해야 한다. 절을 짓는 데 신모가 재력을 제공했다는 것은 민간신앙
이 불교에 흡수된 그간의 사정을 불교의 처지에서 말한 것이다.

일연 시절의 신앙경관이 이 정도인데 그 훨씬 이전 진지왕 때의 대세(大勢)인 토
착종교는 말해 무엇하랴. 신라중고기의 새 문물로서 불교는 나라정치와 세상의

이목(耳目)을 한껏 받으면서 기록에 남아 '역사'가 되어 있다. 그 뒷면이자 바탕의 역사는 겨우 명맥만 남아 있는 줄 알았는데 우리는 <비형랑>조를 통해 토착종교의 생생한 장면과 규모를 본다. 거기에도 그 나름의 윤리나 행동기준이 있음을 위의 벌목 의례에서 보았다. 사료를 읽으면서 거기에 씌어 있지 않은 온갖 귀신과 도깨비·대왕님·장군님이나 마고할멈·아기씨를 넘겨짚어야 하는 이

익산시 미륵사터 서탑 석인상

유다. 경덕왕 19년(760), 태양이 두 개나 뜬 변고가 풀리도록 재(齋)를 올려달라고 왕이 월명사에게 명하자 스님은 "소승은 다만 국선의 무리에 속하여 향가만 알 뿐 범패에는 익숙하지 않습니다."라고 했다(『삼국유사』 감통, 월명사도솔가). 당시 승려 가운데는 이렇게 불교에 물들지 않고 전통을 고수하는 이들이 적지 않았다. 비록 백제의 경우이지만 익산 미륵사 서탑에는 불교도상으로는 이해할 수 없는 석상이 있다. 이를 석인상이라고도 하고 장승이라고도 한다. 비슷한 예가 많지 않아서 뭐라고 말할 수는 없지만 백제의 토착신앙과 문물을 보여주는 예다.

비형과 도깨비들이 날뛰던 시절은 동륜계 진평왕 즈음이다. 진평왕과 그 다음 왕위를 이은 선덕여왕 시절에 귀신들이 와서 도왔다는 이야기는 귀신까지도 활동하여 태평성대를 이루었다는 서사로서 『삼국유사』에는 비슷한 모티프를 가진 설화가 더 있다. 비형랑 설화는 무열왕권의 신라중대를 거쳐 고려시대로 이어지는 만큼, 앞 시대의 동륜계 왕들 시절의 태평성대도 자신들의 선조 비형과 그의 신기(神技) 덕택이었다고 선전해야 중대 진골왕권의 당위성이 선다. 설화의 주인공 비형의 후예들이 자신들의 집권을 합리화하고, 그 결과 태평성대로 이어졌다는 해피엔딩 스토리다.

처용 이야기

줄거리는 이렇다.

신라 제49대 헌강왕 시절 신라 서울[경주]은 번성하고 풍요로웠다. 왕이 포구에서 놀다가 돌아올 때 동해 용의 조화로 날씨가 나빠져서 길을 잃었다. 그러자 일관이 아뢴대로 절을 지었더니 구름과 안개가 걷히었다. 용은 기뻐서 일곱 아들을 거느리고 노래와 춤으로 태평성세를 찬양했다. 그 가운데 처용이라는 아들은 서울에 머물면서 왕을 보필했다. 처용은 미녀에게 장가들고 급간(제9관등)의 품계를 받았다. 그의 아내가 매우 아름다워서 역신이 밤마다 찾아와서 잠자리를 같이 하는 장면을 처용은 보고도 노래 부르고 춤추며 물러났다. 역신은 처용의 도량에 감동하여, 앞으로는 공(公)의 그림만 보아도 그 문에는 절대로 들어가지 않겠다고 맹세했다. 이로 말미암아 나랏사람들은 문 위에 처용의 얼굴을 그려 붙여 귀신을 물리치고 경사를 맞이했다.

왕은 돌아와서 영취산 동녘 좋은 땅에 용을 위해 망해사를 세웠는데 신방사라고도 했다.

왕이 포석정에 거동했을 때다. 남산 신이 어전에서 춤을 추었는데 다른 사람 눈에는 보이지 않았다. 왕도 스스로 안무하여 그 춤을 보여주었다. 신의 이름은 '상심' 또는 '산신'이다. 춤 이름은 세 가지나 된다.

또 금강령에 갔을 때는 북악신이 옥도금(玉刀鈐)이라는 춤을 바쳤다. 이 때 지신도 춤을 추었는데 이름은 지백급간이었다. 『어법집』이라는 책에는, 산신이 춤과 노래로 나라가 망하는 것을 경고했다.그러나 사람들은 깨닫지 못하고 더욱 탐닉에 빠졌다. (『삼국유사』기이, 처용랑 망해사)

처용 관련 논문만도 300편이 넘는다. 상상[연구]은 자유다. 처용은 울산지방 호족의 아들[촌놈]로서 서울 경주에 와서 도시문명에 접한 뒤 문화충격을 받았다고 한다. 그는 눈이 깊고, 코가 큰[深目高鼻] 이슬람 상인이라고도 한다. 주인공의 이름에 '랑(郎)'이 붙어 있는 것에 주목하여, 처용은 노래하고 춤추며 액막이를 하는 화랑이라는 견해도 있고, 헌강왕의 아들 요(嶢)라는 더 적극적인 연구도 있다. 그런가 하면, 특정한 인물을 지목하지 말고 어떤 세력 또는 집단의 대명사로 보자는 신중론도 만만치 않다. 처용연구의 궁극은 역사와 설화의 경계에서 그 갈래잡기에 있다.

헌강왕 때의 태평성대에 대해서는 『삼국유사』 기이편, <계절 따라 노니는 집(四節遊宅)> 조목에도 나온다. 계절마다 별장이 마련되어 있고, 도성에는 기와집 뿐이며, 음악소리가 끊이지 않았다고 한다. 『삼국사기』 헌강왕 3년 기사에는 "3월에 우리 태조대왕이 송악군에서 탄생했다."고 하여 태조 왕건의 출생에 주의를 환기시키고 있다. 2년 뒤 왕이 동부지방을 순행할 때 산과 바다의 정령이 가마 앞에서 춤추고 노래했다고 한다. 이런 이야기는 고려시대를 거치면서 증폭되었을 것이다. 고려시대 사람들의 인식으로는 왕건이 탄생한 헌강왕대가 태평성대가 될 수밖에 없고, 그 징표가 바로 귀신들까지 나와 춤추고 노래한다는 서사다. 처용랑 이야기를 후대의 시각으로 보아야 하는 이유다.

　어떤 사단(事端)/사건이 있고, 그에 대한 관심이 계속되면서 살(허구)이 붙어 설화로 발전하는 경우는 이를 역추적하면 사건/역사에 가까이 갈 수 있다. 반대로 어떤 의도나 목적 또는 시대의 여망이 '사료'를 생산해낼 수도 있다. 후자의 경우라면 그 사실성을 추적하는 작업/학문은 무망(無望)하다. 사실 처용설화에서도 육하원칙에 입각한 팩트 가운데 가장 중요한 '어떻게? 왜?'에 대해서는 취약하기 그지없다. 이 점을 인정한다면 '누가? 언제?'라는 요소도 저절로 허물어지는 것 아닌가. "옛날에 어떤 사람이'라고 시작해도 처용 이야기를 풀어가는 데 하등 지장이 없다. 정리하면, 고려왕조의 개창을 암시하는 상서로운 징조와 덕담은 그 정도 설화의 차원에서 이해하고 넘어가야 한다. 장본인/당사자를 찾는 행위/작업이 얼마나 위험한지를 우리는 처용이라 지목되는 여러 후보들에서 보았다. 모든 서사가 '실제의 역사'라고 믿고 해당 시대를 연구하는 태도를 이름하여 '역사원리주의(Historical Fundamentalism)'라고 해도 좋겠다.

비형·처용·지귀

<비형랑>조와 관련하여 우리가 <처용랑>조에 관심 가지는 까닭은 두 가지.

첫째는 본풀이로서 어떤 풍속이나 제의의 유래다. 비형이라는 귀신의 본색과

그 쓰임은 그 근본을 알면 자명해진다. 처용탈이 귀신을 물리치는 이치도 마찬가지다. 짚으로 만든 신상(神像) '제웅'이 말해주듯이, 처용도 잡신의 하나이지만 태생이 용왕의 아들인 만큼 넓은 아량과 강력한 힘으로 삿된 귀신을 물리친다. 왕의 자식 비형이 못된 귀신들을 잡아 족치듯이.

둘째는 배경시대가 모두 태평성대라는 점이다. 어찌 보면 귀신들이 날뛰고 설치면 난세 같지만 실은 그런 악역이 있어야 비형이든 처용에게 할일이 생긴다. 진지왕 시절은 정치가 어지러웠고, 그 아들 비형 때는 귀신들이 날뛰었지만 음지/밤의 질서가 무난히 잡혔기 때문에 그 이면인 낮의 정치가 무난할 수 있었다는 역설의 메시지.

누가 이런 이야기를 '퍼다 날랐을까?' <비형랑>조 이야기는 진지왕 사후 동륜계 왕들을 거쳐 다시 사륜계 용춘의 아들 무열왕이 왕위를 세습하던 시절에 나옴직하다. 즉 비형은 음지의 귀신 같은 존재이지만 동륜계 진평왕이나 그 딸 선덕여왕 시절에도 음지와 등지고는 - 그들과 협력하지 않고는 - 나라가 다스려지지 않았음을 즉 국책사업이 이루어지지 않았음을 말한다. 정신적으로 동륜계 왕들도 사륜계 인물들과 토착종교를 무시하고는 나라 꼴이 되어갈 수 없다는 상부상조 메시지다.

귀신들의 본풀이를 하나 더 들면, <넷째 마당, 선덕여왕에 얽힌 소문의 진실>에서 소개한 지귀(志鬼)설화다. 선덕여왕을 사모하다가 죽어 불귀신(火鬼)이 된 지귀를 쫓아내는 주문을 써붙여 화재예방을 했다고 한다. 이렇게 인간사 분야마다 담당 귀신이 있는데 그 귀신들이 해당 '업무'를 잘 할 수밖에 없는, 잘 하게 된 내력을 말하는 것이 신들의 본풀이로서 그 내용은 '무속적 영웅의 일생'이다. 구전(口傳)이 전해왔다면 몇 마당 풀어나갈 분량일지도 모르지만 그것을 문자로, 더구나 신라·고려인들에게는 일종의 외국어인 한자로 기록하는 단계에서는 핵심 줄거리만 써준 것도 고마운 노릇이다. 역사원리주의를 신봉한다면 지귀는 - 와전·과장을 거치기는 했지만 - 또 어떤 인물인지도 탐색해야 한다. 그러나 『신증동국여지승람』경주, 불우, 영묘사조(뒤에 나옴)를 보면 영묘사는 신라 때 화재를 겪지 않은 것 같다. 더 뒷날 성현(成俔)은 영묘사를 답사하여 시를 지었는데 '백옥 같은 여왕의 상(像)'을 말했으니(허백당시집, 권5) 19세기 중반까지도 큰 화재는 없으려니와 픽션은 이미 자신의 길을 가고 있었다. 중요한 것은 화재를 막아주는 신의 본(정체, 유래)을 이렇게 풀었다는 점이다.

처용은 서역사람인가?

처용과 관련하여 한 가지 더 언급하고 넘어가야 한다. 멀리 이란에서 신라에 왕래했다는 사람들의 이야기가 근년에 알려졌다. 장편 서사시 <쿠쉬나메>는 원래 수백 년 동안 구전되어 오던 내용을 11세기 무렵에 필사·편찬되어 오늘까지 내려오는 고대 페르시아 필사본이다. 두 부분으로 나누어져 있는데 신라(Basilla)와 관련된다고 하는 부분은 뒤편이다.

『쿠쉬나메』 번역서 표지

스토리는 이렇다. 사산 왕조의 페르시아인들은 아랍 세력에 나라를 빼앗겨 아비틴의 인솔하에 중국으로 망명하였다가 일부는 다시 신라왕의 환대를 받아 정착한다. 이들 서역인은 뱃길을 이용해서 무역을 하기도 하고, 어떤 이는 이란으로 돌아가기도 한다. 모두 바닷길에 노련한 신라 뱃사람의 안내를 받아야 할 수 있는 일이다. 드디어 아비틴은 신라 공주 프라랑과 결혼하겠다는 뜻을 밝혀 허락 받고, 자식을 얻는다. 이후 신라와 연합하여 중국왕 쿠쉬와 대결한다. 이란으로 귀환한 아비틴과 그의 아들 페리둔은 페르시아 제국을 재건하는 민족영웅이 되며, 신라 왕실과 대대손손 친선을 이어갔다.(이희수 외 옮김『쿠쉬나메, 페르시아 왕자와 신라 공주의 천 년 사랑』)

아비틴이 곧 처용 아닌가? 연구자들은 다음과 같이 판단한다.

> 지금까지 살펴본 바로는 <쿠쉬나메>가 이전에 없던 신라에 관한 정보를 다수 포함하고 있지만, 확인된 사실이 다소 범박하다는 혐의를 저버릴 수 없다. 묘사가 자세하지 않고 사실과의 정합성에서 의구심이 남기도 한다.(고운기, <쿠쉬나메 연구 서설>)

> 아비틴을 처용과 직접 결부시키기는 무척 어렵고, 두 텍스트의 수사적/종교적 색채도 상당히 다르지만 다양한 문화사적 증거들을 보충적으로 해석하면, 처용설화를 생성시킨 원천 소재의 가능성을 추단할 수 있다.(허혜정, <『쿠쉬나메』와『삼국유사』를 통해 본 처용설화의 생성공간>).

위의 조심스런 평설에는 기대와 아쉬움이 엇갈려 있다. 나에게 소감을 말하라 하더라도 이보다 더 진지하고 품위 있는 언어를 구사할 수는 없다. 다만 지금까지 내가 분석한『삼국유사』의 역사설화 기준으로 본다면『쿠쉬나메』와 <처용랑>조의 친연성에 대해서는 부정적이다. 그 까닭은 이러하다.

첫째, 처용과 서역(페르시아 또는 아랍)을 연결짓는 고리는 처용탈의 특징으로서 깊은 눈과 높은 코를 말한다. 이런 이국적 특징은 처용탈 뿐 아니라 한국의 여타 지역 탈도 대부분 그렇다. 그리고 우리가 알고 있는 처용탈은 조선시대 것이다.

둘째, 처용이 만나게 된 동해용왕은 울산 개운포가 그 '서식지'다. 이러한 토종 신으로는 뒤에 나오는 남산신이나 북악신도 마찬가지다. 처용을 연구자 마음대로 '국적세탁'할 수 있을까. 쿠쉬나메가 신라사사료로서 일급 가치를 지닐 수 있음을 부정하지는 않는다. 이와는 별개로 쿠쉬나메와 처용이야기의 일부 모티프가 같다고 보아 그 역사성까지를 인정하려 하지만 이 경우의 처용이라면 연구자가 마음대로 해석한 서사에 지나지 않는다.

셋째, 무엇보다 처용은 역신을 물리치는 벽사신(辟邪神)이다. 비형 이야기에서 (도깨비)귀신의 유래/근본을 말했듯이 <처용랑>조는 울산지역 용왕에 대한 본풀이다. 이들에게 먼 나라[exotic] 옷을 입히는 것은 옳지 않다.

바실라가 등장하는 앞뒤에 중국을 뜻하는 친(Chin) 또는 마친(Machin)이 빈번히 보이는 것이 바실라를 신라로 볼 수 있는 필요조건은 될 수 있다. 하지만 그 넓은 땅덩어리에서 신라 아닌 다른 바실라가 있을 가능성도 열어놓아야 한다. 바실라가 고대 한국의 신라를 의미하는 고대 페르시아어 나라이름임을 그쪽 언어에 문외한인 독자들에게도 친절히 설명해주면 좋겠다.

서역인에 대한 우리의 오해가 많았음에 대하여 한 고고학자는 이렇게 말한다. "우리도 고대 인물상 중에서 코가 크거나 조금만 이국적이면 '서역인' '아라비아인' '소그드' '위구르' 등의 이름을 무리하게 붙이는 경우가 적지 않다. 하지만 우리 이웃의 서양 계통 주민에 대한 제대로 된 이해 없이 이런 이름을 붙이는 것은 마치 금발의 외국인이면 무조건 '미국사람'이라고 생각하는 것과 다를 바 없다."(강인욱, <'서양인'은 언제나 우리 곁에 있었다>)

(4) 비형, 귀신세상의 질서를 잡다 - 두두리 본풀이(鬼祖神話)

두두리/도깨비

신이하게 태어난 비형은 그 솜씨도 '귀신같다'. 거꾸로, <비형랑>조는 비상한 능력의 소유자는 출생도 무언가 남다를 것이라는 기대/입맛에 맞는 구조다. 비형랑 설화는 『신증동국여지승람』 권21, 경주부, 고적, 귀신다리[鬼橋]조에도 그대로 실려 있는데 맨 뒤에 '이것이 동경 두두리의 처음이다(此東京豆豆里之始)'라는 글귀가 붙어 있다. <비형랑>조는 '鬼(귀)'라 쓰고 있는데 반해 『신증동국여지승람』은 '두두리'라는 토속어로 바꾸어놓았다. 귀신다리의 흔적은 다른 데서도 찾아진다.

> 豆豆里川. 천녕현 동쪽 5리에 있는데 곧 대교천의 하류(下流)다.(『신증
> 동국여지승람』권7, 여주 산천조)

여주군의 두두리는 『해동지도』, 『동여도』에도 보이지만 지금은 사라진 지명이다. 이 '큰다리'[大橋]도 두두리 무리나 놓을 수 있다고 했을 것이며, 이 냇가에서는 두두리들이 멱도 감고, 물고기도 잡았을 법하다. 두두리/도깨비의 이런 능력을 두고, 도깨비는 토목공사에 능한 존재라 한다. 아마도 "도깨비가 세운 다리는 홍수가 암만(아무리) 져도 안 떠내려 가."라는 속설(俗說)의 가장 오래된 사례가 아닌가 한다. 지금은 '두두리'라는 땅이름이 전남 신안군 장산면이나 충남 금산군 북일면에 '화석'으로 남아 있다. 하지만 두드린다는 말과 그 신빨[神力](신통력)은 공연극 <난타>에나 겨우 남아 있다.

경주의 맨 처음 두두리가 비형이라는 것은 아래 <왕가수(王家藪)>조에서도 확인된다.

경주부의 남쪽 10리에 있다. 고을 사람들이 목랑(木郞)을 제사 드리던 땅이다. 목랑은 세속에서 두두리라고 부르는데 비형 이후 세속에서 두두리 섬기기를 매우 성대히 했다. 고종 18년(1231)에 몽고의 원수(元帥) 살례탑이 와서 이전에 원 나라의 사신 저고여(箸古輿)가 국경에서 암살된 사건을 성토하였다. 동경(경주)에서 급히 사람을 보내어 아뢰기를, "목랑이 말하기를,'내가 이미 적군의 진영에 도착하였으니, 적의 원수는 누구누구입니다. 우리들 다섯 명이 적들과 싸우고자 하니, 10월 18일을 기해서 만약 무기와 안장 없는 말을 보내준다면 우리들이 곧 이긴 소식을 보고하겠습니다.'라고 하였습니다."(아래 생략) (『신증동국여지승람』권21, 경주, 고적, 왕가수)

'豆豆里(두두리)'는 두드린(두들긴)다는 동작이나 기능면에서 나온 말이며, 도깨비(『석보상절』의 돗가비)는 '돗구(杵)+아비(男·丁·夫)'로서 절구공이를 은유한 것이라 한다. 두두리는 도깨비의 앞선 이름이며, 그것은 나무[숲]신이기 때문에 '목랑(木郞)'으로도 불리게 되었다. 때로는 '독각(獨脚)'이라고도 써서 다리가 하나인 것으로 흔히 말하지만 소리값을 따라 적은 한자일 뿐, 도깨비불을 든 19세기 도깨비 그림은 다리가 사람과 마찬가지로 둘이고 눈과 입이 표현되어 있다(김상엽, <소치 허련의 채씨효행도 삽화>). 『신증동국여지승람』은 비형 설화를 두두리=도깨비의 본풀이[鬼祖神話]로 인식·소개하고 있는데 반해, 『삼국유사』는 이 이야기를 왕과 그 신변 자료로 보아 <기이>편에 넣었다.

비형은 궁궐을 넘고 무리지어 놀다가 날이 밝으면 돌아오곤 했다. 이들이 놀던 곳이 왕가수였으며, 지금도 '두두리들(경주시 탑정동 일대)'이 전해 온다(이하석, 『삼국유사의 현장기행』). 한편 조선총독부에서 1931년에 간행한 『조선의 임수(林藪)』<왕

가수>조에는 이렇게 보고하고 있다.

경주 읍내에서 남쪽으로 약 6km에는 배리의 포석(鮑石) 취락이 있고, 그 서쪽 서천 하반에서 하류의 모량천이 합류되는 지점까지 남북 방향으로 연장 약 2000m에 걸쳐 조성되어 있다. 폭은 서천의 동안(東岸) 귀교전보(歸校田洑)의 용수로 주변부터 서안(西岸) 율동리 경계 지역까지 걸쳐 있으며, 주변이 매우 넓게 트여 있는 하반평탄지이다.

서천의 동안은 근년에 조성된 포플러숲을 제외하고 상류에 가슴둘레 30cm 내외의 소나무가 10여 그루 있고, 모량천 합류 지점 부근에는 가슴둘레 100cm의 왕버들 2 그루가 남아 있으며, 그밖에는 전부 전답이다. 서안은 면적 13ha의 소나무 장령림(壯齡林)과 하류에 왕버들 50 그루, 약간의 팽나무가 섞여 있다. 소나무 장경림은 최대 지름 70 cm에 달하고 매우 울창하다. 숲안은 모래자갈땅이고 지표면에는 식생이 없다.

- 건너뜀 - 요약하면 왕가수는 처음에 일종의 종교림이었고, 뒤에는 보안림으로서 농사에 이용되어 금양(禁養)되어온 것으로 생각된다.

(생명의숲국민운동 역주, 『조선의 임수(林藪)』)

비록 <비형랑>조에는 두두리＝도깨비라는 말은 없지만 비형과 그 무리의 행각은 도깨비 바로 그것이다. 밤에만 활동한다거나 숲을 좋아하는(산림감시인을 일컫는 말 '두두인(頭頭人)'도 이와 관련됨) 속성이 있다. 도깨비는 때로 씨름을 거는 등 심술궂은 장난도 하지만, 하룻밤 사이에 다리를 놓거나 못을 메우는 등 불가사의한 능력을 발휘한다(강은해, 『한국난타의 원형, 두두리 도깨비의 세계 - 도깨비 설화의 시작』). 과연 하룻밤에 비형은 왕명을 받아 귀신다리를 놓았다.

영묘사(靈廟寺)는 선덕여왕대에 양지스님의 영감(靈感)과 솜씨에 따라 지어졌고, 향가 풍요(風謠)의 배경이기도 하다. 그런데 아래 사료를 보면 관변(官邊) 사료와는 전혀 다른 불사(佛事) 영험을 전하고 있다.

> 신라 때의 불전이 한 둘이 아니었으나, 다른 것은 다 무너지고 헐어졌는데 오직 이 절만은 완연히 어제인 듯한 모습으로 서 있다. 속설에 전하기를 이 절터는 본래 못이었는데 두두리의 무리가 하룻밤 사이에 그 못을 메우고 이 절을 지었다고 한다. (『신증동국여지승람』경주, 불우, 영묘사)

경주지역에 전해오는 내용일 터인데 불교식으로 덧칠한 『삼국유사』에서는 이에 대하여 전혀 다른 절짓기[創寺] 연기를 전한다(이 책, 여섯 째 마당). 위 사료에서 두두리와 그 무리가 누구인지는 밝히고 있지 않으나 당대의 이름난 비형과 그 무리가 후보로 먼저 떠오른다.

두두리는 신몸[神體]을 갖추어 집안신[家神]으로 모셔지기도 했다.

> 이의민은 무식하여 무격만 믿었다. 경주에서 사람들이 두두을(豆豆乙)이라 부르는 목매(木魅)가 있는데 의민이 이를 집에 맞아 들여 모시고 있었다. (『고려사』128, 이의민전)

비형, 악귀를 물리치는 신들의 조상 되다

우리는 지금까지 <비형랑>조의 대단원[finale]을 무심히 넘긴 것 같다. 일연의 역사안목을, (귀)신이나 기적(奇蹟)을 인정하는 즉 신이사관(神異史觀)이라 하는데 일연은 <비형랑>조의 대단원에 와서 신이에 더하여 '풍속'으로 마무리하였다. 비형은 조정의 핵심 관원을 천거했을 뿐 아니라 고관(高官) 임종공의 양자 입양까지 주선하였다. 이렇게 일상세계를 현명하게 처리했는데 그보다 더 중요한 신들의 일까지 도맡았다. 귀신들이 별난 짓 하거나 둔갑을 하면 여지없이 다스린다. 이러한 비형의 초인간적 능력을 빌려 액운을 막는 고려시대의 풍속 유래까지 풀이하였다. 이 때문에 비형랑은 동경/경주 두두리 무리의 시조가 되는데 무슨 까닭인지 일연은 "비형이 동경 두두리의 처음"이라는 '거두는 말'을 적지 않았다. 추측컨대, 자신이 적은 내용이 귀조신화의 하나임을 모를 리 없건만 <비형랑>조를 진지왕대의 기사[紀事]로 자리매김하여 기이편의 본령을 잃지 않으려 했던 것 같다.

개국시조든 귀신·무당의 시조든간에 어떤 일에 선두를 장식하고 갈래 세우는 일이 시조신화의 특색이다. 그중에서도 본풀이/무조신화(巫祖神話)는 무당의 시조 이야기인데 <비형랑>조는 귀신들 시조 및 그들의 행적과 질서에 대한 것이므로 귀조신화(鬼祖神話)라 하는 편이 낫다. <비형랑>조를 읽고 이해하는 방식이 여럿 있겠지만 거기에는 어떤 구체적인 사건도 기록되어 있지 않다. 이것이 <비형랑>조의 한계이자 장점이다. 일연도 이 점을 익히 알고 제목 자체를 비형과 그를 낳은(낳았다는) 도화로 잡았다.

어찌 생각하면, 귀신의 행적을 기사화하는 것 자체가 이상하지 않은가. 또 하나, 무조신화도 마찬가지지만 귀신의 시조를 찾아 그 일생을 구술 또는 기록하는 일 자체가 될성부른 일이 아니다. 신화공동체 사람들은 자신들이 경배하거나 친애하는 신격의 신분이 높거나 세속의 권력자일수록 권위를 가지므로 좋은 일이다. 그들이 내세우는 시조가 맞고 안 맞고는 크게 문제되지 않는다. 그 원인이야 여러 가지가 있겠지만, 애초 추상적으로 하나의 인물신을 필요에 따라 내세웠기 때문이 아닐까. 대표적인 무당조상 최영장군을 생각해보라! 강릉단오제의 경우를 보자. 대관령산신이 김유신에서 범일국사로 근대 와서 바뀌었는데 지역에서는 별로 개의치 않는다. 이러한 예는 도화의 실체를 규명하는 데도 참고가 된다. 도화를 역사상의 누구라고 굳이 비정하지 말자는 의견은 귀조신화 자체논리에서 비형의 어머니는 그냥 도깨비 아무개의 어머니로 설정될 수 있다는 말이다. <비형랑>조가 귀조신화일진대 도화는 신화상의 가상 인물이라는 논리다.

대개 집에 무슨 글을 써붙이면 그 위치는 대문이 적격이다. 귀신이든 사람이든 이 문을 통과하여 들어오기 때문. 정초에 '입춘대길'을 써 붙이는 것을 보면 자명하지 않은가. 비형도 사후 어느 때부터 수문장신[守門神]으로 모셔졌던 모양이다. 그런데 그의 귀신 쫓는 능력은 그 어머니 도화의 유전자를 받았다고 풀이된다. 이런 민간신앙도 실은 그 연원이 중국에 있다.

『산해경』이나『논형』에 실린 이야기. 저 망망대해에 도삭산이라는 산이 있고, 거기에는 삼천리나 되는 복숭아나무가 있다. 나뭇가지 사이로 귀신문[鬼門]을 두어 귀신들이 출입하는데 문 위에는 신도(神荼)와 울루라고 하는 신인(神人)이 귀신들을 감시한다. 이를 알게 된 황제(黃帝)는 때를 정해 귀신들을 쫓게 했다. 복숭아나무로 큰 인형을 세우고, 문에는 신도·울루와 더불어 호랑이를 그리고, 갈대줄을 걸어 악귀를 막아냈다.

북숭아가 귀신 쫓는 데 효용 있음은 한국고대의 유적에서 복숭아씨가 많이 발견되는 데서도 알 수 있다.

(5) <비형랑>조의 정치·사상적 배경

지금까지 비형 설화를 중심으로 관련 인물이나 그 정신세계를 살펴보았다. 이 제는 진지왕대의 정국이나 통치이념을 살펴볼 차례다.

진지왕의 주변

동륜의 이른 죽음으로 말미암아 사륜(진지왕)이 즉위했다는 서술이 틀린 것은 아 니다. 하지만 동륜의 아들(太孫)도 있는 마당에 왕위의 장자상속 원칙에 어긋나는 점을 지적하여 진지왕의 즉위는 거칠부 등의 지원으로 이루어졌다는 설명이 나 왔다. 거칠부는 진흥왕 때 신라의 대외팽창과 왕권강화에 크게 기여한 인물이다. 진지왕이 왕위에서 물러난 이유에 대해서 초기의 연구는 사륜계와 동륜계의 갈 등이나 여타 왕실 안의 대립세력을 지목하고 있으나 논증의 결과라기보다는 추 정이었다.

실은 진평왕도 나라다스림에서 용춘을 크게 쓰는[重用] 것으로 보아 사륜·동륜 계의 갈등과 대립으로 풀어가는 신라중고기의 정국 설명에는 한계가 있다. 이런 미비점을 타개하려고 내놓은 설명은 말하자면 '귀족주도설'이다. 진지왕의 미심 쩍은 죽음도 그러하지만, 왕은 자신이 다스리는 세상의 상징이자 홀로 높고 귀함 (獨尊)을 나라 안팎에 선포하는 연도체계인 연호를 책정하지 못하였다. 진지왕의 이런 내력을 보면 그를 옹립한 세력에게 정국주도권을 제한당하지 않았나 추측하 기도 한다(박용국, <신라 진지왕의 폐위와 진평왕 초기의 정치적 성격>). 이즈음 귀족관료 가 교체되어 몇 사람의 이름이 나오지만 이들 인물이 과연 누구와 연합했으며, 그 세력은 어느 정도인지 가늠할 정도는 아니다.

화랑제도

4년이라는 짧은 재위기간이지만 진지왕의 나라다스림 가운데 눈에 띄는 것이 있다. 교정(皎貞, 『삼국사기』의 '준정')이라는 원화(源花)가 남모(南毛) 원화를 질투하여 살해한 사건이 일어나자 진흥왕은 가문과 품행이 좋은 남성 설원랑을 뽑아 최초의 국선을 삼았다. 이 문장에 이어 끼움주가 나온다.

> 『국사』에는 진지왕 대건 8년 병신년(576)에 비로소 화랑을 받들었다
> 고 했으나 아마도 『국사』 기록의 잘못일 것이다. (『삼국유사』, 기이, 미
> 륵선화·미시랑·진자사)

제도라는 것은 어떤 발단/사실이 있거나 법을 공포하여 굳어진[정례화] 결과를 말할진대, 하루아침에 이루어지지는 않는다. 이렇게 보면, 화랑제도도 진흥왕 시절에 원화를 두었다가 개정한 것이 된다. 이 기사는 『삼국사기』 신라본기4, 진흥왕 말년조에서도 확인된다. 그렇지만 끼움주에서 보듯이 다른 설도 있었던 모양이나 일연은 일축했다. 이어지는 내용은 진자스님[眞慈師]이 멀리 웅천 수원사를 찾아가서 고아나 다름없는 미시랑을 만나, 진지왕의 전폭적 지지를 받아 국선이 되었다고 한다. 진흥왕 때 화랑제도가 성립되어 최초의 국선이 뽑힌 마당에 별도의 진지왕 창시설이 나온 것은 화랑제도의 내용이 대폭 개정되었거나 기존의 국선을 인정하지 않았거나 하는 무언가의 변화를 말해주는 것 같다. 진지왕이 궁벽한 산골 출신 미시랑을 국선으로 택한 것은 기성세력에 대한 명백한 위협이자 경고다(박순교, <진지왕의 개혁과 화랑도의 동향>). 다만 이렇게 의외의 인물을 선정한 기준이라고 할까 철학이 무엇인지에 대해서는 언급이 없다.

진흥왕이 신라 제일의 숭불(崇佛) 제왕임은 그가 황룡사를 창건하고, 불사리를

모셔 오며, 사신(捨身: 제왕이 잠시 승려행각을 하는 수행의례) 행각을 한 것만 보아도 자명하다. 이에 비해 진지왕은 토착신앙에 기운 왕인 듯하다. 그의 아들 비형의 행각을 보면 더욱 그런 분위기를 읽을 수 있다. 화랑제도 자체야 어느 한 왕대에 일어나는 변화를 상정하기는 어렵지만, 화랑의 어떠한 면을 강조하는가는 통치자의 관심사와 성향에 따라 다를 수 있다. 진지왕의 토착종교 진흥책이 당시 귀족들이나 동륜계 왕족들과 상충되어 결국 중도하차한 것이 진지왕의 말년 정국이 아닌가 한다.

흔히 하는 말 '고대사의 영성(零星)한 자료'를 가지고는 어떤 주장이나 학설도 모두가 승복할 정도의 해결책을 내놓기는 어렵다. 그래도 허세 부리고 천고의 비밀을 알아낸 듯 논문은 쏟아져 나온다. 연구실적을 논문의 숫자로 평가하는 제도 아래에서는 예상된 현실이다. 나는 이쯤에서 '숙고'를 마치려 한다. 범죄수사에는 미제(未濟) 사건도 있으며, '미완성교향곡' 또한 명곡 아닌가.

(6) '불교왕명시대'라는 '신화'

지금까지 진지왕의 아들 이름을 '용춘'이라 써왔지만 그의 다른 이름으로 '용수(龍樹)'도 있다. 신라사람들이 이름을 한자로 적을 때 정확히 일치하는 글자가 없으니 두어 가지 선택지가 생긴다. 감산사 미륵상과 아미타상을 모신 김지성(金志誠)은 스스로 김지전(金志全)이라고도 썼다. 이렇게 신라사람 이름을 복수로 표기한 까닭에 종종 오해를 불러일으킨다.

6세기 후반 당시 왕명을 비롯하여 불교식 이름이 차츰 유행해가던

실정을 감안하면, 철륜·사륜·금륜 등 그런 식의 이름을 가진 진지왕이 자신의 아들 이름을 용수라는 불교철학자로부터 원용하였어도 전혀 이상하지 않다. … 건너뜀… 용춘(용수)의 이름자는 어쩌면 사상적 측면에서 볼 때 불교식에서 유교식으로 넘어가는 과도기적 위치를 차지한다는 느낌을 갖게 한다.(주보돈, 『김춘추와 그의 사람들』)

한국고대사의 상식이 된 '불교왕명시대'설에 입각한 설명이다. 돌아간 김철준 선생의 기념비적 논문 <신라 상대의 Dual Organization>(1952)에서 힘써 말씀한 불교왕명시대의 내용은 대략 다섯 가지로 요약된다. ① 진흥왕의 이름 삼맥종(彡麥宗)·심맥부(深麥夫)는 산스크리트말 사미(沙彌)의 소리값을 달리 표기한 것이다. ② 진지왕의 이름은 사륜(舍輪) 또는 금륜(金輪)인데 그 형의 이름 동륜(銅輪)보다 한 단계 낮은 철륜(鐵輪)의 뜻이다. ③ 진평왕·왕비의 이름은 각각 白淨·마야부인인데 석가의 부모 이름이다. 진평왕의 아우 진정갈문왕·진안갈문왕은 각각 석가 삼촌들의 이름을 따서 백반(伯飯)·국반(國飯)이다. ④ 신라 중고시대 왕들의 시호(諡號)에 '진(眞)'이라는 글자가 많이 들어 있는 것은 석가의 부모가 모두 진종(眞種)인 것을 본땄다. "법(法)이란 글자가 나중에 와서는 '진(眞)', '진여(眞如)' 또는 '실상'의 의미로 대용되기도 하여 법흥왕의 '법'도 '진'과 같은 것으로 보아야할 것이고, 선덕여왕의 '선덕' 역시 같이 보아야 할 것"이다. ⑤ 신라 왕들의 이름이 이렇게 된 데는 중국 남북조시대의 북방불교에서 유행한 '왕이 곧 부처(王卽佛)'라는 사상을 받아들인 결과다.

당시로서는 참신하고 혜안이 넘치는 학설이었지만 문제점이 없지 않다. #① '사미(sramanera)'의 한자표기는 舍囉摩拏·室囉末拏·喹羅摩拏·喹摩那拏·室摩那拏·沙迦懣囊·沙門那·沙聞那·桑門·喪門 등이 있지만 삼맥종·심맥부 같이 번역하는 예는 없다. 서로 다른 외국어 사이에 소리값이 비슷하여 동일한 낱말을 소리베낌[音寫]한 것으로 오해했던 불교용어의 예가 20세기 초에도 있었다. 샤만[shaman]이 불승을 뜻하는 사문·사미의 소리베낌이라는 주장은 19세기 범인도주의(Pan-Indoism)에서 나온 오해였다(신종원, <삼국의 불교 초전자(初傳者)와 초기불교의 성격>). 적어도 불교용어를 소리옮김[音譯]할 때는 어떤 개인이나 한 나라에서 임의로 할 수 있는 것이 아니라 역경의 역사와 전통에 바탕을 두어야 한다(이종철, 『중국 불경의 탄생 – 인도 불경의 번역과 두 문화의 만남』 '심맥부(지)'는 창녕 신라진흥왕척경비에도 동명이인이 나오듯이 당시의 남자이름에 더러 있다. 같은 이름은 울주천전리새김글에도 나오는데 진흥왕을 가리킨다. #② 선생의 주장대로라면 금=철이다. 『삼국유사』 왕력편에 "동륜은 동륜(東輪)이라고도 한다."고 하니 동륜의 '동'은 꼭 금속 구리의 뜻은 아니다. 그러니 진지왕 형제들의 이름이 네 전륜성왕을 일컫는 금·은·동·철 재료의 그것에서 따온 것인지 의심스럽다. #③ 진안갈문왕 국반은 '국분(國芬)' 또는 '국기안(國其安)'이라고 각각 『삼국사기』 진덕왕 원년조, 『삼국유사』 진덕여왕조에 나온다. 백정(정반왕)의 아우 곡반왕(斛飯王. Dronodanaraja)은 곡정(穀淨)이라고도 번역되지만 '국반'이라고 하지는 않는다. 곡반·곡정은 모두 뜻풀이(Dronodana=곡식, 밥. raja=왕)이므로 국(國)반이 될 리 없다. #④ 김철준 선생께서 '진종'의 전거로 든 『방광대장엄경(方廣大莊嚴經)』(동국대불교학술원 http://abc.dongguk.edu/ 통합대장경)을 보면 '진실하고 올바른[眞正]' 성품의 종족[種性]으로 찰제리종이나 전륜왕종(轉輪王種)·석종(釋種)을 들고 있을 뿐 '진종'이라는 표현은 보이지 않는다. 그가 거듭 쓴 '부모가 모두 진종[父母具眞種, 父母皆眞種]'이라는 표현은 자의적으로 확대해석한 용어다. #⑤ 남북조의 불교는 서로 개성이 다름에도 공통점 또한 적지 않다. 일반적으로 불승을 '도인(道人)'이라 불러 도교의 도사와 구별한 것은 남조불교의 특징이다. 남조불교가 신라 초기불교에 영향을 준 것으로는 사신(捨身)과 팔관회가 있다. 묵호자가 신라에 처음 불교와 향(香)을 가르쳐주게 된 계기도 남조의 양나라나 오나라 사신이 온 데서 말미암았는데 우리는 지금까지 고구려를 통해 신라에 전래된 북조불교만 강조해왔다. 신라 흥륜사에는 오나라와의 관계를 입증하는 건물 오당(吳堂)이 있을 정도였다. 이렇게 남조-백제-신라로 이어지는 불교전래 경로에 대해서는 근래 유물을 통해 입증되고 있다. 경주 흥륜사터에서 나온 와당은 공주 대통사터 출토 와당과 그 무늬나 제작기법이 꼭 같은데 이들은 모두 중국 남조 양식이다(이병호, <경주 출토 백제계 기와 제작기술의 도입과정>).

다소 장황하게 불교왕명시대를 소개·비판한 까닭은 1950년대 한 논문의 영향으로 6세기가 되면 신라 왕실은 물론 온 나라가 불교천지인 듯 알고, 그 바탕에서 역사를 해석하는 것이 상식이 되어버렸지만 실상은 이렇게 다르다는 점을 지적하고자 함이다.

염수 (苒邃)

염수는 제주(齊州)사람으로, 그 부친은 읍재(邑宰: 현령)였다. 염수는 장산현 조옥의 딸과 혼인했다. 염수는 부친이 돌아가시고 또 어려서부터 천성이 총명하지 않아 전혀 글을 읽을 줄 몰랐기 때문에 더 이상 영달할 방법이 없게 되자 장산현에서 농사를 짓고 살았다. 그의 부인 조씨는 자태는 아름다웠지만 천성이 경박하고 방탕했다. 하루는 조씨가 혼자 수풀 사이를 거닐다가 비단 옷 입은 사람을 보게 되었다. 그는 백마를 타고 있었고 따르는 시종만도 100여 명이나 되었는데, 모두 칼과 창을 든 채 지나가고 있었다. 조씨가 말했다.

"내가 만약 저런 남편을 얻게 된다면 죽어도 한이 없겠다."

비단 옷 입은 사람은 뒤를 돌아보며 웃었다. 좌우의 시종들이 조씨에게 물었다.

"[저 분을] 잠시 지아비로 삼을 수 있겠습니까?"

말 떨어지기가 무섭게 조씨가 대답했다.

"당신이 잠시 내 남편이 되어 준다면 나도 당신이 베푸신 은혜를 가슴에 담고 있겠습니다."

비단 옷 입은 사람은 곧장 말에서 내려 수풀 안으로 들어갔다. 그는 잠시 뒤에 떠나가면서 조씨에게 말했다.

"틀림없이 아들을 낳을 것이오. 그 아이는 신이 될 테니 잘 보살피고 아껴주시오."

조씨는 과연 임신하여 산달에 아들을 낳았는데, 아이의 머리카락은 붉고, 얼굴은 푸르고 온 몸은 붉은 털로 덮여 있었으며, 키는 겨우 5촌(寸)정도 되었고, 눈에서는 광채가 났다. 염수는 아이가 하도 기이해서 이렇게 말했다.

"이 아이는 요괴가 틀림없으니 죽여 버립시다."

조씨가 말했다.

"이 아이는 당신의 몸을 빌려 난 아이인데 어찌 요괴라 하십니까? 이인(異人)일지도 모르는데 어찌 죽이려고 하십니까? 이 아이를 죽이면 도리어 해를 입으실 것입니다. 어떻게 하시겠습니까?"

그 말에 염수는 두려워서 그만두었다.

조씨는 아이를 밀실에 숨겨 키웠는데, 아이가 7살이 되었을 때 갑자기 키가 한 길(一丈)로 훌쩍 컸다. 잠시 뒤에 하늘에서 큰 새 한 마리가 날아 내려오자 아이가 방안에서 달려 나와 새의 등에 뛰어올라 타고는 날아 가버렸기에 어머니는 하루 종일 울어댔다. 그로부터 몇 달 뒤에 아이가 집 밖에서 들어왔는데, 황금 갑옷을 입고, 칼을 차고, 활을 든 채 병사 천여 명을 데리고 왔다. 아이는 문으로 곧장 들어오더니 어머니에게 절을 하고 말했다.

"저는 유찰사자(游察使者)의 아들로 다행히 어머니의 몸을 빌려 태어났습니다. 어머니께서 낳아주고 길러주신 은혜를 제가 아직 하나도 갚지 못했으니, 오늘 이후로는 가끔 한 번씩 어머니를 뵈러 올 것입니다. 만약 제가 어머니께서 베푸신 은혜를 약간이라도 보답하는 날이 오면 그때는 더 이상 오지 않을 것입니다."

조씨가 말했다.

"너는 무슨 신이 되었느냐?"

아이가 말했다.

"어머니께서는 부디 다른 사람에게는 말하지 마십시오, 저는 이미 동방의 금악장군(擒惡將軍)에 임명되었습니다. 동방에서 신명(神明)의 뜻을 따르지 않고 함부로 악한 일을 하는 사람들은 제가 모두 죽일 수 있습니다."

조씨는 술과 고기를 가져와서 아들에게 먹이며 말했다.

"내가 가지고 있는 술과 고기가 많지 않아 저 병사들에게까지 줄 것이 없구나."

아들이 웃으면서 말했다.

"어머니께서는 그저 술 한 잔만 공중에 뿌려주시면 병사들이 모두 술을 마실 수 있습니다.

조씨가 아들의 말대로 공중에 술을 뿌리고 보았더니 술이 공중에서 비가 되어 떨어졌다. 병사들은 모두 얼굴을 들고 술을 마셨다. 그러자 아들이 급히 그들을 말리며 말했다.

"조금만 마셔라."

헤어질 때 아들이 조씨에게 말했다.

"급한 일이 있으면 그저 향을 사르고 멀리서 고하시기만 하면 제가 당장 오겠습니다."

아들이 그렇게 말하고는 말을 타고 비바람처럼 사라졌다.

1년 뒤에 조씨의 부친이 죽자 조씨는 부친상을 치르기 위해 친정으로 갔다. 그런데 매일 밤 귀병(鬼兵)천여 명이 친정집을 에워쌌다. 한 신이 문을 두드리며 말했다.

"내가 사당을 짓고자 하는데 네 부친이 이미 내게 의탁했으니, 너는 속히 본가로 돌아가거라. 그렇게 하지 않으면 모두 죽이겠다."

조씨는 갑자기 아들이 남기고 간 말이 생각나서 향을 사르고 그 사실을 고했다. 그날 밤 아들이 병사 천여 명을 데리고 와서 사신 한 명을 보내 신인에게 따지자, 신인은 망연자실하여 병사를 거두어들여 줄을 세우고 아들 앞에서 자신을 묶었다. 아들은 신인을 호되게 꾸짖고는 그의 병사들을 모두 죽인 뒤에 어머니에게 말했다.

"저 사람은 신이 아니라 강귀(强鬼)입니다. 살아생전에 사조의(史朝義)의 장군이었는데, 전쟁에서 죽은 뒤에 갈 곳이 없게 되자 스스로 전사한 병사들을 모아 그들을 끌고 이곳으로 와서 함부로 사당을 세우고자 했습니다.

조씨가 말했다.

"방금 저 자가 하는 말을 들었는데, 네 외조부께서 이미 내 곁에 와 계신다고 하니, 네가 한 번 물어보아라."

아들은 신인을 붙잡게 하더니 이렇게 물었다.

"내 이미 네가 꾸민 일을 다 알고 있으니 더 이상 말할 필요도 없다. 너는 어찌하여 무고하게 조옥을 잡아왔느냐? 조옥은 지금 어디에 계시느냐?"

그 사람[신인을 가리킴]이 울면서 말했다.

"장군께서는 저를 가련하게 봐 주십시오. 저는 살아서는 장수였는데 공을 세우지 못하고 군영에서 죽고 말았습니다. 죽어서는 신이 되기를 바랐지만 또한 원대한 꿈을 이루지 못하고, 오늘날 이렇게 부월(斧鉞: 큰 도끼. 고대에 천자가 정벌에 나선 대장에게 부절과 도끼를 수여하여 威信을 보였음)을 범하게 되었습니다. 만약 장군께서 이 죄를 하늘에 보고하지 않고 저를 휘하에 받아주시면, 반드시 죽음으로 보답하겠습니다."

아들이 또 물었다.

"조옥은 어디에 계시느냐?"

신이 말했다.

"정대부(鄭大夫)의 무덤 안에 있습니다."

아들이 곧장 정대부의 무덤 속에서 조옥을 꺼내 데려오게 하자, 조옥은 잠시 뒤에 다시 살아났다. 조씨가 아들에게 귀신의 죄를 용서해주라고 간절하게 권했기 때문에 아들은 곧장 귀신의 포박을 풀어주고 자신의 휘하 소장(小將)으로 들어오게 했다. 아들은 어머니에게 작별을 고하더니 울면서 이렇게 말했다.

"저는 신도(神道)에 있기 때문에 마땅히 자주 인간 세상에 모습을 드러내서는 안 됩니다. 제가 더 이상 어머니를 뵈러 오지 못하더라도 어머니께서는 자중자애 하십시오."

아들은 다시 비바람처럼 사라지더니 그 이후로는 발길을 뚝 끊고 찾아오지 않았다.

(『기사기(奇事記)』: 『태평광기』 권306, 김장환외 옮김)

삼국유사 깊이 읽기

선도성모 기꺼이 불사를 하다

ー〈선도성모수희불사〉

여기 다종교(多宗敎)의
성지가 있다.

일연은 절 짓는 구실을 이렇게 둘러댔다.

진평왕 때 비구니 '지혜'는 어진 일을 많이 했다. '안흥사'라는 절에
살면서 새로 불전을 지으려했으나 자금이 모자랐다. 꿈에 예쁜 선
녀 모습을 한 여인이 구슬옥으로 머리를 장식하고 와서 위로하였다.
"나는 선도산 신모(神母)인데, 그대가 법당을 지으려 하는 것이 기뻐
서 금 10근을 주어 돕고자 한다. 내 자리 밑의 금을 가져다가 중심불
보살[主尊] 세 분(부처와 양쪽의 모심보살), 53 부처, 여섯 성중(聖衆) 및
천신과 오악(五岳)의 산신을 그려라! 해마다 봄·가을 두 계절의 10일
에는 선남선녀를 모아 널리 일체 중생을 위해 점찰법회 여는 것을
변함없는 규칙으로 삼아라." 지혜는 놀라 깨어나서 무리를 거느리고
산신당 자리에 가서 황금 160량을 캐어다가 불전 공사를 마쳤다. 모
두 신모가 일러준대로다. 그 절은 있으나 법회는 폐지되었다.
신모는 원래 중국 황실의 딸이며 이름은 '사소'다. 일찍이 신선의 술
법을 배워 해동에 와서 오랫동안 돌아가지 않았다. 아버지 황제는
솔개 발에 '솔개가 머무는 곳에 집을 지으라'라고 쓴 편지를 매어 날

렸다. 사소는 편지를 보고 솔개를 놓아 보냈더니 이 산으로 날아와 멈추었다. 사소는 마침내 이곳에 와서 지선(地仙)이 되었다. 그래서 산 이름을 서연산(西鳶山)이라 했다. 신모는 오랫동안 이 산에 살면서 나라를 지키고 도와 영험을 많이 보였다. 나라가 세워진 이래 항상 나라의 세 등급 제사[3사. 三祀]에 속하였고, 그 차례도 여러 망제(望祭 : 명산대천 세사)의 위에 있었다. 제54대 경명왕은 매사냥을 좋아했는데, 일찍이 여기 올라가 매를 놓았다가 잃어버렸다. 그래서 "만약 매를 찾게 되면 반드시 작위를 봉해 드리겠습니다"라고 신모에게 기도했다. 조금 있으니 매가 날아와서 걸상 위에 앉았다. 이리하여 신모를 대왕으로 봉했다. 그가 처음 진한에 와서 신령한 아들을 낳아 첫 임금이 되었다 하니 아마 혁거세왕과 알영 두 성인일 것이다. 그러므로 계룡·계림·백마 등으로 부르는 이유는 닭이 서쪽에 속하기 때문이다. 신모는 일찍이 뭇 하늘의 신선에게 비단을 짜게 해서 붉은 색으로 물들여 조복을 만들어 남편에게 주었더니 나라사람들이 이 때문에 비로소 신비한 영험을 알았다.

또 『국사』에서 사신이 말하였다. 김부식이 정화 연간(1111~1117)에 일찍이 사신으로 송나라에 들어가 우신관(佑神館)에 이르렀는데 한 집에 선녀의 상이 세워져 있었다. 관반학사(館伴學士) 왕보(王黼)가 말하기를, "이것은 그대 나라의 신인데 공은 아십니까?"라고 말하였다. "옛날에 중국 황실의 딸이 바다를 건너 진한에 이르러 아들을 낳아 해동의 첫 임금이 되었고, 그 여인은 지선이 되어 오랫동안 선도산에 있으니, 이것이 그 모습입니다." 또 송나라 사신 왕양(王襄)이 우리 조정에 와서 동신성모(東神聖母)에게 제사 지낸 제문에 "어진 사람을 낳아서 처음으로 나라를 세웠다."는 글귀가 있다. 이제 금을 시주하여 부처를 받들고, 중생을 위하여 향불 피우고 다리를 놓았는데, 어찌 한갓 장생술을 배워 허황하고 몽매함에 빠질 것인가!

(감통편, 선도성모수희불사)

(1) 선도산(=서악)은 다종교(多宗教) 기도처

이 산은 경주시의 서북쪽 외곽에 있으며 높이는 380 미터. 여기에 오르면 멀리 시가지가 한 눈에 보이고, 아래로는 금척리 고분이 옹기종기 모여 있다. 서연산(西鳶山)은 일명 '서술(西述)' 또는 '서악(西岳)'이라고 한다. '연(鳶. 솔개)'이나 '술(述)'은 모두 '악(岳)' 즉 산을 뜻함을 알 수 있다. 전국 곳곳에 보이는 수리산·매봉[鷹峰]과 같으나 경주 서쪽에 있다고 하여 생긴 이름이다. 산신은 여성으로서[神母] 도교풍의 '선도산(仙桃山)'이 되었다. 선도복숭아는 중국 곤륜산에 산다는 서왕모(西王母)가 한나라 무제에게 주었다는, 3천 년에 한 번 열리는 과일이다.

선도산의 화려했던 절집/가람 모습을 상상해보자! 보물 제62호 선도산마애삼존불상을 모실 정도니 가히 짐작이 간다. 높이 6.85 미터의 중심부처[主佛. 本尊]와 좌우의 모심[挾侍]보살이 그것이다. 미술양식상으로 700 년을 전후한 작품으로서, 지혜 스님이 입산·정착한 뒤 얼마 안 있어 대대적인 불사가 이루어졌을 것이다.

근대에 잘 지은 사당 '성모사(聖母祠)'가 있으며, 살림집 모양에 '산령각(山靈閣)' 간판을 단 건물이 있다. 1832년에 세운 '성모유허비(聖母遺墟碑)' 및 '성모구기(聖母舊基)'라고 새긴 바위글자에서 보듯이 신라시대 이래 지금까지 민간신앙 또한 면면히 이어져왔다. 그 본질은 산신신앙이고 여기에 불교와 신선사상이 곁들여졌으

선도산마애삼존불(仙桃山磨崖三尊佛)

선도산 성모유허비(국립공원관리공단 제공)

며, 최근에는 단군까지 모시고 있다. 신성하고 영험하다는 한정된 공간에 모든 부류의 성도(聖徒)들이 자신들의 신령을 모시고 치성 드린다. "이제 금을 시주하여 부처를 받들고, 중생을 위하여 향불 피우고 다리를 놓았는데, 어찌 한갓 장생술을 배워 허황하고 몽매함에 빠질 것인가!"라는 일연 스님의 탄식이 나올 만하다.

(2) 무속신앙과 화해하고 더불어 살다 - 용인[容忍, tolerance]

지혜스님의 도량[道場]을 상상해보자! 법당에는 산신당 터에서 캐어냈다는 황금으로 만든 금동불상이 있다. 이때의 '삼존'은 석가불과 지장·미륵보살 세 분이다. 벽화에는 부처·성중·천신·산신이 서열대로 그려져 있다. 스님은 이곳을 찾아오는 사람들에게 새 시대가 왔음을 알기 쉽게 설명해야 하였다. 곧 신모가 점찰법회를 열어달라고 부탁했다고 둘러댔다. 고려시대까지도 우리 강토에는 새로 들어온 종교가 토착종교를 예우하고 함께 살았다. 물론 당집이나 서낭당에도 부처님이나 보살·신중을 한 켠에 모셨다.

우리 겨레가 언제부터 그렇게 모질었던가. 성리학이 들어오면서부터 명분에 얽매이기 시작했다. '사문난적(斯文亂賊)'이란 말이 나돌고, 응징과 보복이 자행되었다. 우리나라 서원의 효시라는 경북 영주시의 소수서원을 가보면 경내에 사찰의 당간지주 등 신라불교 유물이 그대로 남아 있다. 숙수사(宿水寺)라는 절터에다 군이 서원을 세웠기 때문이다. 전북 남원향교는 어떠한가. 향교가 들어서기 전에 그곳은 만복사라는 절이었다. 탑과 불상은 물론 돌장승까지 있으니 원래 토착종교와 불교가 성하던 곳이었다. 조선시대 지방관들의 공치사(功致辭)가, 임지에 부임하여 음사(淫祀) 즉 미신을 타파했다는 기록이다. 그것도 '무인지경(無人之境)'으로.

소수서원(숙수사터) 당간지주(ⓒ오세윤)

삼국유사三國遺事 깊이 읽기

만복사터 돌장승(©곽장근)

읍치(邑治) 성황당에서 지내온 고을의 전통제례나 해당 신상(神像)을 무참히 부수고 불태워버렸다는 '무용담'이 그것이다.

오늘날 유럽이나 미국 여러나라를 보면 그들 자신이 이제는 더 이상 기독교를 믿지 않을지라도 선조들이 소중히 모셨던 것이므로 과거의 흔적을 지우지 않고 잘 보존하고 있다. 아메리카 대륙의 토템폴(사람모양의 나무 신상)은 옛 모습 그대로 오히려 관광자원이 되고 있다. 아프가니스탄의 세계문화유산 비미얀 대불(大佛)이 한 발 포탄의 과녁이 되어 일순간 없어지는 경우와 대비되지 않는가!

지방의 어느 대학에서 1990년 무렵에 생긴 일이다. 학생회에서 시국의 염원을 담아 '통일대장군'과 '호국여장군' 장승을 세웠는데 어느 날 전기톱으로 누가 잘라놓았다. 모두들 그 행위를 규탄하고 한 동안 대자보도 붙어 있었다. 하여, 미술교육과 학생들이 다시 몇 날을 고생하여 새로 만들어 세웠다. 그러나 며칠 뒤 심야에 짐차를 탄 '특공대'가 새로 만든 장승과 솟대를 자른 뒤 '잔해'마저 차에 싣고서 전속력으로 표표히 사라졌다. 이튿날 게시판에는 어제의 사건이 자신들의 소행이라고 공표하면서 앞으로도 이런 무지와 미신은 용납하지 않겠단다. 중동 어느 민족사이의 선전포고/저격전 이야기가 아니다. '북한괴뢰', 제국주의 미국을 이렇게 저주할 수 있을까.

이단심문이나 마녀사냥을 하던 유럽인들도 종교개혁을 하고, 신앙의 자유를 찾아 신대륙을 찾는 등 역사경험을 한 뒤로 관용[tolerance]이 하나의 사회윤리가 되었다. 스위스라는 나라를 보면 민족과 종교·언어가 다른 사람들끼리 잘 어울려 살면서 나라와 부(富)를 지키고 있다. 이렇게 '다름'을 용인하는 태도를 '똘레랑스'라고 하는데 이런 정신은 프랑스 사람들이 더 철저하다고 한다. "종교보다도 더 똘레랑스가 요구되는 것은 없다고 해도 틀린 말이 아니다. 그리하여 당신의 종교가 존중받기를 바란다면 우선 남의 종교를 존중해야 하며, 당신의 신앙이 귀중한 만큼 다른 사람의 무신앙도 존중해야 한다."(홍세화, 『나는 빠리의 택시 운전사』) 이것은 '이성의 소리'로서 사회와 역사에 대한 책임이기도 하기 때문에 그곳에는 역사와 문화가 켜켜이 쌓여 있는 것 아닌가.

(3) 점찰법회

점찰경에 나오는 내용이다. 지장보살은 "부처가 입멸한 뒤 험악한 세상에 사는" 중생이 자기 마음을 깨우칠 것을 서원하여, 미륵보살이 성불할 때까지 중생 교화를 맡는다. 지혜 스님이 모신 지장보살은 신사 터의 땅속에서 나온 금덩어리로 만들었다. 이것은 '땅속에 감추어져 있다[地藏]'는 '지장'보살 본래의 말뜻을 설화적으로 쉽게 풀이한 것이다. 왜 하필 지장인가? 지장신앙은 여래장사상과 안팎[表裏] 관계에 있다. 중생은 여래 = 부처가 될 씨앗을 자기 몸에 갈무리[藏]하고있으므로 누구든 깨칠 수 있다. 다만 감추어져 있는 것을 모를 뿐이다. 원효대사는 『대승기신론소』에서 이렇게 설명한다. "여래의 본성이 가려져 드러나지 않는 것은 이 [생멸의] 측면이다. 이것을 여래장이라고 부른다."(로버트 버스웰, 『중국과 한국의 선사상 형성 – 불교 위경으로서의 금강삼매경』) 이 여래장의 가르침을 형상화한 것이 곧 지장보살이다.

<<점찰경>>에 53불이 나오는 대목이다.

선남자야, 참회법을 닦으려면 마땅히 조용한 곳에 살아야 한다. 마땅히 힘이 닿는대로 방 하나를 치장하되, 안에는 불상 및 불경을 모시고 깃발과 휘장을 걸며, 꽃향기를 얻어 모아 공양하여라. 몸을 씻고

옷을 빨아 나쁜 냄새가 나지 않게 해야한다. 낮에는 이 방에서 삼시(三時) (지장보살마하살의) 이름을 불러라. 한 마음으로 과거 7불 및 53불을 경배하며, 다음으로 시방(十方)의 하나하나마다 마음을 기울여 귀의하고, 널리 온갖 부처의 신체. 사리(舍利)모습. 부도묘탑(浮屠廟塔) 등 모든 것을 예배하라. 다음에는 시방 삼세(三世)의 모든 부처에 (아래 생략)

지혜 스님은 봄·가을 두 차례 점찰법회를 열어, 선남선녀를 지장신앙으로 인도하고 참회와 죄없앰을 도모하였다. 『삼국유사』<사복은 말 못한다 - 蛇福不言 >조를 보면 봄에는 삼월 보름[14일]에 법회를 연다고 하니 복숭아꽃이 만발할 즈음이다. 점찰법회에 와서 본 서악의 복숭아꽃이 소문나서 '선도산'이 되었는지 … . 당대의 석학 원광이 어떤 방식으로 점찰법회를 이끌었는지는 모른다. 원광으로부터 비롯되어 이미 진평왕 때의 이름 없는 비구니까지도 이것을 열 정도로 당시 신라 사회에 점찰법회는 유행하였다. 이들 스님은 길흉이 원인 모를 운수에 있는 것이 아니라 행위의 선악에 있다 했을 것이다. 더 나아가 전생에 지은 업(業 : 몸·입·마음으로 짓는 행위·말·생각)까지도 참회시켜 현실적으로 도덕·윤리를 진작시키고 종교적으로 구원의 길을 열어주었다.

(4) 성모는 누구이며, 중국에서 왔는가?

원문의 '국사'는 『삼국사기』다. 신라본기 마지막(제12) 권을 인용하였는데 약간 다르다. 이를테면 "황실의 딸이 남편 없이 임신하게 되었으므로 사람들에게 의심

선도산 성모사

을 받게 되었다, 그래서 바다 건너 진한에 이르러 아들을 낳았는데… ”라고 하니 신라에 오게 된 경위부터 그러하다. 산[岳]을 뜻하는 수리·술(述 → 鳶)이 등장하지 않으니 시조왕의 등장은 산신의 점지가 아니라 중국 유래로 설명하게 되었다. <선도성모>조에는 중국 황실의 딸 사소가 인연 있는 땅 신라에 와서 솔개가 가리켜주는 데다 절을 짓고 땅신선[地仙]이 되었다고 한다. 모화(慕華)·사대(事大)에서 발단되어 도교의 세례도 받았지만 여전히 솔개 → 산신의 범주에 머무르고 있다.

황녀는 신라 임금을 낳은 여인이므로 성모·신모라 부를 만하며, 잃어버린 매를 찾아낸 영험(靈驗)/신성(神性)을 높이 사서 ‘대왕’으로 불려졌다. 여성 산신이 속칭 ‘대왕’으로 봉해졌으니 말하자면 그녀는 태후가 되고, 그 아들이 시조 혁거세라는 설명은 이치에 닿지만 그 왕비 알영까지도 성모의 소생이라 하는 신비·무속적 설명은 일연 당시의 속설을 옮겨놓은 것으로 보인다. 이렇게 대단한 성모가 불사에 적극 협조했다 하니, 안흥사 절은 또 얼마나 품격이 올라가는가! 일연의 관심사는 여기까지다. 더 이상 신선·장생을 말하지 말라고 주의를 주고 끝난다.

송나라에서 신라 여인상을 모셨다 한다. 사실여부는 확인할 방도가 없으나 어차피 그 신모는 근본이 중국 태생 아닌가. 또 고려 서울 개경의 동신사(東神祠)에 모신 여신상은 나무조각이라 하는데 이 여신이 반드시 선도성모인지는 어떻게 알 것인가? 이를 대서특필한 김부식의 역사관도 흥미롭고, 그것을 받아들여 불가(佛家)의 가치관으로 재해석한 일연의 한 마디[一喝]도 볼만하다. 우리 한국인들의 성씨는 대개가 중국 연원이라 하는데, 역시 되새겨볼만한 대목이다.

(5) 이웃에 있는 산, 산신 모시기

간절한 기도와 예배의 대상은 형상(形像)으로 나타나게 마련이다. 선도성모는 탱화였는지, 돌 또는 흙상[塑像]이었는지 막연하다. 성모는 자신의 자리를 불·보살에게 양보하고 스스로 주변신[神衆]으로 좌정한다.

산신이라면 호랑이를 거느린 할아버지를 연상하지만 실제 여성 산신탱화도 10%나 된다. 하긴, 나중에 산신으로 물러난 단군도 남성 아닌가. 그렇지만 우리나라 산이름에 '노고(老姑. 늙은 할머니)'라든가 '할미산(성)' 등에서 보듯이 산신의 성은 절대다수가 여성이다.

흔히 보는 단군상은 수염이 길고 장중한 중·노년의 미남이다. 이런 발상 자체가 남성 본위 사회의 유산 아닌가. 단군의 부인/왕비가 있던가? 이 물음에 답하지 못한다면 단군의 성(性)도 남·녀 어느 쪽인지 덮어두어야 한다.

치산서원 신모사(ⓒ신형석)

저 왜적에게 난도질 당한 남편 김제상(삼국사기에서는 '박제상'으로 나옴)을 지금도 기다리며 동해를 바라보는 부인은 그대로 돌[망부석]이 되어버렸다. 지금 치술령에 오르면 두 개의 자연석이 서 있는데 행정구역으로 하나는 경주시에 속하고, 나머지 하나는 울산시에 있다. 이후 예배공간이 들어서면 이른바 산신당 또는 서낭당이라고도 하는 당집(神祠)에 여산신을 그려 모셨을 것이다. 지금은 만고의 열녀인 부인뿐 아니라 두 딸까지 넣어서 표지석을 세워 두었다. 다시 어느 때 쯤인가는 불교 쪽의 대접을 받아 은을암이라는 암자에 모셔졌고, 현대에 와서는 유교식 치산서원(鵄山書院) 안에 신모사(神母祠)를 두었다. 이렇게 보존과 제사가 잘 이루어지는 데는 그녀가 '충절의 표상'이기도 하지만 유교의 이름으로 모시기 때문이다. 일본 같으면 여기에 신사가 들어섰다.

지리산 성모

한편, 곡절 많고, 한을 품은 채 사라져버린 지리산 성모는 산꼭대기에 올라가도 더 이상 보이지 않는다. 15세기 중반, 김일손(金馹孫)이 지리산 천왕봉에 올랐을 때다. 돌탑이 쌓여 있고, 한 칸 규모의 판자집에 돌로 된 부인상[石婦人像] '천왕'을 모셔놓았는데 종이돈[紙錢]이 어지럽게 널려 있었다고 한다(속두류록續頭流錄). 유몽인(柳夢寅)은 '천연선사'라는 승려가 지리산 성모사당의 소상을 부셨다고 찬양하였으니(어우야담於于野談) 어느 때

는 흙상이었던 모양이다. 다시 모신 석상 역시 벼랑 아래로 굴러떨어지거나 '보쌈'도 당했지만 수소문 끝에 다시 모셨고 그마저 1978년에 사라져버린다. 1986년 1월, 진주시의 어느 과수원에서 석상의 머리부분을 찾고, 몸통부분은 천왕봉 남쪽 통신골에서 찾았다고 한다. 지금은 산청군 중산리의 천왕사에 '구사일생'으로 안치되어 경상남도 문화재자료로 지정되어 있다.

이런 기막힌 사연에 어느 외국인 학자(데이비드 메이슨, 『한국의 산신과 산악 숭배의 전통』 지은이)조차 울분을 삭이지 못한다. 유럽 산골짜기 어디를 가더라도 길에 세워진 십자가를 쉽게 볼 수 있다. 자신들의 역사와 문화에 대한 인식과 공감대가 형성되어 있다. 일본을 가서 보면, 후지산 꼭대기를 비롯하여 산에는 예외 없이 도리이[鳥居. 神社의 미니어쳐]가 모셔져 있고, 적은 호수에 이르기까지도 이런 신전을

김(박)제상부인 망부석(ⓒ신형석)

세워둔다. 이들 자연도 일본의 산하(山河)로서 자신들 신의 세례를 받아 국적을 얻었다. 지금 지리산 천왕봉에는 한자로 '지리산 천왕봉 1915m'라고 지리 교과서 같이 돌에다 이름과 높이만 새겨놓았다. 미아(迷兒)가 될까봐 이름표를 붙여놓은 것일까?

삼국유사 깊이 읽기

선덕여왕에 얽힌
소문의 진실

-〈선덕왕지기삼사〉

"선덕여왕이 알아낸 세 가지 일"
아리따운 미혼의 여왕이나 대통령이 있으면 갖가지 풍문이 나돈다.

(1) <선덕여왕 이야기>의 머리글

> 제27대 덕만(德曼—曼은 万으로도 쓴다)의 시호(諡號)는 선덕여대왕이다.
> 성은 김씨요, 아버지는 진평왕이다. 정관 6년(632) 임진년에 즉위하
> 여 16년 동안 나라를 다스렸는데, 미리 알아낸 일이 세 가지 있다.

선덕여왕이 돌아간[薨] 뒤에 그를 부르는 이름[시호]은 제목과 같이 '선덕왕'으로
서 『삼국사기』에도 물론 '선덕왕'으로 나온다. 그런데 『삼국유사』 왕력편에는 '선
덕여왕'이라 나오고 '진덕여왕' '진성여왕'도 마찬가지다. <선덕여왕 이야기>에서
는 위의 인용에서 보듯이 '대(大)'자가 하나 더 붙었다.

오늘날 우리는 모두 '선덕여왕'으로 부른다. 여성임에도 어려운 때의 신라를 잘
다스렸다고 알고 있다. 굳이 성별을 밝힌 것부터가 성차별일 수 있으며, '여성임

에도' 식의 선입견은 오늘날의 페미니즘 관점에서 보면 지탄 받기 십상이다. '선덕여왕'을 즐겨 쓰는 다른 하나의 이유는, 신라에는 제37대 임금 선덕왕(宣德王. 780~785)이 있어서 한글로 '선덕왕'이라고 쓰면 구분이 안 되기 때문이다.

(2) 첫번째 이야기

> 첫째, 당나라 태종이 붉은색, 자주색, 흰색의 세 가지로 그린 모란과 그 씨 세 되를 보내왔다. 왕은 그림 속의 꽃을 보고 "이 꽃은 반드시 향기가 없을 것이다."라고 말하였다. 그러고는 정원에 씨를 심도록 하여 꽃이 피고 질 때까지 기다려 보았는데, 과연 그녀가 한 말과 같았다. (건너뜀)
>
> 당시 신하들이 왕에게 여쭈었다. "모란꽃과 개구리, 두 가지 일이 그렇게 되리라는 것을 어떻게 아셨습니까?" "그림에 꽃은 있으나 나비가 없으니 향기가 없다는 것을 알았는데, 이것은 당 황제가 과인이 짝이 없음을 빗댄 것이다." (건너뜀)
>
> 꽃을 세 가지 색으로 보낸 것은 대개 세 여왕이 있을 줄 알고 그렇게 한 것인가? 곧 선덕·진덕·진성여왕을 말하는 것이니, 당나라 황제도 선견지명이 있었다.

모란 그림

여왕이 쪽집게 같이 알아맞히니 점쟁이 못지 않다. 『삼국사기』 선덕(여)왕 즉위년조에는 이 삽화를 앞 왕 진평왕 때의 일이라 하였다. 덕만공주의 "선견지명이 이와 같으므로" 왕으로 추대될 자격이 있음을 미리 말해두었다. 『삼국사절요』(1476)에 실린 『수이전』에는 "여자가 왕이 되어 (모란꽃 그림을) 보낸 것이며, 또한 숨긴 뜻이 있을 것이다."라고 했는데 이 <첫 번째 이야기>에서는 여왕이 독신임을 빗대었다고 했다. 당 태종도 신라에 여왕이 셋 나올 줄 알고 3색 모란과 씨 석 되를 보냈다고 하니 그 역시 미래를 알아맞추는 능력이 있다. 두 나라 제왕은 서로 신이한 능력을 과시하여 상대를 제압하려 든다. 왕들의 신이함을 기록해두는 『삼국유사』 기이편의 성격에 걸맞는 내용이지만 사실여부는 따져보아야 한다.

모란 그림에 대한 선덕여왕의 해석도 실은 그림에 대한 무지의 소치다. 모란 꽃에는 향기가 있지만, 꽃이 피는 5월 초에는 벌과 나비가 많지 않아서 곤충이 찾아드는 모습을 보기 어려울 뿐이다. 그리고 당시에 이미 중국에는 모란 꽃 그림에 나비를 곁들이지 않는 법식이 있었다. 나비는 '질수(耋壽)' 즉 여든 살을 뜻하여 오래살기를 기원하는 말이므로 그림을 받을 수 있는 연령이 제한되기 때문이다.

중국에서 모란꽃 감상이 유행한 시기는 성당(盛唐) 즉 8세기 무렵부터이며 그것도 북중국에서의 일이다. 촉(蜀) 땅 같은 강남은 5대(907~960)까지도 모란을 몰랐다고 한다. 모란꽃의 절정기는 장안에서 (음력) 3월 15일을 전후한 20일 간이다. 모란꽃 중에서 붉은색과 자색 두 종류를 높이 쳤고, 흰 꽃은 냉담한 색이라 하여 사람들로부터 배척당했다.

모란 그림 이야기는 그 시기가 분명하지 않고, 흰색 모란까지 끼어 있음을 보면 사실이 아닐지도 모른다는 신중론을 펴서 신라 하대 진성여왕(887~897) 시절을 <첫 번째 이야기>의 형성시기로 지목하기도 한다. 250년 만에 다시 등장한 여성 임금의 즉위 명분을 세우려고 앞 시대의 멘토(mentor) 선덕여왕을 끌어들였다고 한다. 너무 천착한 것은 아닌지?

외교물품으로는 흔하지 않은 것을 선호한다. 상대 나라에는 물론 자기 나라에도 없거나 희소한 것을 조(調. 物産)로 보낸다. 물산을 받은 나라는 놀람과 외경의 눈으로 보낸 쪽 나라를 동경하고 공경하게 된다. 고대에 이웃 나라로부터 받은 코끼리나 공작을 떠올려보라! 그러므로 모란을 널리 재배하는 시기가 이야기의 사실여부를 가리는 유일한 기준은 아니다.

다시 선덕여왕 즉위년조가 환기된다. 『삼국사기』 신라본기, 진평왕 43년(621)조를 보면 신라가 토산물을 바치자 당나라 고조는 답례로 책·그림·병풍 및 비단 3백필을 보내었다. 그림 가운데 모란 꽃이 있었는지는 알 수 없지만, 앞 왕 때 중국에서 보냈다는 모란 그림과 꽃씨 이야기는 이 사실과 관련지어야 순리일 듯하다. 이러한 물품 거래가 잊혀진 신라 하대에 왜 하필 모란그림 이야기가 나왔는지 부연설명이 있어야 한다.

선덕여왕의 혈통과 프라이버시

진평왕은 왕위에 오른 지 54년(632) 정월에 돌아갔다. 진평왕이 돌아간 해에 대하여 중국 역사서에는 모두 정관 5년(진평왕 53)이라고 나와 있어 한국 쪽 사료보다 1년 빠르다. 그러면 국내에서는 왕위계승 문제로 사망 사실을 이듬해에 공표했는가? 어떻든 대신(大臣) 을제(乙祭)가 통치를 도맡아서 10월에 어려운 백성을 보살피고, 12월에는 당나라에 조공을 바쳤다. 왕위계승상으로는 이 해가 선덕여왕 원년이지만 여왕이 통치 일선에 나선 것 같지는 않다. 여왕은 재위 2년 정월에 신궁(神宮)에 제사지냈다. 이어지는 신라본기 기사다.

3년. 봄 정월에 연호를 인평(仁平)으로 바꾸었다. 분황사(芬皇寺)가 완공되었다.

4년. 당나라가 부절(符節: 사신에게 주는 징표)과 함께 사신을 보내서 왕을 주국낙랑군공신라왕(柱國樂浪郡公新羅王)으로 책봉하여 아버지가 받은 작위를 잇게 했다. 영묘사(靈廟寺)가 완공되었다.

여왕이 자신의 연호로 고친 것은 즉위한 뒤 왕권이 그만큼 안정되었음을 의미한다. 독자적 연호 사용은 독존적 국가 의식을 대내·외로 과시하는 의미가 있다. 연이어 나오는 절 지은 기사는 연호고침과 어떤 관련이 있는 듯한데, '분황사'라는 절 이름을 보면 더욱 그러하다. 여자로서 왕위에 올랐으니, 향기 '분(芬)'자는 여성에게 어울리는 말로서 '분황'은 곧 여왕/여성황제를 의미한다. 여왕이 다스리게 된 세상을 기념하는 절이다. '분황'의 '황'자는 이듬해에 올려진 '성조황고(聖祖皇姑)' 칭호의 '황'과 같은 뜻으로서 스스로를 황제로 인식했다.

왕 4년에 비로소 당나라로부터 아버지 진평왕과 동일한 책봉호를 받는다. 대외적으로도 신라의 군주임을 인정받는데 그 자격과 지위는 선대와 조금도 다르지 않다. 그 다음 기사는 영묘사 창건이다. 역시 전후 기사가 어떤 연관성이 있음을 암시한다. 여느 절 이름 같지 않은 '영묘사'는 '조상의 영혼을 모신 사당' 즉 원당(願堂)이다. 선대의 왕위를 공식적으로 이은 선덕여왕은 위로 선왕들의 영령을 친히 제사지내는 한편, 아래로는 자신이 그러한 가계의 적통(嫡統)임을 내세움으로써 왕위 계승의 당위성을 다져나갔다.

나랏사람들[國人]로부터 받았다는 성조황고 존호[尊號] 또한 예사롭지 않아 보인다. '황고'의 사전적 의미는 '돌아가신 시어머니'다. 고려 충렬왕비 안평공주(1259~1297)는 사후(1310) '황고 제국대장공주 고려국 왕비(皇姑齊國大長公主高麗國王妃)'로 추봉되었다. 고려시대에 '황고'는 돌아가신 왕녀에 대한 높임말로 쓰였다. 그렇지만 생존하고 있는 선덕여왕을 '황고'라고 부른 뜻은 나이 많음에 대한 공경은 물론이지만 여왕 자신을 포함한 선대 왕들의 혈통이 주변나라[東夷共工之族]의

경주 분황사와 영묘사 터(현 흥륜사) (ⓒ최희준)

왕들과는 격이 다른 황제급이라는 언설(『삼국유사』, 황룡사구층탑)과 같은 맥락이다. '성조황고'는 이러한 여황(女皇)의 자긍심·포부·염원을 모두 담은 별칭으로서 그 뜻은 '신성한 선조들의 황통(皇統)을 이은 할머니' 정도가 된다. 왕위계승에 아직 마음 놓을 수 없었던 선덕여왕이 바야흐로 자신의 정체성을 보여주는 일련의 통치 행위다. 성조황고를 올렸다는 기사가 선덕여왕 즉위년 기사에 나오는 것을 이유로 여왕 즉위 때 또는 그 직후에 성조황고 칭호를 받았다고 보기도 한다. 하지만 즉위년 2월부터 대신 을제가 권력을 장악하고 있었고, 여왕은 2년 정월에 신궁에 제사지냄으로써 선대 왕들에게 즉위를 고하였다. 즉위년 앞뒤로는 성조황고를 말할 분위기가 아니었다. 이렇게 보면 『신당서』의 정관 9년(선덕여왕 4년)에 성조황고 칭호를 받았다는 기사가 타당해 보인다.

꽃 중에 부귀한 것이 모란이라지만 모란은 절세미인의 상징이기도 하다. '첫번째 이야기'에 나오는 선덕여왕은 미혼이다. 성골남자의 대가 끊겼으니 신분상 결

혼 상대가 없다고 이해하거나, 혹은 신라 왕의 사위가 왕위를 잇는 경우도 있음직
해서일 터이다.

사실관계를 말해두자. 선덕여왕은 결혼하였고, 왕이 되었을 때는 결코 젊은 나
이가 아니었다. 진평왕은 53년간이나 왕위에 있었으므로 그 맏딸 선덕여왕은 즉
위할 즈음에 이미 중년을 훨씬 넘긴 나이다. 당 태종이 선덕여왕을 가리켜 '부인'
이라고 호칭한 것만 봐도 미혼과는 거리가 멀다.『삼국유사』왕력편에 '여왕의 남
편은 음 갈문왕이다(王之匹飲葛文王)'라고 하였고, 후대 자료에 음 갈문왕은 창녕
조씨의 시조라거나 김인평이라는 이름으로도 나온다. 제3의 추정으로는 여왕의
남편 갈문왕은 앞에서 본 을제나 신라본기 선덕여왕 5년조에 보이는 '알천(閼川)'
으로서 표기가 다를 뿐이라고 한다. 수긍이 간다.

선덕여왕의 결혼 여부나 재위 때의 나이에 대한 접근을 가로막는 또 하나의 설
화로서『수이전』과『삼국유사』의해편, 이혜동진(二惠同塵)조에 실린 지귀(志鬼) 이
야기가 있다. '활리역 사람(活里驛人)' 지귀라는 청년이 아리따운 선덕여왕을 사모
하여, 그 사랑의 불길-열화(熱火)라고 하던가-은 여왕이 세운 절 영묘사를 태우고
자신은 불귀신[火鬼]이 되었다. 불교 경전에 실린 인도 설화가 한자로 번역된 뒤
신라에 와서 그 나름의 버전으로 바뀌었는데, 선덕여왕에 대한 전통적 인식을 보
여준다. 선덕여왕의 예지에 대한 일화는 왕 자신이 총명하고 과단성이 있기 때문
이기도 하겠지만, 오히려 지금까지 보아 온 정치적 상황을 참작하면 여왕으로서
군림하기 위한 처절한 몸부림이다.

(3) 두 번째 이야기

둘째, 영묘사의 옥문지(玉門池)에 겨울인데도 뭇 개구리들이 모여 사 나흘 울었다. 나랏사람들이 괴이하게 여겨 왕에게 물었다. 왕은 급히 각간(角干) 알천(閼川)·필탄(弼呑) 등에게 명령하여, 날랜 병사 2천 명을 뽑아 빨리 서쪽 교외에 가서 여근곡(女根谷)을 물어보면 반드시 적병이 있을 것이니 잡아 죽이라고 하였다. 두 각간은 명령을 받아 각각 천 명을 거느리고 서교(西郊)에 가서 물으니 부산(富山) 아래에 과연 여근곡이 있었다. 백제 병사 500명이 와서 숨어 있으므로 모두 잡아 죽였다. 백제 장군 우소(亏召)란 이가 남산고개 돌 위에 숨어 있으므로 포위하여 쏘아 죽였다. 또 후원병 1,200명이 왔으나 역시 공격하여 죽이고 한 사람도 남겨 놓지 않았다. (건너뜀)

"개구리가 성난 모습은 병사의 형상이다. 옥문이란 여근이요, 여자는 음(陰)이오 그 색은 흰색이니, 흰색은 서쪽이다. 그래서 병사가 서방에 있는 것을 알았다. 남근이 여근에 들어가면 반드시 죽으니, 이 때문에 쉽게 잡을 줄 알았다." 여러 신하들이 그 뛰어난 지혜에 감복했다.

여왕이 백제군의 공격을 미리 알아내어 쳐부수었다는 내용이다. '그들'의 언어로 말하면 개구리=병사가 되며, 선덕여왕도 그렇게 풀이하였다. 이어서, 신라군이 이길 수밖에 없는 생리적 논리를 펴고 있다.

옥문곡은 어디인가? <두번째 이야기>에 따라 '부산 아래'라고 보는 이가 있지만, 실제 그곳에 그런 땅이름은 없다. 같은 이름의 지명은 여럿 있을 수 있으므로 지명 비정은 원문의 내용에 부합되어야 하지만 시야를 넓힐 필요가 있다. 옥문곡의 위치에 대해서는 『삼국사기』 신라본기 선덕여왕 5년조의 '서남변(西南邊)' 외에도 백제본기 의자왕 8년 기사 "3월에 의직이 신라의 서부 변경[西鄙] 요차[腰車] 등 10여 성을 쳐서 빼앗았다. 4월에 옥문곡으로 진격하니 신라 장군 김유신이 이를 막아 두 번 싸워 (백제를) 크게 격파하였다."라는 거리의 기준이 있다. 비록 선덕여왕 때에 신라는 백제의 공격을 받아 많은 영토를 잃었다고는 하지만, 어디에서도 그것이 수도 경주의 교외일 가능성은 찾아볼 수 없다.

신라본기의 선덕여왕 5년조에서 비로소 설화적 요소가 나타난다. 신라 서남 변경의 옥문곡 피습을 알게 된 계기는, 궁전 서쪽에 있는 옥문지에 두꺼비가 모인 것을 보고 짐작했다고 한다. 사물을 통해 인간상을 본 것이며, 같은 뜻의 이름으로 골짜기(谷)가 못(池)이 되었다. 그렇지만 여기서의 옥문곡은 엄연히 신라 서남변이고, 가까이에 독산성이 있다.

'두 번째 이야기'에서는 '영묘사의 옥문지'로 바뀌며, 계절도 겨울이었다. 영묘사는 선덕여왕 때 국력을 기울여 창건한 절로서 여왕 자신이 자주 행차하던 곳이다. 그러므로 '두번째 이야기'는 더욱 선덕여왕 중심으로 이야기를 전개한 것이다. 아울러 겨울 개구리를 내세움으로써 신이(神異)함을 더하고 있다. 그리고 '부산(富山) 아래의 여근곡'에서 백제군을 섬멸하고 있다. 사실에서 더욱 멀어져 경주지역의 전설로 정착하고 있다. 이 여근곡이 등장하게 된 논리는 옥문이 곧 여근이기 때문이라고 한다. 이미 서쪽 교외의 여근곡이라고 점친 이상, 뒤에 나오는 연결 논리는 군더더기며 사후약방문(死後藥方文) 격이다. 즉 여근곡이 어디에 있는지를 새삼스럽게 풀이하고 있으며, 전투 결과 이길 수 밖에 없는 이유를 끼워 맞추고 있다. 그러다보니 억지 논리가 개입되나 <두번째 이야기>가 특히 지식인층을 상대로 한 설화라는 점을 감안해야 한다.

실제 여근곡은 어떤 곳인가? 여근곡은 부산성 아래가 아니라 약 7 km 북쪽이므로 '두번째 이야기'의 기술은 틀린 것 같다는 지적도 있다. 조선시대의 학자 김종직은 이곳을 답사하고 나서 "얕은 골에 어찌 적병이 매복할 수가 있으랴. 옥문곡이 천 년 동안 이름만 속였구나."라고 하여, 이 지방 전설이 거짓임을 토로하였다. 더욱 재미있는 것은, 김종직도 자신이 모르는 사이에 여근곡을 옥문곡으로 적고 있다.

관련 기사는 『삼국사기』 백제본기의 무왕 37년조에도 실려 있다. 버전이 조금씩 다르므로 표로 정리해본다.

출전	백제본기	신라본기	<두번째 이야기>
계절	5월	5월	겨울
옥문지 위치		궁전 서쪽	영묘사
백제 군사 규모	500명	500명	500명(1차)
			1,200명(2차)
이웃 지명	독산성	독산성	부산
전투 장소	옥문곡	옥문곡	여근곡
옥문/여근곡 위치		신라의 서남 변경	경주
우소가 싸운 곳	큰돌 위(大石上)		남산령
설화적 발전	⇒	⇒	

5월의 전투가 겨울로 바뀌었고, 백제와의 국경지대에서 벌어진 전투가 왕경의 턱밑 여근곡 에서의 일로 둔갑하였다.

'두번째 이야기'의 발단은 신라본기에서 비롯되었다. 전투에서 패배한 백제로서는 자기나라 군대의 전과(戰果)나 전공(戰功)을 부풀릴 까닭이 없고, 그럴 마음과 시간의 여유도 없다. 이 점 승전국 신라와 대조적이다. 전투가 일어난 뒤에 신라에서는 승리의 원인을 왕의 은택(恩澤)으로 돌리는데, 그것은 선덕여왕이 비범한 능력의 소유자임을 강조하는 것이다. 이러한 주장을 뒤집어 보면, 왕의 재위 기간 중에도 여왕의 자격 여부에 대한 논란이 완전히 잦아들지는 않았던 것 같다. 자신이 성골 신분이며, 아버지가 진평왕인 선덕여왕에게 이전의 다른 왕에게는 대두되지 않던 문제가 지속되는 것은 오직 여자라는 점 때문이다.

때로 설화에서 시간은 앞뒤가 바뀔 수 있고, 장소는 이야기꾼의 관심과 이해에 따라 변한다. 후대의 기사 가운데 <두 번째 이야기>의 팩트로 다음 사건을 지목한다. 신라 세 번째 여왕인 진성여왕 때 '백제 도적[橫賊]'이 모량리에 침범하였고(『삼국유사』효선, 손순매아), 그 10년(896)에는 '적고적(赤袴賊)'이 '서부 모량리'에서 분탕질을 했다. 이들 사실이 <두 번째 이야기>로 발전했다는(김선주, <선덕왕 지기삼사의 형성 시기와 배경>) 추정이 그것이다. 신라 선덕여왕 본기, 백제 의자왕 본기에서 상대방 나라와 싸운 사료가 의연히 있는데도 먼 훗날의 사건이 앞선 시대의 이야기 자료가 되었다고 보기에 무리가 있다.

(4) 세 번째 이야기

셋째, 왕이 아직 건강할 때 여러 신하에게 말하였다. '내가 어느 해, 어느 달, 어느 날에 죽을 것이니 나를 도리천(忉利天)에 장사지내 주시오.' 신하들은 그곳이 어디인지 몰라 "어디를 말씀하십니까?"라고 여쭈었다. 왕은 "낭산(狼山) 남쪽이다."라고 하였다.
예언한 그 달 그 날에 왕이 과연 돌아갔으므로, 신하들은 낭산의 남쪽에 장사지냈다. 그 뒤 10여 년 있다가 문무대왕이 왕의 무덤 아래

에 사천왕사를 지었다. 불경에 사천왕천 위에 도리천이 있다고 하는
데, 이에 대왕이 신통한 성인임을 알았다.

성골 관념

선덕여왕은 비담(毗曇)의 난 때 의문의 죽음을 맞았다. 왕이 비담 등에 의해 시해
되었다고도 하고, 혹은 자연사로 보기도 한다. 설혹 자연사했다 하더라도 날짜까
지 예언했다고 보기는 어렵다. 아마도 낭산에 장사지내고 나중에 사천왕사가 들
어서자, 그 절 위에 위치한 선덕여왕 무덤이 교리적으로 도리천임이 '입증'되었을
것이다. 선덕여왕의 선견지명과 슬기로움을 말하는 일화 가운데 가장 예언다운
구조를 갖추고 있지만 역시 사천왕사 창건 뒤 어느 시점에서 나온 이야기다.

선덕여왕은 즉위 전부터 돌아간 해에 이르기까지 임금이 되어 마땅한가 하는
자격 문제로 시달려왔다. 이러한 우려와 반대를 물리칠 수 있는 길은 자신이 사
천왕·용(龍) 등 신장(神將)들의 보살핌을 받는 부처나라[佛國土] 임금이므로 누구보
다도 나라를 잘 다스릴 수 있다는 점을 강조해야 한다. 이 요구에 가장 적합한 교
리가 밀교다. 황룡사에 구층탑을 세워 외적을 물리치고자 한 배경도 『금광명경』·
『관정경』 등에서 보는 밀교계통의 호국사상이다. 대표적인 호국경전의 하나인
『십륜경』에는, 범천·제석천 등이 열 가지 착한 일[十善]을 하는 참되고 선량한 찰
제리(刹帝利. Kṣatriya)왕을 원수나 외적으로부터 지키겠다고 다짐하는 대목이 나온
다. 자장(慈藏)스님이 중국 오대산에서 문수보살로부터 "너희 나라 왕은 인도[천축
국]의 찰(제)리종왕으로서 일찍이 부처님으로부터 약속을 받았다"고 (『삼국유사』, 황
룡사구층탑) 한 것도 이러한 사상에서 나왔고, 그에 대한 세속적 표현이 여왕 4년에
나랏사람들이 올린 '성조황고'다.

'황(皇)'이란 글자의 의미에 대해서는 앞에서 말했다. '성(聖)'자는 신성한 찰리종

을 뜻한다. 찰리종 또는 '도리천으로 돌아갈[歸天]' 선덕여왕이 '성조황고'라고 불렸을 때, 그녀의 선조는 당연히 찰리종이며 도리천의 중생이 된다. 선덕여왕의 아버지 진평왕을 보면, 그는 '하늘에서 내려온 심부름꾼[天使]'으로부터 '상황(上皇)'이 내려준 옥허리띠[玉帶]를 받았다(『삼국유사』, 천사옥대). 진평왕 자신은 내제석궁(內帝釋宮. 일명 天柱寺)을 창건한 왕이고 보면, 옥대를 전해준 천사는 도리천에서 왔다. 신라 중고시대의 왕이 스스로 도리천 태생임을 내세운 것은 늦어도 진평왕대까지 확인된다. 나아가, '상황(上皇)' 즉 진평왕의 선대 왕은 (도리)천에서 옥대를 내려준 것이므로 진평왕의 선대 또한 도리천에 왕생했다는 믿음을 엿볼 수 있다.

성골의 소급 범위에 대한 연구는 신라 중고시대의 왕실 혈연 문제로 귀착된다. 그렇지만 혈연/가계 관념은 부차적이었고, 성골 형성의 직접적 원인은 왕위계승 문제나 왕권의 정당성 등 정치적 이유로써 그것을 합리화시켜준 사상이 바로 불교다. 찰(제)리 즉 끄샤트리야는 원래 인도의 왕이나 무사 계급이자, 불교의 신성족 관념이었다. 찰리종 왕이 다스리는 나라는 또 하나의 천축국이다. 인도의 우주관을 그대로 신라에 옮겨놓은 신라인들은 자신들의 서울, 경주 낭산을 수미산으로 비정하였다. 이 곳은 '신유림(神遊林)' 즉 신들이 노니는 숲으로서 불교 전래 이전부터 성역이었고, 경주의 진산(鎭山)이기도 하다. 실성이사금 (413)에 낭산에 신선의 기운[仙靈]이 하늘에서 내려와 놀았으므로 이 산을 복된 땅[福地]이라 하여 나무를 베지 못하게 하였다. 지금도 마을이름은 신들이 내려왔다고 하여 '강선(降仙)마을'이라고 불린다. 이제 찰리종 왕이 죽어 돌아갈 곳은 낭산 위의 하늘 즉 도리천일 수 밖에 없다. 선덕여왕 자신이 이 곳에 장사지내달라고 유언했는지 여부는 알 수 없지만, 그러한 무덤자리는 이미 당대에 예정되어 있었다. 이와 같이 정밀한 불교적 우주관을 신라에 펼쳐놓은 사람은 누구일까?

사천왕사 창건

사천왕사 창건 사정은 『삼국유사』 기이, 문무왕법민조에 나온다. 요약하면 이렇다.

백제와 고구려가 멸망한 뒤, 당나라 고종은 드디어 신라를 침공하려고 준비했다(669). 당시 당나라에 가 있던 문무왕의 아우 김인문이 이 사실을 의상스님에게 알리자, 의상은 귀국하여 문무왕에게 보고했다. 왕이 당나라 군사를 물리칠 계략을 물으니, 각간(제1관등 이벌찬) 김천존은 근래 용궁에서 비법(秘法)을 배워왔다는 명랑스님을 소개했다. 명랑은 신유림에 사천왕사를 세우고 도량을 열면 좋겠다고 하였으나, 이미 당나라 군사가 도착하여 해변을 순회하는 사태에 이르렀다. 할 수 없이 비단으로 절을 얽어놓고, 풀로 다섯 방위의 신상(神像)을 만들고, 유가종의 큰 스님 12 명에다 명랑법사가 우두머리가 되어 문두루(文豆婁) 비법을 행하니 당나라 배가 모두 침몰하였다.

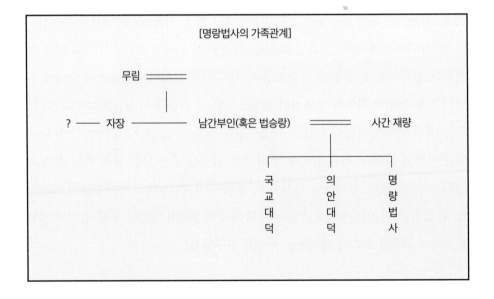

[명랑법사의 가족관계]

그런데『삼국유사』의해 <명랑신인(明朗神印)>조에는 명랑이 선덕여왕 원년(632)에 당나라에 건너가 정관 9년(선덕왕 4. 635)에 귀국했다고 되어 있다. 명랑은 선덕여왕 7년(638)에 당나라로 유학 간 자장(慈藏)스님의 누이동생 남간(南澗)부인의 아들이다. 이러한 가족 관계를 고려하면 명랑은 역시 문무왕대에 귀국했다고 보아야 한다. 아마도 선덕여왕 4년에 무언가 기억할만한 일이 있었고, 그것이 명랑의 행적과 겹쳐진 것 같다.

성골 왕통을 교리적으로 뒷받침한 안홍 스님

　신라의 '세 가지 보물[三寶]' 가운데 둘은 진평왕 때 생겼다. 하늘로부터 받은 옥허리띠(玉帶)가 그 하나고, 두 번째는 바다 건너온 본[밑그림]대로 만든 황룡사장육존상이다. 이제 황룡사구층탑만 세우면 신라는 인도보다 빼어난[殊勝] '부처님 나라'가 된다. 황룡사구층탑도 이 절의 중건공사 계획에 포함되어 있으니 그 착수시기만 기다리고 있다. 진평왕 때의 불국토 사업은 다음 임금 선덕여왕 때 완성되는데 이러한 일련의 불사는 성골 왕통이 다스리는 나라의 국운이 열리기를 부처님께 기대는 염원의 표상이다. 이들 국책사업의 맥락을 교리적으로 풀이하고 조국의 번영을 예언한 장본인은 진평왕대 후반기를 살다 간 안홍스님(579~640)이다.

　불교를 신라 중고시대의 이데올로기라고 말하는 것은, 그것이 개인의 종교·신앙 차원을 넘어 국가정책의 근본사상이며 신민(臣民)의 자질을 형성하는 윤리이기 때문이다. 안홍은 진평왕·선덕여왕 시절에 불교정책을 입안한 사상가였지만, 사회 일선에 나아가 왕성하게 법회나 포교를 한 것 같지는 않다. 국왕 앞에서도 조용한 학승의 풍모를 지켰으며, 원광이나 자장과 달리 나라정치에 깊이 간여하지 않았다. 이 때문인지 그는 대중적 명성을 얻지 못했고, 생전 그의 행적도 별로 알려지지 않았다. 그러나 안홍이 입적한 뒤 신라가 대야성 전투에서 백제군사에게 크게 패하는 등 안홍의 예언이 거듭 적중되자 그의 주장을 돌이켜보게 되었을 것이다. 황룡사구층탑 건립에 대해서도 같은 내용을 자장이 다시 건의함으로써 공사는 지체없이 진행되었다. 구층탑이 세워지고 이어 삼국이 통일되자『동도성립기』와 그 저자 안홍은 다시금 평가되었다.『해동고승전』의 저자 각훈이『동도성립기』를 '경(經)'이라고 부른 데서도 각훈 자신이 안홍 저작에 어떤 평가를 내리고 있는지 알 만하다. 일연도 안홍을 '해동의 이름난 현인(海東名賢)'이라고 존경했는데, 흥륜사 금당의 열 분 성인상[興輪寺金堂十聖]에서 자장이나 원효·의상과 나란히 있는 안홍을 보았을 그로서는 존경하는 마음이 적지 않았을 터.

『해동고승전』에서는 안홍을 '안함(安含)'이라고 적고 있는데, 같은 사람인지 아닌지를 놓고 고려시대에도 논란이 있었다.『해동고승전』을 쓰던 당시에도 안홍 비문은 겨우 절반 정도 알아볼 수 있었다 하여, 각훈은 이렇게 쓰고 있다. "글자는 세 번 옮겨 적으면 까마귀 오(烏)자가 말 마(馬)자가 된다. 나는 (안)함과 (안)홍 두

(표) 안홍의 가계표

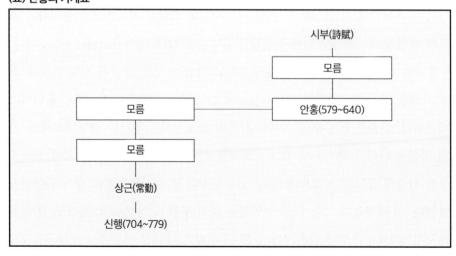

글자 가운데 하나는 잘못된 것이 아닌가 한다."『신증동국여지승람』권43, 해주목, 고적, '수양산성'조를 보면 '안함(安咸)'은 수양산성을 쌓은 전설적 인물 세 사람 가운데 하나다. 안홍은 점차 잊혀져가지만 돌에 새겨진 역사는 사라지지 않았다. 경남 산청군 단성면에 있는 옛절 단속사(斷俗寺) 터에는 중국에서 북종선(北宗禪)을 배워 온 신라 신행(神行)선사의 빗돌이 있었는데 이렇게 씌어 있다. "선사는 세속 성이 김씨, 동경(東京, 경주) 어리(御里) 사람이다. 급간(級干) 상근(常勤)의 아들이며, 선사(先師) 안홍의 형의 증손이다." 몇 가지 수수께끼가 풀리는 순간이다.

문제의 예언서 - 『동도성립기』

『해동고승전』에는 안홍의 예언서에 대하여 이렇게 썼다.

> 스님은 귀국한 뒤 예언서[讖書] 한 권을 지었다. 글자가 벌어졌거나 붙어버려서 글을 아는 사람도 이해하는 이가 드물고, 전체 뜻이 은밀하여 이치를 찾으려 해도 알아내기 어렵다. 즉 "부엉이가 흩어진다"하고, 혹은 첫 번째 여왕을 도리천에 장사지냈다거나, 천리까지 가서 싸운 군대가 패했다거나, 사천왕사가 세워진 것, 왕자가 돌아온 해, 훌륭한 임금이 많이 나서 밝아진 세상 등이 어렴풋한 예언이었지만 눈으로 본 듯 조금도 틀림이 없다

예언/도참서적이란 것은 원래 추상적이고 모호하여 자신에게 유리하게 읽을 수 있도록 열려 있다. 위 인용문은 예언서를 직접 인용한 부분과 후대의 해석 부분이 섞여 있다. 아마도 "부엉이가 흩어진다" 정도가 전자에 속하고, 나머지는 모

두 후자다. 음산하고 불길한 첫 문장은 예언서 답지만, 나머지는 모두 구체적 사건을 기술하였다.

"첫번째 여왕을 도리천에 장사지내다"는 선덕여왕 능을 낭산에 모신 것을 말한다. 신라가 부처님 나라라는 관념은 문무왕 19년(679)에 선덕여왕릉 아래 사천왕사가 세워짐으로써 더욱 보강·증명되었다. 안홍의 밀교사상을 계승하여 명랑은 사천왕사를 짓자고 진언하였을 것이다. 이 호국사찰 짓기를 두 고승이 동일하게 주장한 까닭에 명랑이 선덕여왕대에 귀국하여 건의한 것으로 와전되었다.

이러한 해석이 가능했던 예언서의 본래 모습은 어떠하였을까? 선덕여왕을 '도리천의 딸'이라 함으로써 여왕이 곧 불교에서 말하는 신성혈통임을 주장하고, 이 '성골'이 통치하는 신라를 염부주 즉 이 세상의 중심에 두어 욕계의 세계를 그려낸 내용이라고 짐작된다. 나중에 이룩한 삼국통일은 이 부처님나라[佛國土] 이념이 실현된 것이고, 그러한 예언이 모두 적중한 것으로 후대 사람들은 받아들였을 터. 세 번째 이야기는 사천왕사가 창건된 문무왕대 이후에 생겨난 것으로 보아야 하지만, 그렇다고 낭산을 도리천으로 설정한 안홍의 불국토 이념과 예언까지 문무왕대 이후로 볼 까닭은 없다.

<세 번째 이야기>에서 말한 선덕여왕의 유언을 그대로 믿으려는 순진함도 문제지만, 고품격 불교신화에서 나온 불교치국책(佛敎治國策)을 선덕여왕이 그다지 필요로 하지 않았다는 주장도 시대상황과 배치된다. 선덕여왕이 즉위한 지 얼마 안 되어 첨성대·분황사를 창건한 것이나, '성조황고' 칭호의 대두는 여성으로서 처음 왕위에 오른 불안감·절박감에서 나온 대응이다. 통치 후반의 황룡사 중건 때 '찰리종' 운운하면서 공사의 당위성을 거론한 까닭도 나라 안팎에서 여성임을 문제 삼았기 때문이 아닌가. 이러한 논리개발과 국책사업은 안홍이나 자장과 같은 고승보다도 선덕여왕 자신이 먼저 요구했을 사안이다. 이 백 몇 십 년이 지나 세

번째로 (진성)여왕이 즉위할 즈음에도 여성에 대한 원론적 거부감은 예상되고도 남는다. 이 과정에서도 <선덕여왕 이야기>는 호재(好材) 중의 호재였으리라. 그렇다고 <선덕여왕 이야기>는 선덕여왕을 목적으로 한 것이 아니라 진성여왕이 즉위할 즈음에 만들어졌다는 주장은 본말이 바뀐 것이다.

<선덕여왕 이야기>가 재평가 되어 그 징험과 권위가 여과 없이 받아들여졌던 시기는 진성여왕 시절보다 먼저 문무왕 때 사천왕사를 세울 무렵이었을 것이다. <선덕여왕 이야기>는 현대 한국사회에서 여성 대통령이 나올 즈음에도 '재평가' 되곤 했다. 그렇다고 설화의 형성기를 2000년대 전후로 볼 수는 없지 않은가.

(5) <선덕여왕 이야기>의 마무리

> 선덕왕이 영묘사를 창건한 것은 양지 스님의 전기에 자세히 실려 있
> 으니 이를 살펴보라! 별기(別記)에, 이 왕대에 돌을 다듬어 첨성대를
> 쌓았다고 하였다.

'양지스님 전기[良志師傳]'에 해당하는 기록을 같은 책 『삼국유사』에서 찾으면 의해편 <양지스님, 지팡이를 부리다 (良志使錫)>(이 책, 여섯째 마당)가 해당된다. 하지만 그 내용이 소략하여 겨우 열네 줄에 지나지 않는다. 이를 두고 '자세하다[具]'라고 쓰지는 않았을 테니 아마도 별도의 전기가 일연스님 당시까지도 있었던 모양이다.

첨성대

경주 첨성대(ⓒ최희준)

첨성대는 경주시 인왕동에 있는 동양에서 가장 오래된 천문대다. 높이는 9.18 미터, 밑지름 4.93, 윗지름 2.85 미터. 밑에서 4.16 미터 높이의 남쪽 허리에 한 변이 1 미터 되는 네모난 문이 설치되어 있다. 여기에 사다리를 걸었던 자리가 있다. 중간에 두 군데 우물 정(井)자 모양으로 장대석을 걸쳐 놓았고, 맨 윗단 내부의 반원(半圓)에는 널돌[板石]이 있고, 맞은편에는 널빤지(板木)를 놓았던 곳으로 추정되는 자리가 있다. 꼭대기에 다시 정(井)자돌이 두 단으로 짜여 있다.

원통형으로 내려가는 곡선이 워낙 아름다워서 그 모습을 따다 시중 상품의 술병을 만들었다고도 한다. 층층이 쌓은 단(段)의 숫자는 27단이다. 어떤 이는 제27대 선덕여왕을 상징한다고 보았는데 그럴싸하다.

첨성대의 기능을 두고 천문관측소라고 하거나 별을 보고 점치는 점성대(占星臺)라고도 한다. 실제 『삼국유사』 왕력편에는 "나물왕릉은 점성대의 서남쪽에 있다."고 하였으니, 별점[星占] 치는 망대(望臺)라는 주장도 만만찮다. 어느 쪽이든 위에서 말한 우물 정자 장대석과 널돌·널빤지 등은 그러한 일을 보기 위해 쓰였던 시설이다. 다른 주장으로, 첨성대는 그림자로 절기와 시간을 관측하는 규표(圭表)라고도 한다. 이후 제4, 제5의 주장도 나와서 점입가경이다. 네 번째 학설은, 수미산을 본 따서 만든 하늘제사(祭天) 장소라는 것. 그렇지만 그것이 왜 하필 선덕여왕 때 만들어졌고, 왜 새삼스럽게 하늘에 제사지내야하는지?

근래 나온 주장으로서, 첨성대는 우물 모양인데 우물은 출산과 탄생을 뜻한다고 한다. 이 경우의 탄생은 신라시조 박혁거세와 성골의 시조 석가모니를 말한다. 첨성대의 부푼 아랫부분은 마야부인의 엉덩이고, 중간의 작은 구멍은 싯다르타 태자가 태어난 마야부인의 옆구리라고. 결국 첨성대는 선덕여왕의 성스러운 두 조상 박혁거세, 석가모니의 탄생과 아울러 '성조황고'인 선덕여왕의 탄생을 상징하는 '삼위일체 성탄대(聖誕臺)'라고 한다(정연식, <선덕여왕과 성조(聖祖)의 탄생, 첨성대>). 신라 성골은 신화적으로 자신들이 인도의 왕족임을 표방하여 수미산을 자신들의 뒷산으로 '토착화'했다. 그런 마당에 박혁거세도 선덕여왕도 아닌 마야부인의 출산 모습을 굳이 형상화했다는 데에는 선뜻 수긍하기 어렵다. 신라 중고 시대의 김씨 (선덕여)왕과 박씨 성(姓) 혁거세가 '삼위일체'의 일원이라는 혈연의식 논리도 난해하다. 무엇보다 선덕여왕을 우러러 받드는 칭호 '성조황고'는 왕이란 신분에서는 같다 하더라도 진평왕 이전의 왕들과는 현격한 차등을 두는 혈연의식이 아닌가.

누가 아랴, 1400여 년 전 신라 왕실의 속내를? 그래도 이렇게 역사연구는 무한히 사실(史實)에 가까이 가고 있는 중이다.

낭산이 수미산이고 그 위가 도리천이라지만, 이러한 신화의 세례를 받기 전이나 그 뒤나 무엇 하나 달라진 것이 없다면 그것이 얼마나 설득력을 가질까? 그야말로 도리천의 딸이 다스리는 불국토가 곧 신라임을 보여주는 '상징물'이 있어야한다. 선덕여왕은 '성조황고'로서 자신만이 하늘/도리천에 계신 조상들에게 제사지낼 수 있는 '적통 자식[嫡子]'임을 보여주고자 이벤트가 첨성대 건립일 터. 그것은 왕위가 불안했던 여왕 스스로에게도 반사(反射)되는 자기암시다.

첨성대는 언제 만들었는가?『삼국유사』에는 앞에서 인용한대로 선덕여왕대라고만 했다.『세종실록지리지』에는 여왕 2년,『증보문헌비고』에는 여왕 16년이라고 했다. 16년은 여왕의 말년으로서, 이 해 정월 8일 비담 등이 일으킨 쿠데타의 와중에 여왕은 돌아간다. 어느 겨를에 첨성대 공사를 지시할 것인가? 다음 왕위를 이은 진덕여왕은 갓 즉위하여 아직 정사도 제대로 파악하기 전이겠지만, 진덕여왕과 신라불국토설을 관련짓는 기사는 없다. 그리고 이 때 이미 정치의 실권은 성골의 손에서 떠나 김춘추·김유신 세력으로 넘어갔다.

첨성대가 선덕여왕 즉위 이듬해에 세워진 까닭은 왕위자격을 문제삼는 여론에 맞서 취한 '볼거리[可視] 행정/건축'이었다고 나는 생각한다.

삼국유사 깊이 읽기

양지스님,
지팡이를 부리다

-〈양지사석〉

명장(名匠)이 신기(神技)를 보일 때
민초들이 한 일은?

양지스님, 지팡이를 부리다(良志使錫)

양지스님의 조상과 고향은 알지 못하나 다만 선덕왕 때에 그 행적이 나타난다.

그가 지팡이[錫杖] 끝에 베주머니를 걸어놓으면 지팡이가 스스로 날아 단월(檀越: 시주자)의 집에 가서 흔들리며 소리를 내었다. 그 집에서 이를 알아차리고 불공드릴 비용을 바치는데, 주머니가 차면 날아 돌아왔다. 그래서 그가 사는 절을 석장사라고 하였다. 그 신통하고 가늠할 수 없음이 모두 이러하였다.

한편 갖가지 방면에서도 이름이 났는데 그 신묘함이 비길 데가 없었고, 글씨도 잘 썼다. 영묘사의 장육삼존(丈六三尊)·천왕상 및 전탑(殿塔)의 기와, 천왕사 탑 아래의 팔부신장, 법림사(法林寺)의 큰법당 삼존불[主佛三尊] 및 좌우의 금강신 등은 모두 그가 빚은 것이다. 그리고 영묘사와 법림사 두 절의 현판을 썼다.

또 일찌기 벽돌을 빚어 작은 탑 하나를 만들고 거기에 삼천불을 조성하여 절에 모시고 예배하였다.

그가 영묘사 장육존상을 빚을 때 스스로 선정에 들어가 정수(正受)에서 뵌 부처를 본으로 하여 (흙을) 붙여나갔다. 그래서 성 안의 모든 남녀가 다투어 흙을 날랐다. 풍요(風謠)는 다음과 같다.

온다 온다 온다.

온다 서러운 이 많아라.

서러운 중생의 무리여.

공덕 닦으러 온다(김완진 현대어역)

오늘날까지도 그 지방 사람들이 소리내어 방아 찧거나 힘든 일 할 때 모두 이 노래를 부르는데, 그것은 이 때 비롯된 것이다.

불상을 처음 만들 때 비용은 곡식 2만 3천 7백 섬[碩]이 들었다 (혹은 다시 도금할 때의 비용이라고도 한다 —— 원주).

논평하건대, 스님은 재주를 두루 갖추었고 덕이 충만한 분인데 큰 인물이 손재주에 가리어졌다 하겠다.

칭송한다

불공 끝난 법당 앞, 지팡이는 한가한데

향로를 손질하고 향 사룬다.

남은 불경 읽고나니 다른 일 없어

부처님 빚어놓고 합장하며 바라본다.

(의해편, 양지사석)

(1) 양지 스님

스님의 전기

<양지사석>이라는 제목이 도술만 부리는 뜻으로 비쳤는지 많은 연구자들이 이 조목을 양지스님의 전기로 인식하지 않고 있다. 그러나 『삼국유사』에서 양지가 불상이나 절을 조성할 때의 내역이나 과정에 대해서는 '양지법사전'·'양지전'(<영묘사장육>) 또는 '양지사전(良志師傳)'(<선덕왕지기삼사>)을 보라고 미루고 있다. <양지사석>조 전문(全文)에서 보았듯이 비록 그 분량이 많지는 않지만 여타 조목에서 미룬 내용이 대부분 들어 있으므로 <양지사석>조는 스님의 본격적 전기다. 『삼국유사』 의해편의 여타 고승전과 마찬가지로 해당 인물의 행적에서 가장 돋보이는 점을 두 글자로 뽑아 제목을 지은 것만 보아도 그러하다. 일연이 '논평'에서도 말했지만, 양지스님의 전기를 불교미술 편목인 탑상편에 넣지 않고 고승의 전기를 모은 의해편에 넣은 까닭이다. 스님의 장기(長技)는 한갓 손재주가 아니라 그것은 수행·선정의 과정일 뿐이라는 메시지다.

스님의 집안과 활동 시기

양지스님의 조상이나 고향은 모른다 했다. 이는 신분이 미천하기 때문에 그렇게 표현하였다고 보기도 한다. 하지만 분황사 약사여래상을 만든 조각가가 '본피부의 강고내말[本彼強古乃末]'(내말은 제10관등 나마)이듯이 장인이라고 반드시 낮은 신분만 있지는 않다. 양지의 신분을 미상으로 남겨둠으로써 영웅 탄생의 신성/불가해함을 확보하려 한 것으로 보기도 하지만, 더 이상의 추론은 의미가 없다.

양지가 활약하던 시기는 여러 분들이 말했듯이 영묘사, 사천왕사의 창건시기로 보아 선덕왕대(632~646)로부터 문무왕대(661~680)까지다. 한편 양지 작품의 서역적 요소가 신라에 들어온 시기를 감안하여 문무왕대 이후라는 주장도 있다.

경주 석장사터 출토 명. '錫杖'글씨 백자(출처: 석장사지와 최초의 승려장인 양지)

(2) 스님이 지은 절

석장사

'석장'은 육환장(六環杖)이라고도 하는 일종의 지팡이다. 원래 수행자들이 독벌레를 제거하거나 걸식할 때 쓰는 도구였으나 점차 의례용 불교도구로 사용되었다. 석장이 저절로 날아다니며 시주를 걷어온다 하니 그것은 스님의 신통력으로서 곧 절 이름이 되었다. 불교설화에서 이런 일이 아주 드물지는 않다. 통일신라 초기 '정신대왕'의 태자 보천이 오대산에서 수도할 때 지팡이가 하루에 세 번 소리를 내면서 마을을 돌아 시주를 받아왔다고 한다(『삼국유사』 탑상, 대산오만진신). 절터는 경주시 석장동 산 81-2 번지. 1986년과 1992년 두 차례에 걸쳐 동국대 경주

캠퍼스 박물관에서 발굴하였다. 조선시대 자기의 굽바닥에서 붓으로 쓴 '錫杖' 글씨를 보고 절 이름을 확인하였다. 양지의 탁발행각 기사는 어디까지나 석장사라는 절 이름의 유래에 관한 것이므로 영묘사 불상 인연과는 연결되지 않는다.

영묘사

영묘사 장육존상을 조성할 때는 뭇 사람들이 흙을 나르며 노력봉사한 것이므로 동냥[門僧] 행각과는 전혀 다르다. 23,000석이나 드는 큰 불사를 애초 탁발에 의존하려 들지는 않았을 것이다.

영묘사의 '영[령. 靈]'은 쓰기 편한대로 令·零, '묘(廟)'는 妙로도 썼다. 선덕여왕은 그 4년에 당나라로부터 선대 왕들이 받은 책봉호 '주국낙랑군공신라왕(柱國樂浪郡公新羅王)'을 이어받고 영묘사를 지었다. 위로는 선왕들의 영령을 영묘사에서 친히 모시는 한편 아래로는 자신이 그러한 혈통[성골]을 이은 여인임을 '성조황고(聖祖皇姑. 신성한 선조들의 황통을 이은 할머님)'라는 칭호로써 널리 알렸다. 불교나라 신라에서 절이 왕실사당 즉 종묘 역할을 담당했음은 금석문을 통해서도 확인된다. 경주 낭산 동쪽의 전황복사(傳皇福寺) 삼층석탑에서 나온 금동사리함 뚜껑에는 '종묘성령선원가람(宗廟聖靈禪院伽藍)'이라고 새겨져 있다.

절터는 서천(西川)가에 있다고 알려졌으나, 종래 흥륜사 자리라고 하는 사적 제15호 사정동 절터에서 나온 글씨기와로 볼 때 오히려 이곳이 맞다는 주장이 지지를 받고 있다. '영묘'는 '혼령들을 모신 사당=묘탑(chaitya)'이라는 뜻이니 '영묘사'는 곧 탑사(塔寺)다. 이곳에는 조선중기까지도 내부 층계식 3층 나무탑이 있었는데, 탑사[(영)묘사]는 이 때문에 붙여진 이름이다. 이런 나무탑은 오늘날 충청북도 진천군의 보탑사에서 볼 수 있다. '장육삼존'이란 본존(本尊: 主佛)과 좌우의 모심[협시(挾侍)]보살을 아우른 불·보살 세 분을 말한다. '장육(丈六)'이란 '한 길 여섯

자[1丈 6尺]'의 치수로서 보통사람 키의 두 배가 넘는 큰불상[大佛]이다.

(사)천왕사·법림사

'천왕상'은 사천왕상이다. 위로 제석천(帝釋天. Indra)을 받들고, 아래로 팔부중(八部衆)을 거느리는 지국천·증광천·광목천·다문천의 네 신장(神將)이다. 사천왕상은 본래 불전 안에 모셨던 것을 13세기 후반에 이르러서 절 들머리에 마련한 천왕문에 봉안하기 시작했다. 이것이 지금 볼 수 있는 무서운 모습의 거대한 신장상이다.

사천왕사터는 경주시 배반동에 있다. 문무왕 19년(679)에 창건. 삼국통일 뒤 당나라 고종이 신라를 침공하려 했지만, 명랑스님이 이곳 신유림(神遊林)에서 문두루(Mudra) 비법(祕法)이라는 밀교의식을 행하여 물리친 뒤 정식 가람[절]을 조성하였다. 나라에서 관리·보수하기 때문에 주무 관청인 사천왕사성전(四天王寺成典)을 두었다.

고려 문종 28년(1074) 7월에는 거란 병사를 물리치려고 이 사천왕사에서 27일 동안 문두루도량을 베풀었다. 고려 공양왕 2년(1390)에 하륜(河崙)이 이 절에 머문 기록이 『신증동국여지승람』에 실려 있다. 『조선왕조실록』 태종 7년(1407) 12월 2일 기록에는 총남종 사찰의 하나로 계림의 천왕사가 포함되어 있으니 15세기 초까지 어떤 형식으로든 법맥이 이어져왔다. 그 뒤 김시습이 경주의 고적을 순례하던 1462~1465년 즈음에는 살림집들이 들어서 있다고 썼으니 15세기 중엽에는 폐사가 되었다.

사천왕사 발굴(2006~2012) 결과 금당은 한 번 증축되었으며, 나무탑은 탑을 세운 이후 폐탑이 될 때까지 덧공사는 없었다고 한다. 경명왕 3년(919)에 사천왕사 흙상의 활줄이 저절로 끊어졌다는 『삼국사기』의 기사는 10세기에 들어와서 신장상이 훼손되기 시작했음을 알려준다.

(3) 스님의 놀라운 솜씨

'탑 아래의 팔부신장상'

　돌탑의 경우 팔부신장상은 윗받침중간돌[上臺中石]에 배치되어 있으나, 사천왕사탑은 나무탑이므로 팔부신장이 놓였다는 '탑 아래'가 어디를 가리키는지 정확히 알 수 없다. 팔부신장은 불교를 지키는 여덟 수호신, 즉 천(天)·용(龍)·야차·아수라·가루라·건달바·긴나라·마후라가이며 '팔부중(八部衆)'이라고도 한다. 사천왕사터 출토 신장상은 국립경주박물관에서 잘 복원·관리하고 있는데, 이를 두고 학계에서는 사천왕상·팔부중상 또는 '호탑선신(護塔善神)'이라고도 하여 소견이 엇갈리고 있다. 그런데 사천왕사라면 사천왕이 가장 중요한데 목탑 아래에 이 신장상을 봉안할 리는 없다고 한다. 발굴결과에 따르면 사천왕이나 팔부중이 아니라 나무탑 조성 당시 기단 면석으로 사용된 부재라고 한다. 일연스님은 이것을 보고 팔부신장인 줄 알고 그렇게 적었다나.

　법림사에 대해서는 알려진 바 없다. '금강신'은 금강역사다.

경주 사천왕사터 출토 녹유신장(출처: 국립경주박물관)

경주 석장사터 출토 연기법송명 탑상무늬 벽돌(©최희준)

부처 새긴 벽돌탑

『삼천불』은 석장사터 출토 탑무늬벽돌에 돋을새김 된 불상들을 말한다고 함은 미술사학계의 공통된 견해다. 돋을새김 하는 방법에는 틀을 만들어 형상을 「눌러 떠내는」 방법이 있고, 문양을 찍어내는 것이 있다. 후자의 방법으로 된 석장사터 무늬벽돌 중에는 긴네모꼴의 테두리 윗부분에 불상 10 분, 아랫부분에 불탑 10 채를 얕게 새기고 탑과 탑 사이에 「諸法從緣起 如來說是因 彼法因緣盡 是大沙門說 (모든 것은 인연 따라 생겨난다고 부처님은 설하셨다. 그 모든 것은 인연 따라 소멸한다 하시니, 이것이 우리 부처님의 가르침이다)」을 좌우뒤집힌 글씨[左書]로 새긴 연기법송(緣起法頌)탑상무늬벽돌이 있다. 양지가 조성한 삼천불 가운데는 이 연기법송탑상무늬 벽돌이 포함된다고 발굴자는 보았는데 연기법송탑상무늬벽돌은 후대 것이라는 반론도 있다. 사리 대신 부처님의 말씀인 법사리(法舍利) 즉 불경을 탑에 모심은 7세기 후반에 인도 및 서역에서 유행하였다. 이러한 연기법송은 황룡사구층탑 심초석 사리구멍에서 나왔다는 은판(銀板)에도 새겨져 있고, 서산 보원사터 오층석탑 사리외함에도 보인다.

영묘사 장육존상 빚기

소조상(塑造像)의 기법으로는 진흙을 손으로 주물러서 살을 붙이고 대나무칼 등 연장을 써서 미세한 부분을 조각한 것과, 일단 이러한 방법으로 형상을 만든 뒤에 완성된 조각을 진흙으로 다시 떠서 틀을 만들어 실제로 바라던 형상을 틀에서 눌러 떠내는 방법이 있다. 전자는 대개 장육상 같은 단순한 형태의 큰 원각상(圓刻像)을 만들 때 쓰는 방법으로서, 여러 부분으로 잘라서 불로 구운 뒤 구멍을 뚫어 다시 짜맞추는 경우가 많다. 이러한 예로는 충청남도 청양군에서 발굴된 소조받침[塑造臺座]과 경주 능지탑에서 발견된 불상 등이 있다. 후자의 방법으로 만든 것으로는 평양 원오리출토 불·보살상이 있고, 이웃 토성리에서는 보살상 거푸집 조각이 발견되었다. 이외에도 부여 부소산출토 소조부처머리, 정림사터 출토 흙상 등이 있다. 『삼국유사』에 흙상이 보이는 조목은 동경흥륜사금당십성·낙산이대성·천룡사·대산오만진신(탑상편)·원효불기(의해편)·염불사(피은편) 등이다.

양지스님은 삼매중에 친견한 부처님 모습을 흙으로 성형해나간다. 밑그림을 받아오거나 자신이 미리 그려보는 일반적 방식과 달리, 그는 선정(禪定) 속에서나 가능한 작품활동을 해나갔다.

(4) 풍요라는 향가

'풍요'의 유래

노래의 내용에 대해서는 잠시 미루고, 이 노래에 대한 일연의 평설을 다시 보자. "풍요는 … (건너뜀) … 오늘날까지도 그 지방 사람들이 소리 내어 방아 찧거나 힘든 일 할 때 모두 이 노래를 부른다." 했으니 일연 당시에 생겨난 노래는 아니다. 민요가 그렇듯이, 막연한 옛노래로서 지금도 풍미(風靡)/유행하는 노래[요(謠)]다. 가사 속에는 '공덕'이 있으니 절에서 말미암았을 듯. 고려시대 사람들이 아는 한, 시대를 통틀어 가장 소문난 불사는 영묘사 창건이다. 규모에서야 황룡사나 불국사·석굴암 등이 영묘사 못지 않겠지만, 그 공사의 설계·시공·지휘를 모두 맡은 도목수[大木]이자 고승인 분의 이름까지 알 뿐 아니라 당시 일터의 광경까지 소상히 전해오는 예는 영묘사밖에 없다. 일연의 추정이 맞는지 어떤지는 두고 볼 일이지만, 영묘사 창건 때라고 전해지는 '일노래[노동요]'가 일연 당시에도 어김없이 불린다는 사실이 범상치 않다.

절간이나 마을에서 들은 이야기를 놓지지 않고 『삼국유사』에 적어놓은 일연은 당시 민초들의 노래에도 꼭 같은 관심을 보였다. 그리고 그의 고증벽(考證癖)은 그 노래의 연원이나 배경을 되도록이면 적어두는데, 서동요에서 보듯이 빗나간 경우가 없지 않다.

향가 '풍요'는 일노래[勞動謠]인가 공덕노래[功德歌]인가?

연구사를 돌이켜보면, 풍요의 성격에 대해서 풍요의 '풍'이 『시경』의 갈래인 풍·아·송 가운데 하나와 같은 말이라는 점에서 "당시 민요로서 유행하던 것이 채록된 듯 하다. 따라서 작자는 알 수 없다."라고(조윤제, 『조선시가사강』) 했다. 풍요가 민요일진대 그 지은이를 지목한다면 오히려 이상하다. 특히 그 작사자가 양지스님이고, 그가 영묘사 지을 때 노력봉사하여 공덕 닦으라는 권선(勸善)을 했다면, 이후 고려후기에 와서 방아 찧거나 힘든 일할 때 불리어질 가능성은 희박하다. 노동요든 공덕가든 그것은 일정한 분위기 속에서 불리어진다는 점을 인정한다면, 풍요는 처음 불릴 당시에도 노동요였다고 생각된다. 이후 영묘사를 지을 때는 불교색채의 노랫말이 더해졌을 터이다. 공덕 쌓는데 서럽거나 설움 어쩌고 노래한다면 지나치게 현학적으로 들릴지는 모르겠으나, 일노래의 기능과 사설이 반드시 일치하지는 않는다. 그래서 적극적 포교 의지가 담긴 노동요라고도 하는데 얼마나 의지가 관철되었는지는 모를 일이다. 한편 고승 양지가 중심이 된 울력[노력동원] 때의 노래에 '공덕'이라는 노랫말이 있으니 오히려 공덕가라고 주장할 만도 하다. 실은 불승 일연의 처지에서는 양지스님의 신기(神技)를 자랑하면서 공덕가 성격의 풍요를 '자기 나름'으로 받아들였고, 그것이 나중에 와서 노동요로 쓰이게 되었다고 주장해야 <양지(사석)>전기를 둔 배경과 맞아떨어진다. 공덕가라는 주장이 틀렸다고 하기보다는 너무 일연의 안목에 기울어진 해석이다.

풍요가 영묘사 공사에 동원된 백성들의 노래라고 한다면, 이와 같은 문학적·종교적 해석을 내릴 여지는 거의 없어지고 대신 국가권력의 굴레에 매여 있는 백성들의 절박한 상황이 토로되었을 것이다. 다시 말하면 슬퍼하는 당사자는 노역이 부과된 사람들이다. 이러한 의미에서, 사녀(士女)란 역(役)을 담당한 계층 즉 양인 신분이라는 주장이 있다. 「오다」가 거듭 중복된 것은 날마다 공사장에 나오고, 너나없이 일터에 나오는 정경의 표현이다. 그렇다면 「공덕 닦는다」는 말은 냉소적·역설적 표현이다. 이렇게 보면 당시 널리 유포되어 있던 민요를 양지스님이 변용했다고 보기는 어렵지 않을까.

(5) 기타

'민공(民貢)' 기와글자가 말해주는 것

석장사터에서는 이러한 문제를 풀어줄 유물/단서가 나왔다. 좌우로 뒤집어 「民貢」이라고 쓴, 너비 12x15cm, 두께 2.5cm의 글자기와 조각이 그것이다. 이 명문 와편은 기와 만들기를 위시해서 절을 짓는 데 「民」이 「貢」을 부담한 것 즉 민초들이 노동력 차출[力役(역역)]에 동원되었다는 사실을 말해준다. 물론 이 기와조각이 나온 곳은 영묘사터가 아니다. 이 점에 대해서는 다음과 같이 생각할 수 있다. 첫째, 영묘사 기와를 양지스님이 석장사에 가져다 썼다. 둘째, 원래부터 석장사에 쓸 목적으로 만들었다. 둘째의 경우라도 역시 시사하는 바 크다. 양지 자신이 거처하는 적은 규모의 절 공사도 공역(貢役)으로 이루어졌는데, 나라절[國刹] 영묘사가 국가권력과 무관하게 지어졌다고 보기는 어렵다. 영묘사는 나라에서 그 운영부서[成典]를 두어 직접 관리하던 성전사원이며, 한 때 행랑채에 까치집 34개와 까마귀집 40개가 있을 정도의 규모였다(『삼국유사』기이, 효공왕). 석장사 유물 중에는 그밖에도 「官長(관장)」이 새겨진 벽돌이(12x21.5, 두께 7.5cm) 있다. 이것 또한 석장사, 더 나아가 양지가 관여한 사찰의 공사가 관변 주도로 이루어졌음을 말해주는 좋은 자료다.

노랫말의 향찰 표기 「哀反多羅(애반다라)」를 향가연구 초창기에는 「서럽더라」라고 해독했는데, 점차 「설움(슬픔) 커다(많아라)」식(式)의 해석이 우세해지고 있다. 오늘도 계속 흙을 져 나르는데 과거 일을 회상조(回想調)로 말하는 것은 어울리지 않는다. 방앗일을 위시하여 힘든 일이란 대개 반복되는 단조로운 노동이다. 설움이 많다고 말하는 편이 일노래의 뜻에 더 잘 부합된다. 그러면 공덕은 무엇이란 말인가? 반어법으로 되물어서 '공덕(이라니)?' 정도가 될 것이다.

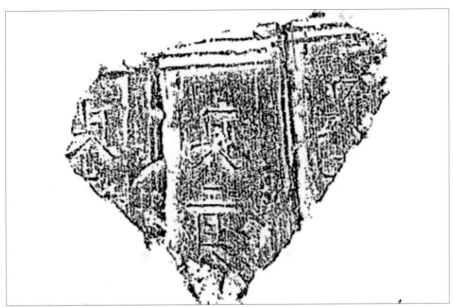

경주 석장사터 출토 '민공' 기와 글자 탁본

　참고로, 경복궁 새로 짓기에 관련된 노래를 생각해보자. 경복궁 중창은 영묘사
창건과 비록 시대가 떨어져 있지만 양지사석조를 이해하는 데 시사하는 바 크다.
두 공사는 모두 국가 주도로 이루어졌고 수많은 민중이 동원되었다. 경복궁 중건
에 대한 통치계급의 평가는, 그것이 하늘의 뜻[天心]과 백성의 마음[民心]이 합치되
어 이루어졌다 한다. 그래서 「오래지 않아 완성되었고 … 뭇 백성들이 자식처럼
몰려왔다(不日成之 … 庶民子來)」고 하였다(경복궁가·경복궁창건가·경복궁영건가). 하지
만 백성들의 원성은 소박한 민요풍으로 이를 풍자·비방하였다(경복궁타령). 양지사
석조 전체는 국가 및 불교측의 처지를 의심할 수 없을 정도로 잘 반영하였다. 그
러나 풍요가 실림으로써 틈새가 보여 그 반대의 진실을 보게 되었다. 마치 신라
유리왕 때 길쌈이라는 고된 노역을 누가 잘 하는지 내기 시켜서 사료상으로는 춤

과 노래·오락까지 동반되는 잔치로 포장하였지만, 한 여인의 슬픈 노래 회소곡(會蘇曲)이 내기놀이의 진실을 누설하고 있는 현상(『삼국사기』 유리이사금 9년)과 흡사하다.

'相'이라 쓴 글자

'今土人春相'에서 마지막 글자 '相'의 '目'부를 '臼' 식으로 쓴 예는 『삼국유사』, 탑상, <삼소관음중생사>의 '形則逼眞矣'에서 '眞'자의 '目'부가 그러하다. '相'은 방아 찧을 때 메기는 소리[送杵聲. 口令]다.

장육존상의 비용

『삼국유사』 영묘사장륙조에는 「장육존상을 다시 금칠하였는데 조(租) 23,700석이 들었다」라고 하였다. 23,700석이 본문대로 불상을 처음 만들 때의 비용인지, 아니면 다시 금칠할 때의(경덕왕 23년, 764) 비용인지는 알 수 없다. 개금 비용을 조세로 충당하였다면 이러한 사정은 처음 만들 때도 별반 다르지 않았을 것이다. 그렇다면 영묘사 창건을 위해 조세로서 곡물을 징수하고, 아울러 노동력을 동원했다. 다시 금칠한 것으로 보아 원래도 도금을 입혔던 것 같다. 흙불상에 도금한 예는 경상북도 영주시의 부석사소조여래좌상에서 볼 수 있다.

삼국유사 깊이 읽기

일곱째 마당.
문무왕과 대왕암

-〈만파식적〉

신은 어디에든 있다.
세상 만유에 신성하지 않은 것은 없다.

신동흔, 『살아 있는 한국 신화』

(1) 대왕암과의 인연

처음 답사한 뒤 저서를 내기까지

1970년대 초, 대학시절에 학과 답사로 경주 감포의 대왕암을 처음 찾았을 때는 말 그대로 '동해 바다' 그 자체였다. 인가가 하나도 없었고, 오가는 사람 없기도 마찬가지. 쪽빛 하늘과 그보다 짙은 바다를 배경으로 다시 듣는 문무왕의 대왕암 전설은 또 하나의 감동이었다. 그뒤 경주를 이따금 가게 되면서 참배객이 오는 날짜가 거의 정해져 있다는 것과, 그것도 음력 초하루와 보름날 밤에 주로 이루어진다는 사실을 알게 되었다. 호기심이라고 할까, 학구열이라고 할까, 나는 1993년 음력 7월 초하루 야밤에 대왕암을 찾아 나섰다. 몇 무리의 무속인과 신도들이 기도하는 광경을 접하고, 그 가운데 한 여성 무속인(P보살님)에게 도대체 누구를 향해 무엇을 비느냐고 물어보았다. 곧바로 "대왕님과 그를 수행하는 신중들께 소원을 빌고 있지요."라고 정확히 대답하여 충격을 받았다. 사실과 진실 사이의 갈등이자 역사와 신화의 갈등이었다.

1980년대부터 20여년 강원도에서 교편을 잡고 있으면서 나는 답사를 수시로 하는 편이었다. 지명이나 마을제사 그리고 그들이 들려주는 신화·전설에서 나는 의외로 많은 '대왕님'을 만났다. 대왕암은 경주에만 있는 게 아니라 전국적으로 분포하고 있음을 문헌이나 현지조사를 통해 알게 되었다.

2001년 나는 <문무왕과 대왕암>이라는 논문을 발표하여 일본인 학자들에게도 우송했다. 지금 이 글과 같은 제목이니 오랜 인연이다. 졸고가 영향을 미쳤는지는 알 수 없으나 이후 일본인들 글에서 대왕암을 내세우는 예를 보지 못했다. 종래 그들은 고대 한국과 일본의 국력을 비교할 때는 곧잘 광개토대왕비문과 문무왕 대왕암을 거론해왔다. 이 '왕릉'에 미련을 못 버리는 우리 학계의 일부와 대조적이다.

역사연구자로서의 사명인지, 좋은 의미의 운명인지 몰라도 나는 거듭 '대왕'에 대한 보고서나 논문을 쓰게 되었다. 그것을 모아서 2008년에 거의 400쪽에 달하는 『한국 대왕신앙의 역사와 현장』이라는 제목의 저서를 출간하였다. 어느 지자체에서는 나를 지정하여 오리무중의 대왕암(문무왕비의 해중릉)에 대한 해결사로 나와 달라고 하여 '참전'한 적도 있다. 이 글은 지난 한 세대 동안 고민하고 발품을 판 결실이다.

어느 미술사학도와 만나다

1990년 전후 나는 시간 나면 경주 답사를 했다. 하루 이틀에 둘러보고 오려면 아무래도 현지인의 안내/도움이 필요했다. 1992년 봄 어느 화창한 봄날 단석산신선사 답사가 예정되어, 평소와 마찬가지로 동국대학교 경주캠퍼스의 H 군과 시내에서 만나 필름을 산 뒤 시외버스를 탔다. 당시의 교통사정은 오늘날과 격세지감이 있다. 신작로에서 내려 우중골을 걷는 데만도 한 시간 남짓.

단석산은 경주시민은 물론 이웃 고장에서도 즐겨 찾는 명산이다. 산자락에 도착했지만 일정 때문에 쉴 수가 없었다. H군에게는 미안했지만 바로 본격 등산을 시작했다. 우리는 신선사 경내 마애불에 도착할 때까지 한 번도 쉬지 않았다.

"나와 답사를 가면 내 페이스를 따라 오는 사람이 없는데, 자네는 어찌 그렇게 잘 걷지?"

그 학생도 같이 산을 오르면서 계속 궁금했단다.

"선생님은 나이도 있으신데 어찌 그렇게 산을 잘 오르세요?"

"나는 산을 좋아하는 사람이고, 해외 원정도 다녀왔어."

"어쩐지 … . 저는 고등학교 때 마라톤 선수였습니다."

그렇게 잘 걷는 학생과 다음 해에는 감포 대왕암에서 토함산 석굴암 즉 동해에서 신라 동악(東岳)까지 걸었다. 대종천을 만나면 바지를 걷어올리고 신을 든 채 건너, 장항리 절터를 지났다. 답사는 그렇게 하는 것이다. 대왕님께 출발을 고한 뒤 종일 걸어, 산 넘고 물 건너 이윽고 석굴암에 이르자 울컥 눈물이 나오려 했다. 오체투지를 누가 시켜서 하랴? 나는 처음으로 신라인이 되어, 신라인의 마음으로 진정한 답사를 했다.

H군은 해마다 문무대왕이 돌아가신 날 동아리 동무들과 대왕암 모래밭에서 제사를 지낸단다. 도대체 그 기일(忌日)이 언제냐고 물었더니 『삼국사기』에 나와 있는데 7월 초하루라고. 칠흑같이 어두운 밤에 학생들이 시외버스를 타고 … .

(자네는 역사공부를 온 몸과 마음으로 하는구먼. 크게 될 청년학도!)

더 놀랐던 것은, 멀리서 댕바우[대왕암]를 보고 절만 하는[望海] 데 그치지 않고 동무들은 남겨둔 채 대왕바위까지 헤엄쳐 가서 문무대왕과 '접속/스킨십'을 하고 온단다. 어느 해는 바위에 거의 도달할 즈음 갑자기 힘이 빠져 수장(水葬)될 찰나에 대왕님이 손을 잡아주시어 살아돌아왔다고.

"선생님, 대왕님은 정말 바다에 살아 계십니다!"

나는 이 말을 부정하거나 허틀게 듣지 않는다. 그 대왕이 동해대왕 즉 해신(海神)인 한.

아름다운 신념과 뜨거운 열정! 마라톤 선수가 언제 수영까지?

알고보니 그는 제주도 사람이었고, 지금은 모교에 자리 잡은 한정호 교수다.

가슴 벅찬 발견 - 세계 유일의 해중릉?

대왕암은 경상북도 경주시 양북면 봉길리에 있는 신라 제30대 문무왕의 바닷속 무덤[海中陵]이라고 한다. 사적 제158호로서 대왕암이 위치한 곳은 경주 감포 해변에서 200m 떨어진 바다에 있다.

이 바위를 두고, 고유섭 선생은 1939년에 <나의 잊히지 못하는 바다>와 이듬해 <경주기행의 일절>이라는 글을 발표하였다.

> 경주에 가거든 문무왕의 위적(偉蹟)을 찾으라. 구경거리의 경주로 쏘
> 다니지 말고 문무왕의 정신을 기려 보아라. 태종무열왕의 위업과 김
> 유신의 훈공이 크지 않음이 아니나 이것은 문헌에서도 우리가 기릴
> 수 있지만 문무왕의 위대한 정신이야말로 경주의 유적에서 찾아야
> 할 것이니 경주에 가거들랑 모름지기 이 문무왕의 유적을 찾아라.
> … 무엇보다도 경주에 가거든 동해의 대왕암을 찾으라. (<경주기행의
> 일절>)

선생의 말씀은, 일제강점기의 암울한 시기에 겨레의 정기를 일깨워준 큰 가르침이었다. 그 뒤 1960년에 나온 『감은사』 발굴보고서에는 해중릉 및 왜병을 진압하기 위해 절을 세웠다는 기록이 거의 사실로 받아들여졌다. 1964년 신라오악학

감포 대왕암항공사진(©오세윤)　　　　　경주 감포 대왕암(©오세윤)

술조사단이 발족되자 대왕암에 대한 학술 논의는 활기를 띠었는데, 주된 쟁점은 봉길리 앞바다의 대왕암이 신라 문무왕과 어떤 관계가 있느냐는 것이다. 신문 보도에 따르면, 거북등 모양으로 눌러놓은 바위(3.7x2.6, 두께 1.45m) 밑에는 납골함이 있다는 주장이다.

　해중왕릉[유골봉안처]이라는 주장의 근거는 이렇다. 첫째, 문무대왕 해중릉의 구조는 암초 중앙부를 파내고 육지에서 운반하여 온 '한 장의 거대한 돌'을 안치하여 그 밑바닥에 뼈를 봉안한 것으로 보인다. 둘째, 이 중앙부에 물을 가두기 위해 인공을 가하여 동서로 긴 물길을 마련하였는데, 바닷물이 차고빠짐에 따라 물은 동쪽에서 들어와 중앙부에 모이고, 다시 서쪽으로 흐르게 높낮이를 잡았다. 셋째, 중앙부에 놓인 '한 장의 거대한 돌'은 정확하게 남북 방위에 따라 안치된 사실에서 미루어 세심한 배려가 따랐다. 넷째, 암초의 둘레에는 크고 작은 열둘의 암석이 돌출하고 있어서 자연의 배치이기는 하나, 혹시 십이지신장의 호위같은 의미를 부여할 수도 있다.(황수영,『신라의 동해구』)

반론이 없을 수 없다. 원문의 '뼈 갈무리한 곳[藏骨處]'을 '장례처[葬骨處]'로 해석하였고, 장사지내고 뼛가루를 뿌렸다면[散骨] 대왕암에 어떤 특별한 장치도 필요하지 않았으며, 과연 어떤 인공적인 흔적도 발견할 수 없다(이병도,『국사대관』).

첫째, 구조면에서 돌함[石函]을 덮고 있다고 믿어온 복개석 밑에는 공간이 있고, 복개석의 일부만 밑바닥에 접해있어 뚜껑돌이라고 보기 어렵다. 둘째, 왕릉의 뚜껑돌이라면 적어도 다듬어져 있어야 할 텐데, 그러한 흔적이 없는 자연석이다. 셋째, 이 뚜껑돌도 실은 주위의 병풍처럼 둘러쌓인 돌에서 떨어져 나온 것이다(남천우,〈문무왕의 수중릉에 이견 있다〉).

그밖에도 배수로 고안설에 대하여, "그 용의 출입구는 서쪽, 즉 육지 쪽을 향하고 있으며, 일본 쪽을 향하고 있지 않다. 그는 도리어 일본 쪽에는 등을 보이고 있는 것이다"(김원룡,〈문무왕릉의 성격 … 〉).

증명되지 않은 하나의 가설이고 추측일 따름 … 거북돌 밑에는 아무 것도 발견되지 않았다. 그렇다고 납골 장치에 대한 성실한 발굴도 하지 않았다. 바윗돌이 갈라진 것은 인공인지 자연현상인지 증명할 수 없다. 인공이었다 하더라도 1300년간의 파도에 부딪혀 다시 자연스런 모습이 된다. … 신문사의 '기획 상품'이고, 박정희 정권이 조장한 군사영웅사관의 일환이다. (유홍준,『나의 문화유산 답사기 1』)

탐구심은 어쩔 수 없는 법. 당시에도 남 교수는 물속으로 들어가서 본 뒤 스케치한 그림을 실어놓을 정도였다. 그뒤 인터넷에는 자신이 군 복무 때 익힌 잠수기술로 들어가 보았더니 아무 것도 아니었다는 글을 올린 이도 더러 있다.

지금까지 나온 반론은 당연한 의문을 제기한 것이며, 물속에 들어가서 본 이들의 과학적 태도도 높이사주어야 한다. 그럼에도 어느 한 쪽이 쉽게 승복하지 않는 까닭은 논의의 초점이 빗나갔거나 미진하기 때문은 아닐까?

(2) 사료 읽기

『삼국사기』와 『삼국유사』의 기록

'바닷속 문무왕릉'설에는 사료 취급에 문제가 있다. 첫째, 『삼국사기』와 『삼국유사』는 각기 다른 역사책일 뿐 아니라 문무왕(661~681) 장례에 대한 기술 내용도 서로 다른데 이를 종합하여 '필요한' 결론을 도출했다. 둘째, 『삼국사기』 문무왕 21년의 돌아간 기사(아래 <문무왕본기>로 줄임)를 자의적으로 해석하였을 뿐 아니라, 서로 이질적인 본문과 끼움주[夾註]의 '세상에 전해지는 말(俗傳)'을 구분하여 보지 않았다. 셋째, 『세종실록지리지』 이후의 각종 지리지나 문집 등 후대 자료를 가지고 고려시대의 역사책 해석에 원용하였다.

아래는 『삼국사기』 문무왕본기 21년조.

> 7월 1일에 왕이 돌아가시자 시호를 문무라 하였다. 뭇 신하들은 (왕의) 유언에 따라 동해 들머리의 큰 돌 위[東海口大石上]에서 장사지냈다. 세상에 전해지는 말[俗傳]이, 왕은 돌아가시어 용이 되었으므로 그 돌[其石]을 가리켜 대왕석[大王石]이라 한다. 유언 하시기를 (건너 뜀) 임종 열흘 뒤 고문[庫門] 바깥뜰[外庭]에서 인도[西國] 식으로 화장 하여라!

장례가 치러진 큰돌[大石]을 항간에서는 대왕석이라 불렀다고 이해하기 쉽지만, 자세히 보면 '속전'은 『삼국사기』 편찬 당시의 전승이므로, '그 돌'이 반드시 앞 문장의 '큰 돌'을 가리키지는 않는다. '그 돌'은 오히려 용이 되었다는 돌을 가리킨다. 이어 <속전>의 타당여부에 대해서는 더 이상 언급하지 않고, 다시 유언의 내용을 소상히 기록하고 있다. 그 요지는 이렇다. 자신은 수많은 전쟁을 감행하여 드디어 어진 정치를 이루었으니 여한이 없다. 그렇지만 자신도 어쩔 수 없이 죽음에 이르렀으니 태자가 왕위를 곧바로 계승하여 의(義)와 예(禮)를 행할 것, 죽은 뒤의 호화로운 분묘는 부질없는 짓이니 장례를 검소히 할 것 등. 장례 장소와 격식에 대해서도 구체적으로 지시하고 있다.

문무왕의 유언을 앞의 장례 기사와 대비시켜보면, 장례 장소인 '고문 바깥뜰'이 곧 '동해입구의 큰돌 위'이라는 등식이 성립된다. 화장터를 가리키는 두 곳은 얼핏 보아 서로 다른 곳을 말하는 것처럼 보인다. 하지만 별개로 끼어든 속전에 굳이 구애받을 필요가 없다. 일반적으로 지칭하여 '동해 들머리의 큰돌'이지만, 구체적 장소로는 '고문 바깥뜰'이다. 마찬가지로 <속전>을 의식하지 않는다면 '동해 들머리'를 반드시 '바다 가운데[海中]'로 볼 필요도 없다.

황수영 선생은 '고문 바깥뜰'을 경주시 배반동의 능지탑(陵只塔) 지점으로 비정한다. 능지탑의 유구가 탑묘(塔廟)의 성격을 띠고, 여기에서 숯이 나오며, 이웃 사천왕사터에서 문무왕빗돌[文武王碑] 조각이 나온 것, 이 빗돌이 꽂혀진 거북돌의 머리가 북향(대왕의 탑묘 방향)하고 있는 점, 신라 사람들이 문무왕의 화장터를 그냥 방치할 리 없다는 점 등이 그 이유다. 그밖에도 '능지'는 『동경잡기』에 나오는 '능지(陵旨)'와 동일한 지명이며, 능지탑이란 '陵의 塔'이란 의미이고, 마을사람들이 이 일대를 '고문뜰'이라 부른다는 것 등으로 위 주장은 보강되고 있다. 그러나 능지탑설에 대하여는, 사이토오 다다시(齋藤忠)가 1937년에 이 유적을 조사하여 막연히 화장터로 추정해본 것이며, 경주 주변에 '陵旨'(陵只 아님)란 지명이 여럿 있으므로 삼산오악(3山5嶽)학술조사단이 화장터임을 증명하려는 시도는 무리가 있다는 반론이 제기되었다(강우방, 「능지탑 사방불 소조상의 고찰」). 무엇보다도 능지탑이 문무왕의 탑묘로 세워졌다면, 그것은 검소한 장례를 바랐던 왕 자신의 유언을 거역한 것이 아닌가.

'고문'에 대해서는『동경통지』(1933) 궁실조에 비교적 자세히 나온다. 신라 왕궁의 여러 문루를 열거하고 있는데 맨 나중에 '고문'을 설명하고 있다. '고문'은『삼국유사』에 두 번이나(문무왕 법민, 경덕왕·충담사·표훈대덕)나오는 '귀정문(歸正門)'으로서 궁궐의 서쪽에 있고 왕궁에서 가장 멀리 떨어져 있는 문(루)라고 한다. 다른 근거를 제시하고 있지는 않으나 유언을 말하는 계제에 찾기 어려운 곳이거나 일상에서 벗어난 곳을 말하지는 않을것이다.

'동해 들머리'에서의 장례 형식에 대해서도 이를 간직한다는 '장(藏)'으로 보고 혹시 바다와 관련하여 억측이 나올 수 있다.

> 『삼국사기』에 "뭇 신하가 유언을 따라 東海口大石上에 葬하였다"고 보이며,『삼국유사』왕력에도 "능이 감은사 東海中에 있다"고 하였다. 위의 두 기록만으로도 대왕릉의 소재를 말하기에 넉넉한데 다시 이 海中大石을 가리켜 대왕암이라 불러왔으며, 혹은 장골처(藏骨處)라고 전하여 왔다. 이와 같이『삼국사기』·『삼국유사』를 비롯하여 적지 않은 문헌이 모두 '葬' 또는 '장골'로서 일치되고 있으며, …(『황수영전집5 - 한국의 불교미술』, 127쪽).

우선 말하여둘 것은 위의 밑줄 친 부분은 정확한 인용이 아니다. 문무왕본기(海口大石上)와 고려후기의 스토리텔링『삼국유사』<만파식적(萬波息笛)>조의 글월(蓋遺詔之藏骨處名大王岩)을 조합하여 해설한 연구자의 서사(敍事)다.

문무왕본기의 '불로써 태우는 장례[以火燒葬]'을 보면 '葬'은 분명히 화장이다. 적어도 유언에서는 이 단계까지만 말하고 있다. 화장하여 뼛가루를 바다에 뿌렸음은 문무왕릉비문 뒷면 스무 번째 줄 '뼈를 부수어 큰바다에[粉骨鯨津]'라 명시된 바와 같다. 경진(鯨津)은 '고래가 살만한 바다' 즉 깊은 바다로서 '동해바다'일 터. 뼛가루와 바다가 조합된 장례형식에 대해서는 문무왕의 장례를 본받은 후대 왕들의 예가 참고된다.

6년(742) 여름 5월 왕이 돌아가시어 시호를 효성(孝成)이라 했다. 유언에 따라 널[棺]을 법류사(法流寺) 남쪽에서 태우고, 그 뼈를 동해에 뿌렸다.(『삼국사기』권9, 효성왕본기)

6년(785) 정월 왕이 말씀하셨다. "돌이켜 보건대 무슨 여한이 있겠는가? 내가 죽은 뒤에는 불교 법식에 따라 [시신을] 불태워 뼈를 동해에 뿌려라."(『삼국사기』권9, 선덕왕본기)

화장을 하더라도 유골을 뼈항아리[骨壺]에 담아 모실[藏骨] 수 있다. 신라 하대 효공왕과 신덕왕의 경우 화장하여 뼈를 잠현(箴峴)의 남쪽에 묻었다. 그렇더라도 모신 곳은 산기슭 즉 뭍이다. 문무왕의 유골을 바다 속에 안치했다면 적어도 뼈항아리 같은 장치는 있어야 한다. 그리고 바닷속의 그것을 보존하기 위해서는 육지보다 더 철저한 조치를 마련해야 한다. 바다 속의 돌널[石棺]을 조성하기 위해 거대한 뚜껑돌을 뭍에서 가져올 정도라면 이 정도의 안전장치는 하고도 남는다.

신라사회에서 화장은 임금들 뿐 아니라 유행에 앞서가는 상류계급이자 지식인들의 장사 풍속이다. '개원 7년(719)'에 중아찬(제5관등 아찬에 차등을 두어 더 올라간 위계) 김지성(김지전)은 돌아간 어머니 관초리 부인(66살에 사망)과 아버지 인장(仁章) 일길간(제7관등)의 명복을 빌려고 각각 돌미륵과 돌미타상을 하나씩 모셨다. 그 부모의 장례 시점은 이보다 앞서는 700년을 전후한 시기일 것이다. 장례 방식은 이들이 고인이 되자 동햇가에서 유골을 뿌렸다. 이러한 법식과 해당 장지(葬地)의 선구/선례로서 일연은 <남월산(감산사)>조에서 문무왕의 장례를 들고 있다. 이들 돌부처는 지금도 잘 남아 있는 국보 제81호 감산사석조미륵보살입상과 제82호 감산사석조아미타불입상으로서 불상의 등면에 새겨진 명문을 위의 <남월산>조는 적어놓았다. 문무왕의 장례 절차도 이들 귀족과 다를 수 없다.

사실에서 멀어진 서사(敍事)

<속전>이 가리키는 바는 문무왕이 물의 신령인 용(龍)이 되어 대왕석 그 자체이거나, 적어도 거기에 서리어 계신다는 서사다. 이것을 확대해석할 경우 대왕석(암)이 곧 대왕릉(뼈 묻힌 곳)이 되기 십상이다. 문헌상으로 '문무왕이 용이 되었다'는 말[爲龍說]은 <속전>에서 처음 보인다.

물에서 산다는 용으로 변신하는 것이 결코 바람직한 윤회는 아니라고 한다. 아래『삼국유사』문무왕법민조에서 본다.

> 유언에 따라 동해 가운데[東海中]의 큰 바위 위에서[大巖上] 장사지냈다. 왕은 평소 언제나 지의법사(智義法師)에게 "짐은 죽은 뒤 나라를 지키는 큰 용이 되어 불법을 숭상하고 나라를 지키려한다"고 하였다. 법사가 여쭈었다. "용이라면 짐승으로 태어나는 것인데 왜 그렇게 되시려 합니까?" "나는 세간의 영화에 질린 지 오래요. 비록 추한 응보로써 짐승이 된다 하더라도, 그것이 바로 짐이 바라던 바였소."

『삼국사기』에서 말한 문무왕의 장례터 '동해 들머리'는 어느새 '동해 가운데'가 되었으며, 『삼국유사』 왕력편에도 '능은 감은사 동해 가운데 있다[陵在感恩寺東海中]'고 되어 있다. 한갓 돌에 지나지 않는 '대왕석'이 '능'으로 바뀌었다.

'동해 들머리[東海口]'는 바다에 가깝거나 붙어 있는 뭍을 의미한다. '동해 들머리'와 '동해 가운데[東海中]'는 같은 의미로 쓰이기도 하지만, 문무왕 장례지의 '동해 들머리'가 '동해 가운데'의 뜻으로 쓰인다면 굳이 '동해 가운데'로 고쳐 쓸 이유가 없다. 문무왕의 유골을 대왕암 위에서 장사지냈다고 보기도하지만(大坂六村, 『慶州の傳説』), 상식적으로 보더라도 화장의 성격상 바다로 나아가서는 장례를 치루기 어렵다. 그럼에도 '동해 가운데의 큰 바위'라 한 것은 뒤에 나오는 용을 의식한 때문일 것이다.

'고문'을 '창고의 문'으로 보기 쉬우나, 그렇다면 매우 애매한 표현일 뿐만 아니라 '바깥뜰' 또한 해석하기 어렵게 된다. 이 문루의 '바깥 뜰'에서 화장한 뒤, 산골은 바다로 나가서 행하는 일련의 장례의식이 연상된다. 왕력편에서 '능은 바다에 있다'고 하였으니 그것은 통과의례로서의 장례가 아니라 항구적인 분묘 즉 '유골이 묻힌 곳'이다. 이와 같이 고려후기에 이미 문무왕 주검의 처리는 '바다 가운데'로 굳어졌다. 요컨대 해중왕릉설은 후대의 자료『삼국유사』 기사에서 도출된 것임을 인정한다면, '큰 바위 위'라 했으므로 수중릉이 아니라는 반박조차 필요하지 않다.

『삼국사기』 문무왕본기나 『삼국유사』 <문무왕법민>조 어느 경우든 장례기사는 한 차례에 한정되어 있다. 비록 그 위치는 차치하고라도, 『삼국유사』의 '능'이라는 기사를 받아들이려면 '燒葬' 기사에 대하여 어떤 식으로든 해명하지 않으면 안된다. 일부 선배학자들은 오히려 화장한 뒤 수장, 즉 이중장(二重葬)처럼 설명하여 사실과 사료로부터 더욱 멀어져갔다.

정리한다. 문무왕본기의 '큰 돌 위(大石上)'가 <속전>에서는 '대왕석', <문무왕법

민>조에서는 '큰 바위 위(大巖上)'으로 발전하여갔다. 서사는 여기에서 멈추지 않는다.

<만파식적>조

용이 된 문무왕을 증명하는 증거물로는 대왕암뿐 아니라 감은사, 이견대도 있다. 『삼국유사』 기이, <만파식적>조를 보자.

> 제31대 신문대왕의 이름은 정명(政明)이요, 성은 김씨다. 개요 원년(681) 신사년 7월 7일에 왕위에 올랐다. 아버지 문무대왕을 위하여 동해 바닷가에 감은사를 지었다. ('절간 기록'에는 이렇게 써놓았다. "문무왕이 왜병을 진압하려고 이 절을 짓다가 다 마치지 못하고 돌아가시어 바다의 용이 되었다. 그 아들 신문왕이 왕위에 올라 개요 2년에 공사를 마쳤다. 금당 섬돌 아래 동쪽으로 구멍 하나를 뚫어 두었는데, 용이 절에 들어와서 돌아다닐 수 있도록 마련하였다." 이를테면 유언에 따라 유골을 모신 곳이 대왕암이며, 절 이름은 감은사다. 나중에 용이 나타난 것을 본 곳을 '이견대(利見臺)'라 했다.)
> 이듬해 임오년 5월 초하루(어떤 책에는 천수 원년이라 하였으나 잘못이다)에 해관(海官) 파진찬 박숙청이 아뢰었다. "동해 바다에 작은 산이 떠서 감은사로 향해 오는데, 물결을 따라 왔다 갔다 합니다." 왕은 이를 이상히 여겨 일관 김춘질(혹은 '춘일'이라고도 쓴다)에게 점을 쳐보게 하였더니, 일관이 아뢰었다. "부왕(父王)께서 지금 바다의 용이 되어 삼한을 지키고 계시고, 또 김유신 공은 삼십삼천의 아들로서 이제 인간 세상에 내려와 대신이 되었습니다. 두 성인이 덕을 함께하여 나라 지킬 보물을 내어 주시려 하니, 폐하께서 바다로 행차하시

면 값을 헤아릴 수 없는 큰 보물을 얻을 것입니다." 왕은 기뻐하여 그달 7일에 이견대에 가시어 그 산을 바라보고, 사람을 보내어 살펴보게 하였다. "산 모양은 거북의 머리와 같은데 그 위에는 대나무 한 그루가 있어, 낮에는 둘이 되고 밤에는 합하여 하나가 됩니다(일설에는 산도 대나무처럼 낮과 밤에 따라 벌어지고 합해졌다고 한다)"라고 돌아와 아뢰었다. 왕은 감은사에 가시어 묵었다.

이튿날 정오에 대나무가 합해져 하나가 되자, 천지가 진동하고 비바람이 몰아치며 이레 동안 깜깜했다. 그달 16일에 이르러서야 바람이 그치고 물결이 평온해졌다. 왕은 배를 타고 그 산에 들어가니, 용이 흑옥대를 받들고 와서 왕에게 바쳤다. 왕은 용을 맞아 동석시키고 물으셨다. "이 산과 대나무가 갈라지기도 하고 합해지기도 하니, 무슨 까닭인가?" 용이 아뢰었다. "비유해 말씀드리면 한 손으로 치면 소리가 나지 않고, 두 손으로 치면 소리가 나는 것과 같습니다. 대나무란 물건은 합쳐진 연후에야 소리가 나게 되므로 성왕께서 소리로써 천하를 다스리게 될 상서로운 징조입니다. 왕께서 이 대나무를 가지고 젓대를 만들어 부시면 천하가 화평해질 것입니다. 지금 왕의 아바마마께서는 바다의 큰 용이 되셨고, 김유신 공은 또한 천신(天神)이 되셨습니다. 두 성인이 마음을 같이하여 이 값을 헤아릴 수 없는 큰 보물을 내시어 저로 하여금 바치게 한 것입니다." 왕은 놀라고 기뻐서 오색 비단과 금·옥을 하사하고, 사람을 시켜 대나무를 베어 바다에서 나올 때 산과 용은 문득 사라져 보이지 않았다. 왕은 감은사에서 묵고, 17일에 기림사 서쪽에 있는 시냇가에 이르러 가마를 멈추고 점심을 드시었다. 태자 이공(理恭. 효소왕)이 대궐을 지키고 있다가 이 소식을 듣고 말을 타고 달려와서 축하하고, 천천히 살펴보면서 아뢰었다. "이 옥대의 모든 장식은 모두 진짜 용입니다." "그대가 어찌 아는가?" 하고 왕이 물었다. 태자는 "장식 하나를 떼어 물에 넣어 보여 드리겠습니다!" 하고는, 왼쪽 둘째 장식을 떼어 시냇물에 넣으니 곧 용이 되어 하늘로 올라가고, 그 땅은 곧 못이 되었다. 이로 인하여 그 못을 용못[龍淵]이라 한다.

왕은 돌아와서 그 대나무로 젓대를 만들어 월성의 천존고에 간직해 두었다. 이 젓대를 불면 적병이 물러나며 질병이 낫고, 가물 때는 비가 오고 장마 때는 개이며, 바람이 가라앉고 물결은 평온해지므로 만파식적이라 부르고 국보로 삼았다. 효소대왕 때에 이르러 천수 4년 계사년(693)에 부례랑이 살아 돌아왔던 기이한 일로 인하여 다시 이름을 높여 만만파파식적(萬萬波波息笛)이라 했다. 자세한 것은 그 전기에 보인다.

해룡의 통로로 마련하였다는 구멍은 무엇인가? 이 또한 용이 된 문무왕을 증명해보이는 자료다. 발굴 결과 이 용혈(龍穴)은 건축공학적으로 밀폐된 지하 공간을 환기시켜 윗면에 마련된 건물을 유지하기 위한 장치로 추정된다고 한다.(조유전, 「감은사지 발굴조사 개요」) 범상한 사물이나 현상이 우연한 계기로 뜻밖의 증거로 와전·발전해갔다. 신라 경덕왕 때 강주(剛州) 미타사 지붕의 구멍을 두고 욱면이 이곳을 통해 극락으로 왕생했다는 설화가 그런 예다.(이 책 <아홉째 마당>에 실림)

<절간 기록>에서 "이를테면[蓋] 유언에 따라 유골을 모신 곳이 대왕암이며"라고 썼다. 그다지 문제될 성싶지 않은 이 변화는, 바다에 있는 대왕석이 거꾸로 문무대왕의 장례 기사에 영향을 주었다. 다시 한번 대왕암을 입에올린 자료를 보면,

경주 감은사터 삼층석탑과 금당터(ⓒ최희준)

예외 없이 그것이 정식·공식 왕릉 이름이 아니라는 것이 드러난다. 『삼국사기』에
서는 <속전>, 만파식적조에서는 <절간 기록>이라 쓰고, 후반부에서는 '이를테면
[蓋]'이라 말한 뒤 그 이름을 소개하고 있다. '이를테면' 이하는 <절간 기록>과는
별도로, 『삼국유사』 책쓴이를 포함한 당시 사람들의 인식 또는 판단을 적어놓은
것이다. 이것을 『세종실록지리지』에는 '시골사람들은 오늘날 대왕암이라고 부른
다(鄕人至今稱爲大王岩)'라고 '대왕암'을 명명한 주체가 누구인지를 명시하였다. 분
명한 것은 '대왕'뿐이고, '石'이나 '岩'은 쓰는 이의 편의에 따라 나중에 붙여졌다.

만파식적조는 고증면에서 보더라도 난센스가 없지 않다. 예를 들면, 태자 이홍
(理洪, 理恭)이 부왕에게 와서 축하하였다는 해는 그가 태어나기 5년 전이다. 따라
서 이 설화는 효소왕의 적통성과 권위를 내세우려 한 것이다. 어떻든 문무왕이 늘
바다에 사시면서 나라를 돕는다는 이야기는 왕의 사후 조금씩 살이 붙어 갔던 모
양이다.

『삼국유사』기이, <원성왕>조에는 왕의 재위(785~798) 시절 일본에서 만파식적을 얻고자 왔지만 "상대(上代) 진평왕 때 (그것이) 있었으나 지금은 없다."라고 하여 돌려보낸 뒤 내황전(內黃殿)에 잘 간직했다는 기사가 있다. 만파식적을 만들었다는 신문왕 때 이전에 이미 그 존재가 드러난다. 이후의 역사책에 동해 용왕이 바쳤다는 옥젓대[玉笛]에 대한 기록과 유물은 보이는데 대나무로 만든 만파식적에 대해서는 기록이나 실물 어느 것도 없다. 따라서 만파식적 이야기는 신문왕이 임금 될 자격이 있음을 보여주려고, 또는 원성왕이 중대 무열왕계 왕실을 극복하기 위해 지어낸 것이라고 학계에서는 보고 있다. 이렇게 허무맹랑한 자료에 따를 때라야 비로소 사후 용이 된 문무왕은 바다에 자신의 거처가 있을 것이니 '해중릉'의 존재야말로 안성맞춤이 아니겠는가. 시기적으로는 문무왕 사후 100여 년이 지난 원성왕대이다.

앞서 우리는 바다들머리 → 바닷속 → 왕릉으로 발전해간 기사를 추적하여 '큰 돌 위' → '큰 바위' 위 → 바다 속으로 장례터가 전개되어간 버전의 양상을 보았다. 왕릉의 위치가 사찰과 가까울 경우 특정 절을 중심으로 '사(寺) (동·서·남·북 네 방위)쪽에 장사지내다'라고 그 지점을 표시하고 있는 것이 일반적이다. <절간 기록> 및 왕력에만 '감은사(앞)'·'바다'라고 써놓았고, 문무왕본기에는 언급조차 없다. 따라서 문무왕릉이 감은사 근처라는 설도 왜병 모티프와 함께 나온 것으로 보아야 한다. 정리하면 아래 표와 같다.

	문무왕기	문무왕기의 속전 문무왕법민·만파식적조	삼국유사 왕력, 만파식적조의 <절간 기록>	
(화장)	○			큰돌 위
용이 됨		○		큰바위 위
왜병 막음			○	바닷속
모티프	→	→		장례·장골

→ : 전설의 생성·발전

해신(海神)의 신격(神格)

더 이상 영화를 바라지 않고, 소박한 장례를 당부한 <문무왕본기>의 유언은 <문무왕법민>조의 그것과 비교하면 많이 다르다. <문무왕본기>는 당대의 금석문 문무왕비문과 일치한다. 이후의 이야기 전개는 <속전>과 <문무왕법민>조를 바탕으로 진행되는 것이므로 - 신화를 논하는 것이므로 - 고려·조선시대 사람들이 추구하고 희망하는 '진실'이다. 이 진실의 마당에서 문무왕은 1인2역 또는 이중인격을 보임으로써 관객/독자를 당혹하게 만든다.

나라/삼한을 지키는 대룡(大龍)이며, 호국의 보물을 주시는 용은 스스로를 '추한 과보' 또는 '축생'이라고 했다. 용이 된 문무왕의 품행은 감은사 섬돌 밑의 구멍으로 드나드는 인격밖에 되지 않는다. 그런가하면 (동)해룡은 흑옥대와 만파식적 재료를 아들 신문왕에게 바치고[奉·獻] 있으며, 흑옥대 장식을 시냇물에 넣으니 웅덩이가 파이고 용은 하늘로 올라갔다. 본래, 동해신은 나라와 백성을 지켜주기도 하지만 때로는 심술을 부리므로 달래야하는 대상이다. 우리는 『삼국유사』의 수로부인 및 처용랑·망해사 이야기에서 동해신이 때로는 '위함(모심)'을 받아야하는 신격(神格)임을 안다. 선악(善惡)과 미추(美醜)를 겸비한 신의 모습은 산신이 때로는 호환(虎患)을 일으키는 데서 여실이 드러난다. 신의 적나라한 모습이고, 일관된 논리에서도 때로는 자유로운 것이 신화다.

미추이사금 3년(264) 2월에 왕은 동쪽으로 순행(巡幸)하여 바라기제사[망제(望祭)]를 지냈고[望海]', 특히 혜공왕 12년(776) 정월과 경문왕 4년(864) 2월에 각기 감은사에 행차하여 바다제사를 지냈는데, '망해'는 곧 (동)해신에 대한 경건한 의식이다. 무엇보다 <만파식적>조는 신문왕이 그 2년(682)에 이견대에서 동해에 떠 있는 산(바위)에 바라기제사 지낸[望其山] 내용인데 곧 망해와 다름 없다. 신라의 제왕들이 바다를 섬기고 모시는 제사의식에서 그 물리적 대상은 자연의 바다이지만 관념적 대상은 바다에 깃든/잠재하는 신이다. 관념적 대상은 시대와 필요에 따라 특정 인물로 바뀌치기된다. 동해신이 문무왕이라 했을 때 그는 더 이상 추물(醜物)일 수 없으니 보물을 하사하고 나라를 지키는 신격으로 격상한다.

그렇다. 거듭 모순을 보이는 문무왕의 모습과 신격이 실은 문무왕과 그 시대와는 무관한 신화다. 문무왕의 두 가지 유언이 전혀 별개, 서로 무관한 것처럼.

감은사·감응사(感應寺)

<만파식적>조 본문에서 명시했듯이, 신문왕은 돌아가신 아버지왕을 위해 바닷가에 절을 지었다. 이에 대한 부연설명이 <절간 기록>이다. 신문왕은 즉위한지 9개월 정도 지나 이듬해 5월에 감은사에 유숙하여 만파식적을 얻었다. 문무왕이 공사를 거의 이루어놓았기 때문에 가능한 일이다. 문무왕이 용이 되었다는 이야기는 급기야 감은사를 짓는 것까지도 신문왕이 발원한 것으로 진전되었는데, 그렇지 않으면 문무왕은 용이 될 자신을 모시고자 절을 짓는 셈이 된다.

'(부왕의) 은혜에 감사'한다는 뜻의 절이름 '감은'은 '용이 된 문무왕' 이야기를 유감없이 마무리하고 있으며, 절 지은 연기(緣起)를 절이름으로 풀이하고 있다. 그

런데 공식적이고 권위 있는 절이름 '감은(사)'는 달리 불리기도 하여 자기방어나 합리화이지는 않을까 하는 의혹이 든다. 신문왕이 아버지왕을 위해 지은 절임을 주장하려다보니 태어나지도 않은 효소왕이 아버지왕을 만나는 무리한 장면이 설정되었듯이 말이다. 이것이 오히려 사실에 가깝다면 '용(이 된) 왕'을 문무왕으로 한정하는 설정은 큰 손상을 입는다. 과연 '감은사'가 문제 절의 유일한 한자이름인가? 이숭인의 <초옥자전 병찬(草屋子傳 幷贊)>을 보면 그렇지 않았다.

> 불국사의 동쪽 봉우리에 올라서 동쪽 바다를 바라보고 <u>감응사(感應 寺)</u>에 들러서 용혈을 보고 이견대에 올랐다가 배로 대왕암에 이르렀다. 역시 동해의 기묘한 장관이었다. (『동문선』51)

이밖에도 조선시대 문집에는 의외로 '감응사'라고 쓴 데가 적지 않다. (동)해신이 부린 조화(造化) 또는 감화(感火)에 잘 응하는/따르는[應] 절이라는 뜻 아닌가? 이 해석 또한 '감은'과 마찬가지로 글자를 보고 나온 생각이다. 하지만 한자만을 쓰던 시대에 이 정도로 뜻이 판이한 절이름을 일상에서나 마을사람들이 썼을 것 같지는 않다. 이쯤에서 감은사 주변의 땅이름을 돌이켜보겠다. 대왕암이 있는 갯가를 '감포(甘浦)'라 하는데 한자 '甘'에 달리 뜻이 있는 것은 아니다. '감은'이든 '감응'이든 '감(感)'자를 보는 안목도 마찬가지다. 감은사가 있는 마을은 '용당리(龍堂里)'다. 아마도 동해신 용왕을 위하는 당집[神祠] '용당'이 본래 있었고, 문무왕은 동해용왕을 위해 이곳에 거국적으로 절을 지었는데, 그 절은 어느새 자신의 절같이 되고, 결국 문무왕 스스로가 용(왕)이 되는 순서가 문무왕·용왕·감은사 이야기의 본질이라는 결론에 이른다.

이 터는 문무왕·감은사 이전에도 미추이사금이 와서 바다바라기제사[望海]를 지낸 곳이며, 절이 생긴 뒤로는 혜공왕과 경문왕이 감은사에 와서 바다를 향해 망제(望祭)를 지내지 않았던가. 이들 바다제삿날은 대개 정월 아니면 2월인데 이 절기에 신라의 시조묘나 신궁 제사도 모시고 있어서 역시 나라제사의 일환으로 보인다. 다시 <만파식적>조를 보면 신문왕이 바다에서 대나무를 얻은 날이 5월 초하루며, 흑옥대를 받은 날은 보름 이튿날인 16일이다. 모두 민속 절일(節日)인데, 초하루와 보름에는 요즈음도 대왕암 모래밭에서 각종 비손을 올린다. 그들이 인격신 어느 대왕에게 기도하는지는 의문이다.

'감은사'가 '(신문왕) 아버지왕의 은혜를 갚기' 위한 절이름이 아니라면 비로소 '문무왕 콤플렉스'에서 벗어날 수 있다. 경북 영해지방의 동해 용왕은 왜적을 물리칠 뿐만 아니라 때로는 열두 섬을 쳐 없애서 농경지를 만들어주기도 하는 신화적 능력자다. 이 용왕은 다름아닌 김부대왕으로 알려져 있다(조동일, 『인물전설의 의미와 기능』). 왕이 용 되었다는 것 자체가 이미 상상의 세계이므로, 그 용이 역사상의 누구인지를 정하는 선택지는 열려 있다. 이야기꾼이나 듣는이들의 관심사나 시대에 따라 여러 (대)왕이 불려나오고 모셔진다.

내가 보기에 '감은사'나 '감응사'는 한자 뜻으로 지어진 절이름이 아니라 당시 불리던 이름을 한자로 옮긴 소리적음에 지나지 않는다.(첫째마당에서 논했던 환인·환웅의 같음 다름이 기억난다.) '감은'·'감응'이 소리값만 상통하지 한자 뜻은 전혀 별개인 것처럼 이런 식의 이름을 가진 절은 더 있다. 전국에 널리 있는 '감악사'는 監岳/紺岳/鉗岳寺 등으로 다양하게 쓴다. 경기도 파주의 감악사를 일명 '왕신사(王神祠)'라고도 하는 것을 보면 '감악'은 '감은'·'감응'과 마찬가지로 '신(神)'을 일컫는 고유어 '감'을 한자로 표기한 것이다. 지금까지 보아온 (바다)신이 (대)왕이듯이 왕신사의 '왕·신' 또한 겹말[同語反覆]으로서 '(산)신절[神寺]'이고 '왕절[王寺]'이다.

신라 중사(中祀)의 하나로서 학성산(鶴城山) 신을 선위대왕(宣威大王)이라 하는데

경주 감포 이견대(ⓒ최희준)　　　　　　　　이견대에서 본 대왕암(ⓒ최희준)

이 산의 다른 이름은 웅곡악(熊谷岳)이다(뒤에 나옴). 제사를 받는 '산신=대왕'을 웅(熊)이라 썼다. 즉 '곰·감'을 한자로 쓴 땅이름이다.

대왕암이 먼저인가? 이견대가 먼저인가?

　용의 출현을 본 곳 즉 이견대는 용에 대한 전설이 있고 나서 생길 수 있는 장소다. 동해신이 용으로 상정되었을 때, 용을 볼 수 있다거나 용을 본 곳이 나오게 마련이다.

　　　　　대왕암에 대해 세간에 전해지는 말이다. 용이 이 바위 위에 나타나
　　　　　서 신라 왕과 마주보았다고 해서 생긴 이름이다. (이덕홍, 『간재집』)

　위의 지명유래에서는 대왕암을 반드시 문무왕과 연결시키지 않음은 물론 장례와도 아무 관련이 없다. 용을 보았다면 그 본 곳이 있게 마련이니, 이견대 또한 추상적일 수 있다. 신라 이견대에 대해서는 또 다른 유래가 있다. 어느 신라 왕 부자

(父子)가 오래 헤어져 있다가 만나게 되자 돈대[臺]를 쌓고 기뻐했다는 것이 『고려사』악지(樂志)의 내용이다. 그러고 보면, <절간 기록>은 이견대가 특정 임금 문무왕의 유적임을 주장/강조하는 문건일 뿐이다.

문무왕이 용이 되었는지(바다에 자리잡고 있는지)는 아무도 모르며, 그 용을 본 사람도 없다. 그 증거라고는 대왕암과 이견대가 있다. 우리는 이들 두 증거물이 <절간 기록>에 와서야 함께 등장하고 있다는 데 유의해야 한다. 두 증거물 이야기는 사실이 망각된 시점으로부터 가장 나중이자 전설상 가장 발전된 단계에 속하므로, 이 사료를 가지고 문무왕의 장례 사실에 접근해서는 안 된다.

대략 요지만 적은 <절간 기록>을 <세상에 전해지는 이야기[世傳]>라 하여 스토리가 통하게 쓴 것이 『세종실록지리지』이견대 항목이다. 그런데 책쓴이도 워낙 비약이 심하다고 느꼈는지, 다시 『삼국사기』문무왕본기를 인용해두었다.

이견대. 동햇가(東海濱)에 있다. 世傳. 왜국이 자주 신라를 침범하니 문무왕이 이것을 근심하여, 죽으면 용이 되어 나라를 수호하고 도적을 방어하겠다고 맹세하였다. 장차 돌아가실 때에 유언하기를, "나를 동햇가 물속에다 장사지내라(葬我于東海濱水中)!"라고 하였다. 신문왕이 분부에 따라 장사지낸 뒤, 추모하여 대(臺)를 쌓고 바라보았더니 큰 용이 바다에 나타났다. 그로 인하여 이견대라고 이름지었다. 지역사람들[鄕人]은 오늘날 대왕암이라고 부른다(부르는 곳이 있다). 대 아래 70 발짝 가량(七十步許) 되는 바다의 네 귀퉁이에 우뚝 솟아 네 문[四門]과 같이 생긴 돌이 있는데, 이것이 장사지낸 곳이다. 김부식은 말하였다. …

이야기 마당- 설화의 장(場) -에서 사실 고증에 매달리는 것은 어울리지 않는다. 문무왕 장례에 대해 사실만을 적어놓은 『삼국사기』 문무왕본기 내용은 무미건조하여 점차 잊혀지고 밀려날 수밖에 없는 컨텐츠다. 그래서인지 『신증동국여지승람』에서는 문무왕본기를 언급조차 하지 않았다. 더 이상 대왕암의 실재(實在)에 대한 논란이 끼어들 여지가 없게 되었다.

이후의 사료는 『신증동국여지승람』을 답습한 데 불과하다. 그런데 조선시대의 대표적 지리지 둘 사이에도 범상히 보아 넘길 수 없는 차이가 있다. 『신증동국여지승람』에서는 이견대가 '(경주)부(府)의 동쪽 50리 되는 해안에 있다'라고 구체적으로 표현하였다. 대왕암 부분을 맨 마지막에 넣되 '지역사람들'이라는 문구가 없다. 이 변화는 당시 감은사 주변 사람들이 '대왕암'이라 부르던 것을 '이름 부른' 주체가 생략됨으로써 바닷가 주민들의 믿음[민속신앙]이 이제 만인의 상식이 되어버렸다. 그것도 나라의 권위-관찬(官撰), 국정교과서-를 빌어. 이견대에서 70 발짝 떨어진 대왕암을 『신증동국여지승람』은 정확히 '열 발짝'이라 하였다. 사료에 따라 이 정도의 차이가 난다면 각기 다른 바위를 두고 하는 말일지도 모른다. 아니면, 그런 바위를 찾는 '실사구시(實事求是)' 자체가 괜한 짓인지. 나는 여기에서 우리는 상상과 실제를 넘나든다는 '이어도' 섬이 연상되었다. 아득히 먼 거리에 있어서 보일락말락한 섬과 시간상으로 아득히 먼 시절의 바위로서 범접할 수 없는 신비한 섬과 바위.

[표2] 대왕암에 대한 지리지 기록의 차이

내용 ＼ 지리지	세종실록지리지	신증동국여지승람
호칭자	시골사람들	언급하지 않음
뭍에서의 거리	70 발짝	10 발짝
문무왕 훙년 기사	인용	없음

더 포장되어가는 수장설(水葬說)

『세종실록지리지』의 "나를 동햇가 물속에다 장사지내라!"라고 한 부분은 <문무왕본기>의 "유언에 따라 동해 들머리의 큰돌 위에서 장사지냈다." 또는 "고문 바깥뜰에서 인도식으로 화장하여라!"에 해당한다. 그런데 '물속에 장사'라는 장례 절차는 <문무왕본기>의 내용에서 많이 변질되었다. 문무왕이 지시한 장례방식은 화장한 뒤에 뼈를 바다에 뿌리는 것으로서 후대 신라 왕들의 장례에서 이미 보았다. 그러므로 위의 수장설(水葬說)을 받아들이려면 화장설(火葬說)은 버리지 않을 수 없다. 그럼에도 '화장한 뒤 → 유골 갈무리[藏骨]'라 하면, 하나의 사실을 두고 서로 달리 기술한 사료를 양쪽 다 받아들인 모순을 범하고 있다. 물론 "동해구 큰돌 위(동해 대왕암)에 장사하였다"라고(이병도 역주, 『삼국사기』) 애매모호하게 조합할 수는 있을 터.

당시 신라사람들은 모두 '서쪽나라[인도]식' 장례가 어떤 것인지 잘 알기에 그렇게 분부했을 것이며, 감히 왕의 유언을 적당히 고치거나 바꿀 리 없다. '동해 들머리 큰돌 위의 장례'를 더욱 실감나게/믿기게 묘사한 문장이 '바다의 네 귀퉁이에 우뚝 솟아 네 문과 같이 생긴 돌'이다. 바다에 무슨 문(門)이 있는가 의아해할 만한데 『세종실록지리지』는 <문무왕본기>의 '고문[庫門]'을 나름대로 이렇게 해석하고 부연설명하였다. 어떻든 『신증동국여지승람』을 비롯한 이후의 각종 지리지나 문집의 기록은 <절간 기록>을 풀어쓴 것이므로 설화문학의 연구 대상은 될지언정 사료로서는 가치가 없다.

왜적을 지키는 문무왕이 늘상 자리잡고 계신 곳을 구체적으로 제시할 때 비로소 최후의 버젼이 실감 난다. 대왕암의 존재를 말하는 것만으로는 부족하여 그 위치와 모양을 말하지 않을 수 없었을 것이다. 『세종실록지리지』를 그대로 베낀 『신증동국여지승람』에서 왜 이렇게 앞선 자료와 어긋나게 거리를 1/7로 줄였는지 의 아스럽다. 신화를 형상, 묘사한 것은 아닐는지.

'ㅇㅇ발짝' 뒤에 나오는 대왕암의 모습도 "네 문을 본딴 것은 또한 불탑의 경우와도 부합된다"고(황수영) 말하지만, 나는 오히려 설화상의 현장 확인과 강조(증거물 찾기)라고 생각한다. 과연 이 문장이 현재 알려진 바의 대왕암을 가리켜 쓴 글이라면, 네 문의 형상보다는 이른바 물속널[水中榴]의 뚜껑돌을 먼저 언급하는 것이 급선무다.

『삼국유사』 의해, 현유가·해화엄(賢瑜珈海華嚴)조를 보면, 신라시대에 바닷물이 넘치면 감은사 계단까지 해수(海水)가 찼다고 하는데, 당시는 해수면이 지금보다 110cm 정도 높았다(2001년 4월 28일 방영 「역사스페셜, 최초 발굴 신라대왕암」 : 손호웅·김성범, 「문무왕 수중릉에 대한 지질공학적 연구」). 그 때의 감은사 앞바다 모습을 상상해보라! 문제의 대왕암이 지금 처럼 드러나 있었을까?

'대왕석(암)'은 동해신 '대왕(님)'을 믿고 의지하는 사람들이 이름지은 상상의 바위다. 돌아가신 문무왕이 대나무를 내주어 만파식적을 만들 수 있었던 정체불명의 '적은 산[小山]' 역시 대왕암이다. 신화상의 대왕암과 실제 대왕암 사이의 관계는 이러할 것이다.

〔표 3〕 대왕암의 존재 양상

	→		→	
용이 됨		대왕암		이견대 아래 △△발짝
관념의 세계			실재의 세계	
+				

→ : 증거물의 추적   + : 설화의 완성

실은 『삼국사기』 책쓴이도 만파식적 이야기를 소상히 알고 있었음은 같은 책 악지(樂志)를 보면 알 수 있다.

'옛 기록'[古記]에 적혔다. 신문왕 때 동해에 홀연히 작은 산 하나가 나타났는데 모습이 거북머리와 같고, 그 위에 한 줄기의 대나무가 있어 낮에는 갈라져 둘이 되고 밤에는 합하여 하나가 되었다. 왕이 사람을 시켜 베어다가 젓대를 만들고, 이름을 만파식[萬波息]이라 하였다. 이런 이야기가 있으나 괴이하여 믿을 수 없다.

믿기지는 않지만 그럴싸한 이야기야말로 더 인기 있고, 하나 둘 증거가 늘어나게 마련이다.

왜병

문무왕이 왜병을 물리치고자했다는 말은 <만파식적>조의 끼움주 <절간 기록>에서 보았다. 『삼국사기』 책쓴이가 <절간 기록> 같은 것을 알고 있었는지에 대해서는 뭐라고 말할 수 없다. 만파식적 이야기를 괴이하다고 한 마당에 왜병 운운한 것에 대해서는 언급할 가치조차 없었을 것이다. 적어도 왜병 기사는 <문무왕본기>에는 등장하지 않으므로 '문무왕 대왕암'은 고려 중기까지는 일반적 대왕신앙에 머물고 있었다. 문무왕 → '용됨[爲龍]'의 스토리 전개에서 왜병을 거론한 버전은 호국룡 설화의 완결형이다. 이후 『세종실록지리지』를 비롯한 역대 지리지나 현대의 대왕암 관련 설화에서도 빠짐없이 왜병이 등장하는 것은 사실여부와는 별도로 설화 자체의 논리전개상 정해진 길이다.

문무왕 시절 왜와의 관계를 알아보기로 한다. 『삼국사기』에는 왕 3년(663)에 백제 부흥군이 신라와 싸운 전투에 왜병이 참여한 기사가 보인다. 이 전쟁은 백제군 내부의 분열 때문에 쉽게 진압되었던 것은 다 아는 바이다. 그 뒤 문무왕은 고구려를 멸망시키고(668), 다시 당 나라 세력을 한반도로부터 몰아내기까지(676) 그의 주적(主敵)이자 근심거리는 고구려·백제 및 당나라였다. 이같은 사실을 가리켜 그는 유언에서 '서·북쪽을 정토하여[西征北討]'라고 했다.

일본쪽 사료를 보면, 문무왕은 668년부터 680년까지 15회나 왜국에 사신을 파견하였다. 신라와 왜국의 수교는 두 나라 모두에게 이익이 되었다. 왜국 조정은 신라와 관계를 개선함으로써 신라+당나라 연합군의 협공 공포에서 벗어날 수 있었다. 7세기 후반에 왜국이 교류한 유일한 나라는 신라였으므로 왜가 신라에 호전적일 까닭이 없다. 왜는 신라로부터 많은 물품을 구입하였을 뿐 아니라 유학승과 유학생을 보내어 불교 및 학문의 수준을 높였다. 701년에 왜는 대보율령을 반포하는 등 국가체제를 정비해나갔는데 신라의 영향이 적지 않았다. 신라는 문무왕 16년(676)에 왕자 김충원을 왜에 파견한 일이 있다. 한편 신라는 왜국으로부터 비단이나 솜·가죽 등을 수입하였다.

당시 신라는 왜에 대하여 우월의식을 가지고 각종 물산을 보내주어 정신적으로도 일본을 압도하려고 했다(신카와 도키오, 「일본 신라 사이 물산의 의미」). 일본 세력이 바다 건너 신라에 함부로 근접하지 못했음은 『신당서』220, 일본열전에 "상원 연간(760~761) (건너뜀) 신라가 바다를 봉쇄하자 명주·월주를 경유하여 (당나라에) 조공하였다."라고 한 데서도 보인다.

문무왕이 왜병을 진압하기 위해 감은사를 짓기 시작했다고 쓴 '절간 기록'은 사실과 부합되지 않으며, 굳이 말하자면 '가상적(假想敵) 사건'이다(두창구, 「만파식적 고」). '왜병 진압' 표현은 허구로 받아들이면서도 문무왕이 사후 용이 되고자했다는 기사는 사실로 받아들이는 이도 있다.(다무라 엔쵸오, 「문무왕과 불교」) 왜냐하면, 대룡(大龍)이 되고자 한 발원은 곧 불교적 분위기 속에서 형성된 문무왕 자신의 호국관(護國觀)이기 때문이라나. 문무왕의 호국관이란 곧 지의법사와 나눈 대화를 말한다. 그러나 앞에서 보았던 것처럼 장례터가 '바닷속'으로 바뀌었으며, 실은 이 해중설(海中說)로 말미암아 문무왕이 '용이 되었다'.

지금까지의 논증에 반대하는 이들은 말한다. 문무왕이 삼국을 통일하고 당나라 군사를 물리치는 데 해전, 수군의 역할이 지대했다고. 아울러 문무왕 때 신라의 해 군인 선부(船府)를 증강한 사실을 들어서, 이것이 문무왕의 유언과 일맥상통한다 고 한다. 전투상황은 맞는 말이지만, 이때의 적들과는 동해가 아니라 서해에서 전 투를 감행했으므로 왕은 서해에 더 관심을 가졌을 것이며, 유언대로 죽어서 나라 를 지키려면 서해의 용왕이 되어야 맞다.

고려시대에 들어와 왜구가 기록에 처음 보이는 것은 고종 10년(1223)이다. 이후 왜구는 점차 골칫거리가 되었다. 감은사도 왜구의 피해가 적지 않았음은 이 절터 에서 나온 청동 반자(飯子·징 같은 타악기)에 "지정 11년 신묘(1351) 12월 초3일에 계 림부 땅 감은사 반자를 (만들기 위해서) 무게 33근을 들여 주지인 대사 △印이 △代 하여 반자·적은종·금구 등을 조성한 것은 해적인(海賊人) 등이 같은해 4월 초7일 에 이들 물건을 훔쳐서 가져간 것을 다시 조성하였다"는 명문을 보아도 알 수 있 다. 문무왕 설화에 나오는 왜병 퇴치 모티프는 고려후기가 되어서나 시대배경에 어울린다. 곧 『삼국유사』를 쓰던 시절이다.

(3) 신의 높임말 '대왕'의 여러 갈래

역사상에 보이는 자연신 '대왕'

설화나 민속의 세계에서 '대왕'이라 불리는 존재는 어느 신격(神格)/신몸[神體] 에다 역사성을 입혀서 지역과 연고가 있는 어느 왕이나 인물로 치부된다. 이들 신은 해당 지역이나 씨족의 수호신으로서 '대왕'이 도대체 누구냐 하는 천진스럽고 호사가적(好事家的) 질문에 대응하여 나온 소박한 '역사의식'이다. 다비한 다음, 바다에 뿌려진 문무왕이 대왕암의 인격신 즉 신몸으로 좌정하여 (동)해신=대왕 → 문무대왕이 되었다. 바다에 사는 신[海神]이란 곧 용이므로 문무왕은 돌아간 뒤에 '용이 되었다'. 해신뿐만 아니다. 강물·산·숲·바위 등의 자연신이나 국사(國師/局司)·서낭·마을신·무속신도 전설상의 대왕이 되어 갔다. 이들은 대왕 △ (大王浦·大王藪) → 동악대왕·성황대왕 식으로 인물신 형태 가까이 오다가 어떤 사연/서사와 만나면 실재했던 위대한 인물로 표상(表象)된다. 인물 대왕신이 탄생되는 후반부 과정에서 때로는 두세 인물이 그 자리를 두고 정체성·정통성을 다투기도 한다. 개성군의 평나산('구룡산'이라 고침)신은 본래 과부였으나 고려 태조 왕건의 조상 호경을 만나서는 남성신 호경이 평나산대왕이 되었다.(뒤에 나옴) 대왕이 좌정한/깃든 지역을 열거해본다.

> 또 사비 강가의 양쪽 언덕은 마치 병풍 같은데 백제왕이 매번 놀러
> 와서 노래하고 춤추었다. 그래서 지금까지 대왕포(大王浦)라고 부른
> 다. (『삼국유사』 기이, <남부여·전백제>)

부여의 강물신 대왕은 백제 무왕이기도(『신증동국여지승람』) 하고, 망국의 한을 품은 의자왕이라고도(이승휴, 『제왕운기』) 한다.
숲/나무 신(神)도 '대왕'이다.

> 대왕수(大王藪). 최선(崔詵. ?~1209)의 용수사기(龍壽寺記)에 쓰여 있다.
> 용두산 남쪽에 한 마을이 있고, 그 어귀에 수풀이 있는데 마을사람

들은 이를 대왕수라 부른다. 말하기를, 우리 태조가 영토를 빼앗으러 남방에 이르렀을 때 이곳에다 병사를 주둔시켰다가 사흘 뒤에 갔다고 한다. 지금도 이곳에는 큰키나무가 많고 풀이 무성한데, 나무꾼이나 꼴 베는 이들이 가까이 가지 못한다. 신령(神物)이 이곳을 보호하고 있기 때문이라 한다. (『신증동국여지승람』권25, 예안현, 고적)

이우(1469~1517)는 이 숲을 두고 "깊은 골짜기에는 도깨비들[魍魅]이 울부짖네"라고 읊었다. <비형랑>조에서 본 목랑(木郎)이다. 1,500년을 전후한 시기까지도 소나무·전나무가 울창하다 했는데 일제강점기 때는 이미 '보기 드문 활엽수림대'가 되었다(『조선의 임수』). 경북 안동시 도산면에 있다.

그런가하면 충남 보령지방에도 대왕사당이 있다.

김부대왕사(金傅大王祠) : 옥마산 꼭대기에 있다. (『신증동국여지승람』권20, 남포현 사묘)

대왕을 모시는 제사 현장은 사료상에서 이따금 볼 수 있다. 경주의 토함산신은 흙상으로 모셔져 있었다. 어느 날 문무왕에게 탈해왕이 현몽하여, 자신을 흙상으로 만들어 토함산에 안치해 달라하여 조성된 것이다(『삼국유사』기이, 탈해왕). 이 소상을 두고 "오늘에 이르기까지 나라 제사가 끊이지 않으니 즉 동악신(東岳神)"이라 하였다. 탈해왕은 곧 토함산신이다. 『삼국유사』왕력편에는 탈해왕을 '지금의 동악대왕'이라고 했다. 탈해는 일찍이 토함산에 올라 이레 동안 머물면서 살만한 땅을 살핀 바 있다. 고려시대에 동악대왕에게 올리는 이규보의 제문을 보면 산신의 신령스런 덕을 입고자하는 것이지, 그가 인격신 아무개라는 의식은 찾아볼 수 없다. 통시적인 토함산신이 때로는 탈해왕으로 비정되어 대접을 받기도하지만, 그 근본은 산신이며 이를 높이 불러 대왕이라고 한 것뿐이다.

신라 제54대 경명왕(917~924) 시절, 왕이 사냥할 때 부리는 매(鷹)을 찾아준 공로로 '선도산신모(仙桃山神母)'는 '대왕'으로 봉작되었다(『삼국유사』 감통, 선도성모수희불사). '대왕'이라는 명칭은 그대로 이어져, 고려후기에 선도산신 즉 '서악신(西岳神)'은 때로는 '서악대왕'이라고도 불리었고 또한 성황신이 되어 있었다.

왕건의 선조 호경은 평나산 대왕이 되어달라는 과부 산신 즉 호랑이의 요청을 받았다. 얼마 뒤 지역 군민들에 의해 대왕으로 봉해져 사당에서 제사를 받았다. 군민들이 봉했다는 것도 실은 마을 사람들이 산신을 '대왕'이라 부른 데서 나온 말이며, 산신대왕은 호경 이전에도 있었다.

월악산신(月嶽山神)은 태종 무열왕 때 재앙을 물리친 공로로 책봉을 받은 바 있고(충주월광사원랑선사탑비), 몽고군이 충주성으로 쳐들어왔을 때(1253년) "월악대왕께서 큰 위력을 나타내시어"(『고려사』 권24, 고종 41년 12월) 물리쳤으며, 이 대왕은 '월악산 신사'에 좌정하고 있다. 이 월악산신=대왕이 조선 후기 어느 때부터 김부대왕 즉 신라 경순왕으로 인식되어, 왕 및 덕주공주에 얽힌 전설이 만들어져 발전하고 있다. 주현미 작사, 노래의 "마의태자 덕주공주 한많은 사연 너는 아느냐 (건너뜀) 아바마마 그리움 마애불에 심어놓고"라는 가요 <월악산>을 들으면 그 노랫말이 곧 역사가 된다. 고려 스님 최관오의 묘지명(1158)을 보면 그의 원찰(願刹)이 '덕주사'로서 덕주공주는 절 이름에서 파생된 유령의 인물이다. 덕주사는 쇠락하나마 지금도 명맥을 유지하고 있으며, 산 중턱에는 2000년에 복원된 '월악산 산신각'이 있다.

이밖에도 이규보의 『동국이상국집』에는 지리산대왕·(팔)공산대왕·마포대왕·국사대왕 등에게 올리는 제문이나 글이 실려 있다. 『시용향악보』에는 대왕반(大王

순창성황대신사적기(중요민속문화재 제238호)

飯)·삼성대왕(三城大王)·군마대왕(軍馬大王)·별대왕(別大王) 등의 노래가 있다. 이들
은 모두 무속노래[巫歌]로서, 비로소 대왕신은 물과 뭍의 각종 신뿐 아니라 무속의
그릇이나 음식에도 해당되는 것을 알았다. '대왕'이란 신을 부르는 한자말이며 신
그 자체이기도하다.

　『신증동국여지승람』 사묘조를 보면, 일부 지역의 성황신에 대해서도 대왕이라
불렀다. 현풍현 비슬산의 경우 '세상에서 정성대왕신(靜聖大王神)'이라 한다 하였으
니 곧 조선시대의 사정을 전한 것이다. 『삼국유사』 피은, 포산이성조에는 이 산신
의 이름을, 일찍이 가섭불 시절의 정성천왕이라 하였다. 지금 비슬산정의 '천왕봉'
이란 이름은 이 '정성천왕'에서 유래했다. 후대에 성황사가 세워지면서 성황신이
원래 산신의 이름과 권위를 이어받되, 호칭은 '대왕'으로 바뀌었다. 또 하나는 함
경남도 안변군 학성산의 성황신으로서 '속칭 선위대왕지신(宣威大王之神)'이다. 신
라의 나라제사 중사(中祀) 가운데 하나인 웅곡악(熊谷岳. 비열홀군)신이 성황당이 세
워진 이래 성황신이 되었다고 짐작된다.

　성황대왕의 관념이나 제의절차에 대해서는 제목을 '순창성황대왕(淳昌城隍大王)'

양양군 현남면 웃달내마을 김씨대왕　　김씨대왕에게 절하는 모습

이라 쓴 순창성황대신사적기(중요민속문화재 제238호)에 자세하다. 성황신과 그를
믿는 사람들의 관계가 성립/전제되었을 때, 성황신을 부르는 이름이 곧 '성황대
왕'이다. 객관적 서술형이 '성황신'이라면, 이 신에 대한 부름자리[呼格] 또는 대격
(對格)이 '성황대왕'이다. 두 용어는 서로 넘나들지만, 대개 성황신의 높임말이 성
황대왕이다(한국종교사연구회, 『성황당과 성황제-순창 성황 대신 사적기 연구』). 이러한 예
는 비단 성황신에만 해당되는 것이 아니라, 산신·바다신 등 제반 대왕신의 경우도
마찬가지다.

살아 있는 대왕신

김·조씨대왕 : 예안현의 대왕숲
[大王藪]과 흡사한 곳은 강원도 양
양군 현남면 웃달내(上月川里) 마을
에도 있다. 세거씨족으로는 경주
김씨와 한양 조씨가 대부분이다.
집집마다 단오날 새벽에 뒷산의
늙은소나무를 골라 제물을 차려
놓고 소원을 빈다. '대왕'은 곧 '김
씨 대왕'과 '조씨 대왕'이라고 하
며 자신들의 조상신이다. 강원도
의 전형적인 산맥이 신앙이다.

유전리 서낭당 단종 영정과 위패

> 대왕등[大王嶝] : 웃달내 서쪽에 있는 산. 대왕당[大王堂]이 있는데, 단
> 오날에 취떡을 해 가지고 제사를 지냄.
> 대왕뜸 : 대왕등 산밑에 있는 마을(한글학회, 『한국지명총람』2, 강원편)

강원도 원주시 황골의 대왕 : 동제의 발단은 "신령한 나무를 베자 동티가 나서"라
고 했으나 격식을 갖추게 되면서부터 '대왕현산신(大王峴山神) … 격명대왕(擊名大
王)' → 원천석(元天錫)의 옛일을 끌어대어 조선 태종대왕을 모신다. 늙은 소나무에
다 제사지내며 수구맥이가 있다.

강원도 영월의 대왕 : 하동면 내리 지동마을에 단종을 모신다는 '큰당'이 있으나

1980년대의 '대왕각' 모습

1. 대왕각 사진

2. 대왕 위패

3. 대왕각의 쇠말

경주시 강동면 형산 용왕사원 장군상, 대왕상

'대왕님'은 '돌서낭'이며 최영장군을 모신다는 '수부당'이 있다.

와석1리의 서낭당 위패는 '城隍神位'(성황대왕) → 대왕 → 단종대왕으로 발전하
였다.

강원도 인제군 남면 김부리(金富里) '대왕각' : 경순왕=김부대왕(金傅大王)을 모신다고 한다. 근래 경주김씨 문중에서 빗돌을 세웠다.

경주시 강동면 국당리 대왕 : 신라 중사(中祀)의 하나로서 대성군(大城郡)의 '북형산성(北兄山城)'이다. 삼국통일 뒤에는 국방의 중요성이 사라져서 단순한 산신제사로 존속한다. 『경상도지리지』에는 수령이 제사지내는 곳으로서 다음과 같이 등록되어 있다. "형산. 대왕신이다. 경주부 북쪽 30리에 있다." (산)신=대왕을 보여주는 좋은

상주시 청계사 나무산왕지위

예다. 근대의 절로서 산자락에는 '용왕사원'(옛 옥련사)이 있는데 이곳 용왕전(옛 대왕전) 건물에는 김부대왕이 모셔져 있다. 산신=대왕이 역사상의 특정인 김부대왕으로 인식되어간 하나의 예.

상주시 화서면 하송리 청계마을의 후백제대왕 : 마을이름은 큰절 청계사에서 유래했다. 이 절은 근대 항일투쟁사에 기록된 유서 깊은 사찰로서, 항일의 소굴이라 하여 일본군이 불질러버린 것을 새로 지었다. 경내 산지당[山祭堂]터에는 '南無山王之位'라 새긴 바위가 있는데 산왕은 대왕과 겹쳐질 운명임을 짐작할 수 있다. 마

후백제대왕 제삿상

을 뒤에 견훤산성이 있으며, 이웃마을에도 견훤을 마을신으로 모시는 곳이 있다.
적지만 규모 있는 당집에는 도광(道光) 23년(1843)이라 쓴 상량문이 있다. 이밖에도
'仙神堂改建記(선신당개건기)' 현판이 있다. 그러므로 공식 명칭은 선신당이겠으나
일반적으로 '견훤사당'이라 부른다. 과연 당집의 위패에는 '後百濟大王神位(후백제
대왕신위)'라고 회칠[胡粉]로 쓴 신위를 모시고 있다. (산)왕=대왕=후백제대왕(견훤)
이 되는 또 하나의 등식을 보게 된다.

상사(相思)대왕

'대왕(암)=문무대왕(바위)'라는 고정관념에서 벗어나면 위에서 보듯이 대왕은 오
히려 씨족신이거나 마을신[洞神] 같은 다양한 계층 또는 사물을 일컫는 소박한 개

념이다. 대왕이 이렇게 가깝고도 친숙한 존재라면 여타 마을 신당에서도 다른 형태의 대왕이 찾아질 수 있다. 제주시 용담동의 '내왓당' 열두 신들 가운데는 제석위(帝釋位)·원망위(冤望位) 등과 함께 상사위(相思位)=상사대왕이 있다. 상대편을 이쪽에서만 생각/그리워하지 반대편의 응수를 받지 못하는 현상을 일러 상사(相思)라 하며, 대부분의 이야기에서 사랑이 이루어지지 않기-상사불견(相思不見)- 때문에 가슴/마음에 멍이 든다[상사병]. 다른 말에 '짝사랑'이 있고, 요즘 학생들 말로는 '원-사

상사대왕(제주대학교박물관 도록)

이드 러브'다. 해당 노랫말을 보면 "서천서역(西天西域)서 들어오시던 상사대왕(上事大王, 相思位) … "으로 되어 있다. 무신도에는 분명히 '상사위(相思位)'라고 제대로 썼는데 무가(巫歌)를 채록하는 이조차 '높은 신을 모신다/섬긴다'는 뜻에서 그런지 '상사(上事)'라고 썼다. 하지만 원혼을 담당하는 '원망위'를 보면, 상사위도 이루어지지 않은 사랑 때문에 잘못된 혼백을 위하는 신이다. 신가(神歌) 해설에 따르면, 아이 낳고 기르는 산육신(産育神)의 남편이 상사대왕이라지만 '상사'하는 청춘 남녀를 위무하고 거두지 않으면 그들은 극단적 선택을 하여 투신자살도 마다 않는다. 전국에 널려 있는 상사바위 서사의 절반은 그 아래 맑고 푸른 물이 있다. 지

금이야 죽음을 유혹하는 낭떠러지를 찾아갈 필요도 없이 자신이 사는 고층 아파트 옥상이 대세지만.

사랑을 이야기하는 서사의 끝이 죽음이라니! 삶과 죽음의 갈림길에서 그 결과가 어느 쪽이든간에 주인공과 그 가족을 다스리는 존재, 그는 인정많은 신령 대왕님이다. 모름지기 '대왕'의 실체를 알려거든 어깨 힘부터 빼고, 대궐이 아니라 눈 높이에서 생활터전과 주위의 산천을 살펴볼 일이다.

수많은 '대왕암'

왕릉이라고 일컫는 감은사 앞바다의 바위 이름은 '대왕석' 또는 '대왕암' 두 가지로 써왔다. 현재 이를 '대왕바위' 또는 '댕바위'라 하듯이 고려시대에도 그런 식으로 불렸던 모양이다. '대왕'에 붙은 '석(石)'이나 '암(巖)'을 '큰돌 위[大石上]'·'큰바위 위[大巖上]'에서 장사지냈다는 기록과 연결시켜 큰 돌/바위를 문무대왕의 화장터 또는 무덤(유골 모신 곳)으로 해설하곤 한다. 하지만 이 때의 '큰 돌/바위'는 장례를 치른 장소 이상의 뜻은 없으니 '대왕석(암)'과 '큰 돌/바위'는 직결/동일시될 근거가 없는 별개의 암석이다. '대왕석(암)'의 요체(要諦)는 '대왕'이며, 대왕은 신으로서 동해바다의 정령 그 자체다. '대왕'은 신앙·외경(畏敬)의 대상 바다신이다. 감은사 앞바다의 대왕(님)은 고대로부터 현재까지 (동)해신으로서 위함[존숭(尊崇)]을 받는데 사람들은 추상적인 신을 형상화/구체화하기를 선호하여 곧잘 신몸[神體]의 장본인을 찾거나 비정(比定)한다. '대왕암'에는 바다신만 있는 것은 아니다.

- 운제산 대왕암

대왕암 : 운제산 꼭대기에 있다. 현(縣)의 남쪽으로부터 10 리 떨어져 있다. 바위가 갈라진 틈으로 샘물이 솟아오른다. 가물 때 비를 빌면

곧 효험이 있다. (『신증동국여지승람』 권23, 영일현, 고적조)

운제산(482m)은 포항시 남구 오천읍 항사리 오어사 뒷산이다. 상상/관념 속의 산신을 섬기는 행위는 일정한 규모의 제사터에서 그 대상[신주(神主)]을 마주하여 음식을 올리고 경배하는 절차다. 운제산의 신주/신몸은 돌/바위로서 우리는 그러한 예를 치술령의 김(박)제상 부인이라고 하는 망부석에서도(『삼국유사』 기이, 나물왕·김제상) 본다. 『삼국유사』 기이, 남해왕조에도 마찬가지로 '운제성모'의 비 내리는 영험을 적고 있는데 그 주인공은 남해왕비 운제부인이다. 두 역사책을 시대순으로 비교해보자. 고려후기의 '부인'이 조선중기에 와서 '대왕'이 되었다. '문무왕-대왕암'에 익숙해 있는 우리들로서는 운제산 대왕이 부인=여성이라는 데 대하여 다소 뜻밖이라 할지 모르겠다. 하지만 이런 예는 경주 서악=선도산의 선도성모가 '대왕' 작위를 받은 데서도(『삼국유사』 감통, 선도성모수희불사) 본다.

- 울산 대왕암

경주의 대왕암과 그리 멀지 않은 울산광역시 동구에 또 하나의 해중릉이 있다고 한다. 먼저, 이렇게 '대왕암'이 여럿 있으니 그것은 어느 특정 대왕의 무덤이 아니라 보통명사가 아닐까 의심해보아야 했다. 울산 대왕암에 대한 설명은 또 얼마나 궁색한지 보자.

정유재란 기록에 처음 나타난다. 한말부터 1970년대까지는 '대양암(大洋岩)'이 유통되었는데 이 표기는 '대왕'의 변화형·이형(異型)이다. 이렇게 변형된 까닭은 문제의 바위를 역사상의 어느 대왕과도 연고가 없다고 여겼기 때문이다. 1980년에 간행된 『한국지명총람』9에는 '대양방우' 외에 '용딩이[용추암]'이라는 땅이름

포항 운제산 대왕암   울산 대왕암(동구청 제공)

이 있을 뿐이다. 이후 경주(감은사) 대왕암의 영향을 받아 1980년대 중반에 들어와 '대왕암'의 이름이 '복권(復權)'되었고, 이 과정에서 바닷속 왕릉에 묻힌 대왕은 문무대왕이 아니라 그 왕비로 '낙착'되었다.

국민이 더 똑똑하다. 문무왕 부부는 합장되지 않고 왜 서로 거리를 두고 물속에 묻혔는지, 사람들은 지자체 홈페이지나 문화재안내판을 보고 수없이 문의해왔다. 울산 동구청에서는 2015년 5월 이에 대한 학술대회를 열어 어떻게든 해결해보려 했다. 나는 주제발표를 맡아서 전혀 사실이 아님을 밝혔다(「울산 대왕암의 명칭과 유래」). 결론은 이렇다.

울산 대왕암의 지명전설은 원초형 그 자체로서 충분히 가치가 있으며, 문무왕이나 김부대왕을 자의적으로 끌어들이지 않아 오히려 역사상으로도 엄정성을 지켜왔다. 경주의 대왕암조차 이미 고려시대부터 역사에 오염된 채로 지금까지 내려왔다. 그러므로 울산 대왕암을 역사상의 어느 임금 또는 왕비와 연결시킬수록 경주 대왕암의 아류에 그치며 세태에 영합한 것이 되어 가치가 떨어진다. 적어도 규모로 볼 때도 울산 대왕암과 경주의 그것은 비교조차 되지 않는다. 경주 대왕암은 규모가 적은 대신 보기에 따라서는 무덤과 흡사하기 때문에 지금까지 논란이 되어 왔다.

울산 대왕암 전설의 처음 버전(용추암)을 소개해둔다.

옛날에 댕바위의 북편에 용굴(龍窟)이 있는데, 이곳에 청룡(靑龍)이 살면서 뱃길을 가는 사람들을 괴롭혀서 동해대왕이 청룡이 밖으로 못 나오게 큰 돌을 넣어 막았다고 하여 댕바위에 용왕제를 지냈다고 한다. 그래서 지금도 일산진 별신굿을 할 때는 제단을 이 바위를 향해서 차린다고 한다.

- 스토리텔링을 기다리는 대왕암 후보들

강원도 고성군의 금구도(金龜島. 옛이름은 草島). 다른 이름으로는 '거북섬'이라 하는데 바위더미와 석축의 흔적 그리고 기와·토기조각이 있으며, 봉분을 연상시키는 녹지대가 연결된 무인도다. 1990년대부터 고구려 광개토대왕릉 또는 제11대 東川王(재위 227~248년)의 무덤이라는 설이 대두되었다. 달리 근거는 없지만, 이 섬에서 기우제를 지낸 사실이 크게 부각된 것 같다(고성군, 『고성군 금구도의 고고·역사와 전승설화』. 이상수·고희재, <高城 금구도城址에 대한 고찰>). 인구가 적은 어촌에서 달

울산 대왕암 야경 (동구청 제공)

리 기록이나 전승이 전해올 가능성은 희박하지만, 비내림[降雨]을 관장하는 (바다)
신을 상정하면 그를 부르는 높임말 '대왕'은 동반하게 마련이다. 그 다음 단계는
그 대왕을 역사상의 어느 대왕으로 비정하는 일이다. 조사과정에서 이런 문제의
식을 염두에 두었다면 중요한 단서가 포착되지 않았을까 하는 아쉬움이 있다. 역
으로 울산 대왕암=문무왕비설에서 보았듯이, 경주의 대왕암이 금구도에 자리한
대왕을 추정하는 계기가 되었을 수도 있다. 어떻든 경주, 울산에 이은 제3의 바다
[海中] 대왕암설이다. 아울러 '금구도'라는 지명도 보기에 따라서는 심상치 않다.

　이십 여 년 전 일이다. 내가 대왕암 논문 쓴 사실을 알고 동료 교수 한 분(지질학
과 이상헌)이 찾아와서 경주 대왕암과 꼭 같이 생긴 대왕암 위치를 안다고 하면서
당시 '대왕암 후보'를 조망했던 횟집 상호까지 가르쳐주면서 가보라 한 적이 있

다. 정말, 쌍둥이라 할 정도의 '대왕암식' 수중 바위 배치였다. 그뿐 아니다. 동해 안 바닷길을 종주하면서 나는 그런 '대왕암' 후보를 자주 본다. 풍랑과 침식으로 갈라진 현무암 돌기둥이 널[棺] 모양으로 놓여 있는 모습은 동해안 바위의 아름다 운 특징이라는 예비지식을 모두들 가졌으면 좋겠다.

(4) 고려시대의 스토리텔링, 현대에 와서 더 고조되다

길고도 먼 역사문화기행이다. 이제 정리할 차례다. 나는 오래 전 「문무왕과 대 왕암 - 고려시대의 민속신앙과 관련하여」라는 글을 발표하여 감포 앞바다의 대왕 암이 단순 자연석임을 주장하였다. 미술사학계의 선학들이 대를 이어가며 연구와 선양을 하고 있던 마당에 생뚱맞게도 반대의견을 냈다. 반응이 궁금했지만 비중 없는 논문이어서 그런지 이렇다 할 논평도 없었다.

나보다 먼저 문무왕의 '바닷속 무덤'이라는 주장이 터무니없다고 주장한 분들 은 많다. 논증은 두 방향에서 이루어졌다. 하나는 사료해석의 문제, 다른 하나는 과학적으로 행한 검증/실사[實査]였다. 내가 나중에 뛰어든 것은, 왜 그렇게 오해 할 수밖에 없었던가 하는 오해의 실마리를 찾아가는 일이었다. 사료와 유적 자체 에 대한 전론(全論)이다. 아직 부족한 연구자로서 감히 말한다. 첫째, 그들은 사료 사이의 시대별 층위에 눈 감았거나 서사 전개를 무시했다. 둘째, 문제의 낱말 '대 왕'과 그 유적에 대해 좀 더 애정을 가지고 눈과 귀를 열어놓았어야 했다. 그리하 여 복기(復棋)/'종합검진'한 소견은 첫 논문의 그것과 다르지 않다. 여기, 한 문단 을 옮겨본다.

(문무왕) 대왕암도 동해안에서 심심치 않게 볼 수 있는 대왕바위 가운데 하나다. 그런데 그 주변에 감은사가 있음으로 해서 모든 의미가 신라 문무대왕과 연결지워졌고, 그 적나라한 모습을 고려시대의 역사책에서 볼 수 있다. 근년 대왕암의 실체가 차츰 드러나게 되자, 그래도 관념상 신라인들에게는 문무왕의 일종의 '의릉(義陵)'이었을 것이라고 한다. 하지만 대왕(암)이라는 이름이 붙여지게 된 연유를 안다면 더 이상 문무왕과의 관계에 연연할 필요는 없다.

문무왕-해중릉 인식의 또 다른 오류/위험성은 대왜(對倭)관계다. 두 번이나 일본에 짓밟힌 한국인들에게 해중릉은 통쾌하기 그지없고, 가슴에 담아 후손에 물려줄 유적이다. 그런데 해중릉 물길을 보면 동해안의 모든 밀물이 그러하듯이. 안타깝게도 동쪽으로 왜병을 물리치겠다는 방향과 반대다. 문무왕 생전에 왜병이 근심거리였던 적도 별로 없다. 그럼에도 '해중릉'을 통한 문무왕의 거룩한 정신을 강조하려다보니 사실과 다른 쪽으로 논의가 흘러가고 말았다.

'대왕석(암)'은 동해신 '대왕'을 믿고 의지하는 사람들이 이름 붙인 바위다. 그 실재(實在)여부조차 크게 문제되지 않았다. 돌아가신 문무왕이 대나무를 내주어 젓대를 만들기도 하였다는 정체불명의 '작은산[小山]' 또한 대왕암이다. 이 임의의/불특정한 대왕암을 구체적으로 지적/형상화하기가 그리 만만치 않음을 우리는 조선시대의 지리지에서 보았다. 그 소망과 노력은 오늘날에도 수그러들지 않고 더욱 커져만 간다.

동해 바닷가에 화장을 하라 했던 문무왕은 자신이 감은사 공사를 시작했던 왕이다. 절에서 가까운 거리에 모양과 크기가 범상치 않은 바위는 이야기 만들기에 좋은 재료다. 그 돌을 두고, 고려시대의 - 그 이전일 수 있다 - 문헌에는 용이 되신 문무왕의 형체라 했다. 요즘 유행하는 말로 스토리텔링의 시작이다. 『삼국사기』는 이것을 '세상에 전해지는 말[俗傳]'이라고 하여 대수롭지 않게 여겼다. 이 '스토리'의 세계가 얼마나 사실로부터 멀어졌는지는 지금까지 보아온 바이다. 조선시대의 나라편찬[官撰] 지리지에서는 이 유산을 고스란히 받아 처음에는 사실여부에 대한 의견을 다 실어주더니 『신증동국여지승람』에 와서는 가장 진전된 버전만 실렸다. 이후 누가 나라의 문자권력에 이의를 제기하겠는가? 들어보면 가슴에 와닿고, 시대의 당위인데.

20세기 후반에 와서는 이 여망을 더욱 광범위하게 증명하고, 논리를 개발해갔다. 처음 '대왕암을 찾았다.'고 할 당시에도 반론이 적지 않았는데, 공론화의 자리를 마련하거나 이렇다 할 학술보고서도 없이 동해안의 풍광과 감은사·대왕암을 실은 화보집은 거듭 나오고 있다.

지난 세기말부터 오늘에 이르기까지는 해양 관련 관공서나 지자체 및 연구소의 약진은 괄목할 만하다. 나라 전체가 경제 규모도 커진 덕택에 학술대회나 지역축제의 모습과 규모는 많이 달라졌다. 일별하면 스토리텔링 개발, 역사 재현(체험하기), 유적탐방로 조성 등이다. 그 결과 장엄하던 대왕암 앞바다는 언제부터인가 상업지구, 무속인 거리가 되어가고 있다. 문무대왕을 '추한 업보'라는 용으로서 바다 속에 가둔 채.

삼국유사 깊이 읽기

향가 〈모죽지랑가〉의 역사적 배경

-〈효소왕대 죽지랑〉

역사가가 찾아낸
가장 세련된 탐구방식은 '이야기'다

- 존 루이스 개디스

(1) <효소왕대 죽지랑>조

효소왕 때의 죽지랑(竹旨郞) ('죽만竹曼' 또는 '지관智官'이라고도 한다)

　제32대 효소왕(692~702) 때 죽만랑의 무리 가운데 득오(得烏. 혹은 谷
=실이라고도 한다) 급간(級干. 제9관등 급벌찬) 있었다. 풍류황권(風流黃
卷. 화랑도의 명부)에 이름을 올려놓고 날마다 출근하더니 한 열흘 동
안 보이지 않았다. 죽지랑은 득오의 어머니를 불러, 아들이 어디 있
느냐고 물었다. 그 어머니는 "당전(幢典. 부대장)인 모량리(牟梁里)의
익선(益宣) 아간(阿干. 제6관등 아찬)이 우리 아들을 부산성(富山城) 창고
지기로 뽑아갔기 때문에, 갈 길이 바빠 낭군[郞]께 인사도 못드렸습
니다." 라고 대답했다. 죽지랑은 말하였다. "그대 아들이 만약 사사
로운 일로 거기 갔다면 찾아볼 필요가 없지만, 이번에 공무로 갔다
하니 가서 대접을 해야겠소." 하고는 떡 한 그릇과 술 한 병을 가지
고 좌인(左人. 우리말에 皆叱知=거러치라 하니 몸종을 말한다)을 거느리고,
낭도 137명도 격식을 갖추어 따라 갔다. 부산성에 이르러 문지기에

게 득오실이 어디 있느냐고 물었다. 문지기는 "지금 익선의 밭에 있는데, 늘 하던 대로 부역나간 것입니다."라고 대답했다. 죽지랑은 밭으로 가서, 가지고 간 술과 떡을 대접했다. 그리고 익선에게 휴가를 부탁하여 함께 돌아오고자 하였다. 하지만 익선이 굳이 막아 허락하지 않았다. 그 때 사리(使吏) 간진(侃珍)이 추화군(推火郡)의 세금 30섬을 거두어 성 안으로 수송하던 중이었다. 간진은 인재를 중히 여기는 죽지랑의 태도를 아름답게 여기는 한편 익선의 어둡고 막힌 성품을 더럽게 여겨, 가지고 있던 30 섬을 익선에게 주어 죽지랑의 요청을 거들었으나 여전히 허락하지 않았다. 하는 수 없이 휘하 사지(舍知. 제17관등)의 말과 안장을 주니, 비로소 허락했다. 조정의 화주(花主. 화랑의 우두머리)가 이 말을 듣고 사신을 보내어, 익선을 잡아다가 그 더러움을 씻어주라고 했다. 익선이 도망쳐 숨자, 그 맏아들을 잡아갔다. 마침 한 겨울 매우 추운 날이었는데 성 안 못에서 목욕을 시켜 거의 죽을 지경이 되었다. 대왕이 이 이야기를 듣고, 모량리 사람으로서 벼슬하는 자는 모두 쫓아내어 다시는 관공서에 가까이 못하게 하고, 승복을 입지 못하게 했으며, 이미 중이 된 자는 큰 절에 들어가지 못하게 했다. 왕은 사관(史官)에게 명하여 간진의 자손을 평정호(枰定戶)의 자손으로 올리어 기리게 했다. 이즈음 원측(圓測)법사는 해동의 큰 스님이었지만 모량리 사람이기 때문에 승직(僧職)을 주지 않았다. 이전에 술종공(述宗公)이 삭주(朔州) 도독사(都督使)가 되었을 때의 일이다. 근무지로 가려할 때 삼한이 난리중이므로, 기병 3000 명으로 그를 호송했다. 일행이 죽지령에 이르렀을 때, 한 거사가 고갯길을 닦고 있었다. 술종공은 이것을 보고 찬탄했고, 거사도 공의 삼엄한 위세가 볼 만하여, 서로 마음이 통하였다. 술종공이 삭주 근무지에 간 지 한 달이 되었을 때 웬 거사가 방에 들어오는 꿈을 꾸었는데, 부인도 같은 꿈을 꾸었다. 매우 놀라서 다음날 사람을 시켜 거사의 안부를 물어보았더니, 거사가 죽은 지 며칠 되었다고 했다. 사신이 돌아와 아뢰었는데, 그 죽은 날이 거사가 꿈을 꾼 바로 그날이었다. 술종공은 "아마 거사가 우리 집에 태어날 모양이다."라고 말했다. 다시 병사들을 보내어, 고개 위 북쪽 봉우리에다 거사를 장사지내고 돌미륵 한 분을 만들어 무덤 앞에 모셨다. 부인도 꿈을 꾼 날로부터 태기가 있어, 아이를 낳자 이름을 '죽지'라 지었다. 장성하여 벼슬길에 나아가자 김유신의 참모가 되어 함께 삼한을 통일하였고, 진덕·태종·문무·신문왕의 4대에 걸쳐 재상으로서 나라를 평안히 다스렸다.

처음에 득오곡이 죽지랑을 사모하여 노래를 지었는데, 이러하다.

간봄 그리매
모든 것사 설어 시름하는데
아름다움 나타내신
얼굴이 주름살을 지니려 하옵내다.
눈돌이킬 사이에나마
만나뵙도록 지으리이다.
낭(郎)이여 그릴 마음의 녀올길이
다북쑥 우거진 마을에 잘밤이 있으리이까.(양주동 풀이)

부산성·모량부의 위치

부산성은 문무왕 3년(663)에 쌓았다. 『신증동국여지승람』에는 "(경주)부의 서쪽 32리에 있다. 돌로 쌓았는데 둘레 3,600자[尺], 높이 7자로서 지금은 반쯤 허물어졌다. 안에 네 줄기 개울과 못 하나, 아홉 개의 우물과 군사창고가 있다."고 적고 있다. 오늘날의 경주시 건천읍 송선리 오봉산 꼭대기에 있다. 득오가 모량리 사람 익선의 밭에 창고지기로 부산성에 차출된 것을 보면 부산성 일대는 모량부 권역이다.

『삼국사기』의 신라 6촌 기사를 보면 그 네 번째가 무산대수촌(茂山大樹村)이다. "대수부(大樹部)는 점량부(漸梁部)라 했는데 혹은 모량이라고도 한다. 성은 손(孫)이다.(유리이사금 9년조)". 모량부는 신라 6부 가운데서 (급)량부나 사량부(沙梁部)보다는 못하지만 본피부에 앞서거나 뒤지기도 하면서 서열 3, 4위였다. 『고려사』 지리지에는 모량부가 맨 마지막에 나오니 후대에 이르러 가장 미약한 존재로 떨어졌던 모양이다.

무산대수촌 즉 모량부가 오늘날 경주시의 모량리(毛良里)·금척리(金尺里) 일대임은 우선 '모량'이라는 땅이름이 흡사하고, 이 일대는 경주 분지를 벗어나서는 유일한 평지 돌무지덧널무덤[적석목곽분]이 모여 있는 곳이다. 이들 고분에서는 가는 고리귀걸이[세환이식]를 비롯하여 옥이나 철기가 출토된 바 있다. 2012년에는 금척리에서 '天王'이 새겨진 청동접시가 나왔다(국립대구박물관, 『흙에서 찾은 영원한 삶』).

모량부를 '대수촌'이라 이름 붙인 데는 거기에 큰 나무가 있어서다. 이와 관련하여 떠오르는 땅이름은 '동로수(冬老樹)'다. 지증왕이 왕비를 얻으려고 신하를 '모량부 동로수 아래'로 보냈다. '동로수'는 곧 '대수'일 것이며, 고목나무[老巨樹] 즉 당나무[堂木]를 소리대로 적은 것으로 보인다. '동로'가 토착종교의 대상을 뜻함은 신라 나라제사 소사(小祀)의 하나인 '동로악(冬老岳. 무주 덕유산)'을 보아도 알 수 있

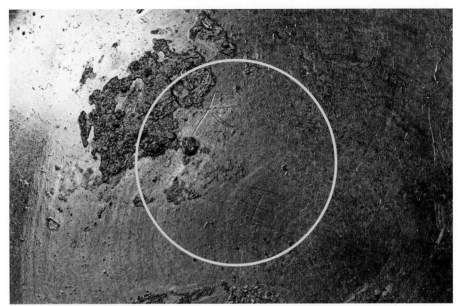
'天王' 새긴 청동접시 바닥(©오세윤)

다. 이 나무를 지형지물 삼아 마을이름 대수촌이 된 듯하다. 무산대수촌이 신라 서
울의 서쪽 교외에 있음은 "이때 (민애)왕은 서교[西郊]의 큰나무[大樹] 아래에 있었
다."는 『삼국사기』 민애왕 2년조 기사에서도 확인된다.

모량부의 전성기는 중고시대(6세기~7세기중반)다. 이 시기의 왕비족 박씨는 모량
부 출신이다. 지증왕의 왕비 박씨 연제부인이 그러하고, 진흥왕의 비 박씨 사도부
인은 모량리 영실각간(英失角干)의 딸이다. 법흥왕의 비 박씨 보도부인, 진지왕의
비 박씨 지도부인, 진안갈문왕의 비 박씨 월명부인 등도 모두 모량부 출신일 것이
며, 이들은 왕족인 양부(梁部.啄部) 김씨와 혼인하는 관계였다.

중고시대 왕비 가운데 박씨가 아닌 사람은 진평왕의 전비(前妃) 마야부인 김씨
와 후비 승만부인 손씨다. 그런데 모량부가 받은 성이 손씨라고 하니, 진평왕의 후

비도 모량부 출신일 가능성이 높다. 선덕여왕·진덕여왕의 경우는 여왕시대이니만 큼 왕비족을 말할 형편이 아니다.

죽지랑은 누구인가

죽지랑은 고매한 인격자로서 아랫사람을 아끼고 잘 거둔다 하여 후대까지 이름이 났다. 그의 인물됨은 아버지 술종공이 맺은 인연과 닿아 있다. 술종공이 죽지령을 개척할 때 도움 받은 이름 모를 거사가 술종공의 아들로 다시 태어났다. 『미륵하생경』을 보면 미륵이 도솔천에서 사바세계를 보고 일생을 의탁할 부모를 정해 내려와서[下生] 크게 국토를 교화한다는 내용이 있다. 죽지랑의 출생담은 미륵하생 신앙을 보여주는 예로서 여기에서 우리는 죽지랑 집안이 미륵하생 신봉자임을 알 수 있다. 거사 무덤에 돌미륵을 모심은 죽지랑이 미륵으로 태어났음을 기념하는 회향 의식이다. 미륵보살은 석가불을 계승하여 다음 생(生)에는 부처가 될 분, 즉 일생보처(一生補處) 보살이다. 과연 죽지랑은 화랑이 되었으니 그는 인간세상에 내려온 미륵이다.

김유신의 화랑 시절 그의 무리를 용화향도(龍華香徒)라고 - 미륵은 용화수 아래에서 성불함 - 불렀던 예에서 보듯이 화랑은 곧 하생(下生)한 미륵이다. 죽지랑을 존경하고 사모하는 노래가 후세까지 전해질 정도니 그는 무언가 출생부터 달랐을 것이다. 이 정도의 인물이라면 출생 이후에도 범상치 않았을 것이니 <죽지랑조>의 첫 에피소드가 그것이다.

죽지랑의 아버지 술종공은 진덕여왕대(647~653)에 남산 오지암(亐知巖)에서 김유신 등과 나랏일을 논의한 적이 있는 원로다. 죽지랑은 진덕왕 5년에 새로운 행정기관 집사부가 설치되자 그 장관인 중시(中侍)에 임명되었다. 집사부는 김춘추와 김유신 일파가 세웠으므로 죽지랑은 이들과 같은 성향의 인물로 보인다. 이후

254 삼국유사三國遺事 깊이 읽기

죽지랑은 김유신의 버금장수[副帥]가 되어 삼국통일에 공을 세운다. 실제 진덕왕 3년에 김유신이 대장군, 죽지랑은 장군으로서 백제군 정벌에 나섰다. 이런 경력을 보면 효소왕대에는 이미 원로가 되어 있었을 것이므로 이즈음 죽지가 화랑으로서 활약했다는 <죽지랑조>의 내용은 연령대가 맞지 않는다. 일반적으로 죽지랑의 화랑 시절은 진평왕대(579~632) 정도로 보고 있다.

납득하기 어려운 서사

<죽지랑조>를 읽다보면 이야기의 흐름이 부자연스러워서 주춤할 때가 한두 번이 아니다. 익선 아간의 '막힌' 성품은 그렇다 치자. 죽지랑이 저자세로 익선에게 향응을 베푼 것은 또 어떠한가. 하급관원 간진의 '쾌척(快擲)' 또한 선의에서 나온 결정이라 하더라도 나라세금을 수송하는 관리가 임의로 세금을 처분할 수 있는 지? 말과 안장이 익선에게 얼마나 소용이 되는지 어림잡을 수 없다.

원측(612~696)은 627년에 당나라로 유학가서 그곳 불수기사(佛授記寺)에서 입적했으므로 승직 주고받음은 차치하고 원측의 귀국 자체가 문제시된다. 모량리 사람 익선이 부정/뇌물을 좋아했다는 구실로 모량리 사람에게 관리임용이나 스님 생활을 제한한다는 결정도 지나치다. 이러한 규제가 넓은의미의 연좌죄라면 익선 가족에게 적용하는 형벌도 엉뚱하기는 마찬가지다. 익선 아간의 뇌물 사건이 정말 문제라면 관가에 호소하거나 죽지랑이 화랑을 마친 뒤 출세한 시점에서도 명실상부한 처벌은 가능하다. 그런데 추운 날씨에 목욕까지 시켜준다니 그것은 벌주는 쪽에서도 수고스러운 일이다. 벌이라고 하기에는 어딘가 장난끼조차 보인다. 아니면 스스로 택한 속죄(贖罪) 의례인가? 아래 증언을 읽어보면 그럴 가능성도 없지 않다.

어렸을 적 나는 나의 조모님이 '벌 서기'를 했다는 얘기를 어머니로부터 들은 적이 있다. 집안에 잘못된 일이나 재앙이 있으면 밤중에 우물가에 나가 옷을 입으신 채로 물을 전신에 끼얹으면서 비는 의식을 '벌 선다'고 했다는 것이다. 벌이란 말할 것도 없이 집안에 일어난 잘못을 주부의 죄로 본다는 것이 전제가 되는 것이다. 그러므로 찬물을 끼얹는 행위는 스스로 벌을 주는 일로 생각할 수 있다. 여기서 벌을 서는 일이 냉수를 뒤집어쓰는 일로 되어 있는 것은 '요사를 씻어내는' 그 옛날 조상들의 경험과 연결되지 않을까? (이종기, 『가락국 탐사』)

이런 점들은 '죽지랑 이야기'가 고려후기의 버전으로 채록되었고, 노래 모죽지랑가 또한 일연이 듣고 기록한 시가(詩歌)이니 사건이 일어난 시점으로부터 많이 변형/왜곡되었을 수 있다. 그만큼 이미 사실보다는 흥미 위주다.

(2) 금석문이 말해주는 사실

단석산 신선사와 마애불

문제의 부산성에서 경주 시내 쪽으로 내려오면 마주치는 골짜기가 '우중골'이다. 밭과 취락이 소규모로 형성되어 있는데, 골짜기를 따라 계속 올라가면 단석산 꼭대기에 이른다. 여기서 서남쪽으로 내려와 해발 700 미터 높이에 신선사가 있다. 1300 년 전의 절이름 그대로다. 사찰 경내에는 거대한 암석이 칼로 자른 듯 깎였다 해서 '단석(斷石)'산이다. 『신증동국여지승람』에는 이렇게 설명한다.

경주 단석산신선사마애불상군(ⓒ이용현)

속설에 전하기를, "신라의 김유신이 고구려와 백제를 치려고 신검
(神劍)을 구해가지고 월생산의 석굴 속에 숨어들어가 검술을 닦았다.
칼로 큰 돌들을 베어서 산더미 같이 쌓였는데, 그 돌이 아직도 남아
있다. 그 아래에 절을 짓고 이름을 단석사라 하였다." 한다.

원래 '신선사'인데 조선시대에는 고쳐 부른 모양이다. 삼국통일 뒤 김유신은 신
격화되어 그에 대한 여러가지 인물전설이 만들어지는데 이곳 단석산 지명도 그의
발자취를 빌은 설명이다. 최근에는 산꼭대기의 1미터 남짓한 바위 덩어리가 갈라
진 것을 두고 '단석'이라 하여 사진을 올리곤 하는데, 절에까지 내려오지 않으면
그렇게 믿게 되어 있다. 이밖에도 모양 좋게 잘린 '유사(類似. quasi)' 단석 사진이

인터넷에 나돈다. 바위가 두부같이 잘린 곳에 대한 전설은 대개 검(劍)을 시험삼아 휘둘러보았더니 그렇게 되었다고 하는데, 중국 계림시(桂林市) 교외의 동굴 '시금석(試金石)'도 마찬가지다.

천정만 뚫린 굴이라고 할 이곳의 안쪽[동쪽] 북암(北巖)에 높이 약 23척의 여래입상을 중심으로 모두 10 분의 부처·보살·신도 모습이 새겨져 있다. 그 가운데서도 중심이 되는 조각은 두껍게 돋을새김한 대형 미륵삼존상이며, 이와는 별도로 미륵반가사유상을 조성함으로써 가히 미륵신앙의 모든 진용을 갖추어 놓았다. 이 유적에 대해서는『신증동국여지승람』경주 산천조를 비롯하여『동경잡기』에 일찍이 소개되었고, 일제강점기 때는 일본인에 의해 답사/소개되었으며, 광복 뒤에도 몇 분이 답사했다. 본격적인 조사는 1969년 신라3산조사단이 수행한 이래, 이들 불상이 옛신라[古新羅] 즉 통일 이전의 신라 최대 조각이라는 점에서 주로 미술사 분야에서 많은 관심을 보여 왔다. 불상 연대에 대해서는 삼국말 6세기, 600년경 또는 7세기 전반 설이 제기되었다.

바위의 새김글 - 단석산신선사조상명기(斷石山神仙寺造像銘記)

남쪽 바위벽면에는 불·보살상을 조성하게 된 사연을 글자 크기 2~4cm로 새겨 놓았다. 원래 얕게 새긴 데다 마멸 또한 심하여 분명한 글자가 얼마 안 된다. 명문은 좌우 두 부분으로 나뉘어져 있는데, 오른쪽 것만 현재 금석문 자료에 소개되어 있고 왼쪽 새김글은 거의 판독이 어렵다. 이 유적의 연대에 대한 위의 몇 가지 추정은 불상양식에 근거한 것이며 명문 자체에 대한 연구는 드물다. 따라서 그 연대를 막연히 고려시대라고 하는 이도 있으나 명문은 조각과 분리하여 생각할 수 없다. 한 유적에 대해 검토 대상이 다르다고 하여 이와 같이 시대차이가 나는 것은 분명 어느 한쪽이 잘못되었다.

단석산 신선사 조상명기(©이용현)　　　　　　　단석산 신선사 조상명기 탁본('잠탁'부분)

　　이들 글자를 몇 분이 읽은 바 있는데 그 가운데서 일치하지 않는 글자 위주로
논의를 해보려 한다. 나는 새김글을 전체 20 줄로 본다. 글자의 흔적이 보이지 않
는 곳은 여백으로 처리하여, 이들 모두를 읽지 못하는 글자로 처리한 기존의 판독
과 차이가 있다.

　　명문은 세 단락으로 나눌 수 있다. 첫째는 도입부로서, 셋째줄 열 번째 글자까지
다. 둘째는 불상조성인연부[造像緣起部]로서 명문의 중심 부분이다. 열일곱째 줄의
'銘曰(명왈)'부터는 종결부다. 셋째 줄 12, 13번 째 글자는 '菩薩(보살)'이며, 16번 째
줄의 ' … 菩薩(二區)'과 모양이 같다. 셋째 줄의 11번에서 15번 째 글자까지는 '菩
薩戒弟子'로서, 보살계를 받은 부처님 제자라는 뜻이다. 이 호칭은 중국의 남조 황
제들과 일부 귀족이 썼다. 이 호칭이 중국에서 사용된 시기는 거의 6세기에 한정

된다. 그러므로 신라는 남조 불교를 익히 접했으며, 유적의 조성 시기가 6세기 후반 또는 7세기 초를 넘지 않는다는 미술사학계의 추정은 빗나가지 않았다. 『보살계제자』를 칭한 인물은 신라의 왕이거나 그에 못지않은 인물이다.

『보살계제자』 다음 글자를 지금까지 '쓩珠(잠주)'라 읽어 왔다. 그러나 이른바 '珠'자의 왼쪽글자(偏)는 '王'보다는 '口'에 가깝다. 오른쪽글자(旁)는 '永' 혹은 '豕' 같이 보인다. 따라서 나는 이 글자를 '啄(쪼을, 두드릴 탁. 부리 주)'으로 보며, 앞 글자와 합하면 '쓩啄(잠탁)'이 된다. 금석문의 '啄'자는 모양에 조금씩 차이는 있으나 신라사람들이 '도(道)' 혹은 '탁(涿)'으로 읽었다고 『삼국유사』에서 두 번이나 친절히 일러주었다. 고려 방언집(方言集) 『계림유사』에는 '雞曰涿(音達-원주. 닭)'이라는 글자를 올려놓았다. '啄'자의 소리 값은 도·달·탁이다. 그러니까 쓩啄의 두 번째 글자는 지금까지 읽어왔던 대로 '탁'으로 읽으면 형태나 소리, 뜻[洞·野] 모두가 맞아떨어진다. 牟梁=漸梁=쓩啄(잠탁)을 읽을 때 '啄(梁)'자의 소리값[音價]은 후대의 지명 울돌목[鳴梁]·노들[鷺梁津]에서도 확인된다.

명문이 소개될 즈음까지는 '쓩啄(部)'의 용례가 없어서 '쓩珠'로 본 것도 무리는 아니었다. 그런데 1988년에 발견된 울진봉평비문에 '쓩啄部美昕智干支'(잠탁부미흔지간지)가 보임으로써, 명문의 '쓩△'를 '쓩啄'이라 읽는 데 주저할 이유가 없다. '잠탁부'는 곧 신라 6部의 하나인 漸梁部=牟梁部라고 함은 이미 정설이 된 터이다. 그리고 보면 당시의 정확한 발음이 어떠했는지는 모르지만 '잠(탁)'과 '점(탁)'은 같은 소리를 한자로 달리 적은 데 지나지 않는다. 이곳 단석산 일대가 모량부 권역임은 앞에서 말한 바 있는데 여기에서 '잠탁(부)'라는 글자를 읽어냄으로써 모량부가 잠탁부=점탁부임을 재확인한 셈이다. 남산신성비 제2비 다섯째 줄 「!수!㗖」의 첫 글자도 '牟'를 달리 쓴 것으로 밝혀졌다. '쓩啄'部가 명문의 불상 조성인연부 서두에 나오는 것으로 보아, 이 조각의 발원자는 잠탁부 소속임을 알 수 있다. 잠탁부 실력자는 자신들의 근거지에서 거대한 조각과 함께 발원문을 새겨 놓았다. 잠탁부 사람들은 자신들의 소속 부(部) 높은 곳에 장엄한 만신전(萬神殿. Pantheon)을 모시어 무언가를 간절히 기원했다. 명문의 '잠탁'에 근거하여 이 유적 연대의 상한을 추정하면, 울진봉평비를 세운 때(524)로부터 그리 뒤지지 않는 시기가 된다. 통일기가 되면 신라 사람들은 이름 앞에 부(部) 이름을 더 이상 붙이지 않으므로 그 하한은 7세기 중엽이다. 애석하게도 '잠탁' 다음 글자는 깨어져 나갔다.

13번 째 줄, 10·11·12번 째 글자는 '吟新曲(음신곡)'이다. '신곡'이란 범패의 새로운 곡조로서 발성법이 종전과 다르다. 일찍이 남제(南齊)의 담천(曇遷)·담지(曇智) 등이 새롭고 기이한 찬불가를 제작한 바 있는데, 소자량(簫子良)이 489년경에 범패 잘 하는 스님을 모아 『서응(瑞應)』 42곡을 지음으로써 그 이름이 생겨났다. 남조 중에서도 제(齊)나라 때에 이 범패가 가장 유행하였다고 한다. 그러므로 '신곡' 또한 이 유적의 연대를 추정할 수 있는 하나의 단서가 된다.

16번째 줄의 7~9번째 글자는 '高三丈(고삼장)'인데 숫자 '三'이 많이 흐리다. 선부처[佛立像]의 높이는 7미터 정도인데 진한대(秦漢代) 잣대로 계산하면 '세 길[三丈]'이 된다.

15째 줄에는 절 이름 '神仙寺(신선사)'가 보이고, 17째 줄에는 '육도(六道)'가 있다. 화랑을 '신선'·'국선(國仙)' 또는 '선화(仙花)'라 하여 가장 숭상했던 시기는 삼국통일 이전 신라 중고기였으며, 이때의 '신선[仙]'이란 곧 미륵을 의미한다. 절 이름을 '신선사'라 한 것은, 여기에 미륵을 모셨기 때문이다. 중고기를 지나면 신라 정토신앙의 예배 대상은 중국과 마찬가지로 미륵불에서 아미타불로 바뀐다. 잠탁부 사람들은 자신들의 신령한 산 정상을 극락의 세계 즉 도솔천이라 믿어, 육도윤회를 여의고 이곳에 왕생하기를 기원했다. 이것은 인간세상에 내려올[下生] 미륵을

	ⅩⅩ	ⅩⅨ	ⅩⅧ	ⅩⅦ	ⅩⅥ	ⅩⅤ	ⅩⅣ	ⅩⅢ	ⅩⅡ	ⅩⅠ	Ⅹ	Ⅸ	Ⅷ	Ⅶ	Ⅵ	Ⅴ	Ⅳ	Ⅲ	Ⅱ	Ⅰ
1	路	△	山	端	彌	[立]	△	金		△	△	寶	正		△		△		能	夫
2	深		△	[設]	勒	[誠]	△			△	△	舟	相		△		△		[界]	聖
3	眞		日	銘	石	仍	△	飛		△	△	超	勸		△		△	△	[然]	道
4	如	林	△	日	像	於	△			△	△	登	以		△			△	眞	者
5	理	現	△	△	一	山	△	共		△	△	彼	道	△		△		△	△	凝
6	△	△	△	△	區	巖	△	來		△	△	岸	辨		△	△	難	妙	[苑]	
7	道	△	△	常	高	下	△	儀		△	△	法	罪		△	△	[相]	域	有	
8	△	[寶]	△	樂	[△]	創	△	[要]		△	△	門	福	△	△	△	而	△	迹	
9	△	金	△	△	丈	造	△	△		△	△	不	報	△	△	△	△	世	之	
10	△	[堅]	△	△	菩	伽	△	吟	西	△	△	二	△	△	△	△	[備]	△		
11	△	[心]	△	△	薩	藍	△	新		△	△	如	如	有	△	母	有	△		
12	由	△	△	△	二	因	愛	曲		△	△	理	△	三	△	[名]	菩	[者]	△	
13	善	水	△	△	區	靈	△	仰		△	△	唯	△	△	△	薩	也			
14	[度]	[鏡]	[鈴]	△	△	處	△	覩				一	故	年	戒					
15	△	法	[十]	六				名			誓		地	赤		共		上	弟	
16	△	若	[方]	道	微	神		懺					皆	霞		議		子	乎	
17	初	路	行	功	妙	仙		心			成	[旦]	日			王		岑	兆	[根]
18	興	深	方		相	寺		府			仏	△	若		△		△		[喙]	易	路
19	庵	[見]	丈	八		作		村			澤	△		△	△				而	之

[　]표시된 것은 필자가 새로 읽었거나, 기존 판독과 다르게 본 글자.

고대하고, 하생한 화랑을 극진히 모시고 따르는 미륵하생신앙과 대조된다.

새김글의 미륵상생 신앙

신선사 불상 및 명문을 이렇게 이해할 때 이곳 북쪽 암벽에 새겨진 반가사유상은 도솔천의 미륵으로서 보살이지만 부처와 다름 없다. 공양하는 보살은 설법인을 통해 다음 세상에 성불하리라는 예언[授記]을 받음으로써 반가상처럼 도솔천에 오르는 연속 장면이다(주수원, <단석산 신선사 마애불의 도상학적 재고>). 높은 산에 있는 절의 위치를 보아서도 도솔천의 광경이라 하는 데는 이의가 없을 것이다. 이쯤에서 새삼 떠오르는 유물이 있다. 앞에서 언급한 금척리의 '천왕' 글자를 새긴 청동그릇이다. 과문한 탓에 그런 용례를 본 적이 없지만, 그릇의 주인이 왕이거나 그에 맞먹는 권력자일 것 같지는 않다. 아마도 불교나 민속의 신격을 이름인 듯한데 적어도 하늘 즉 높은 곳을 갈망하거나 하늘을 향하는 의례 때 소용되는 그릇이 아닐까 생각된다.

그러면, 불상조성인연부의 내용을 검토하기로 하자. 명문은 대략 다음과 같이 이해된다.

> 서로 도(道)로써 죄를 없애고 복을 닦도록 권하여, 피안에 올라 … (건너뜀) 불이법문(不二法門)을 듣고, 모두 성불한다는 수기를 받자고 함께 의논하였다. 그러자면 불경을 신곡에 맞추어 읽고, (도솔천을) 우러러 가슴깊이 서원하고 참회한다. 이에 산의 바위 아래 가람을 짓고 '신선사'라 이름하며, 미륵석상 한 분과 보살 두 분을 조성하여 미묘한 모습을 나타낸다.

위 내용은 많은 부분이 송나라 저거경성이 서기 455년에 번역한 『관미륵보살상생두솔천경(줄여서 '미륵상생경')』의 교설과 일치한다. '도'란 열 가지 선을 닦는 길 즉 '십선도(十善道)'를 의미할 것이며, '죄를 없앤다' 함은 죄업을 여읜다는 뜻이다. 『미륵상생경』 원문은 이러하다.

> 부처님께서 우바리에게 말씀하셨다. "내가 열반한 뒤, 도솔천에 태어나고자 하는 사부대중이나 천(天)·용(龍)·귀신이나 도솔천에 나고자 하는 이는 마땅히 이렇게 관(觀)하라. 한 생각으로 끊임없이 오직 도솔천을 관하고, 모든 계율을 지키며, 하루나 칠일 동안이라도 '열 가지 선(十善)'을 생각하고, 이 십선도(十善道)를 행하며 …(건너뜀) 만

일 한 생각 동안이라도 미륵보살 이름을 부른다면 마침내 일천이백
겁(劫) 동안의 죄업을 다 소멸하게 되며 … (아래 생략)

"경전을 읽고 기도하며, 가슴 깊이 서원·참회하고 부처·보살을 만든다"는 것은
곧 『미륵상생경』의 아래 가르침을 실천하는 것이다.

깊은 선정(禪定)에 들어 경전을 읽고 외우는 이러한 수행을 하는 사
람은 비록 번뇌를 끊지는 못했더라도 여러 가지 신통을 얻는 것과
다름없느니라. 또, 한마음으로 부처님의 형상을 생각하고, 미륵보살
의 이름을 부르거나, 한 생각 동안이라도 여덟 가지 齋戒를 받아 깨
끗한 수행을 하고 서원을 일으킨다면 …(건너뜀) 도솔천에 왕생하리
라. …(건너뜀)
만일 선남자·선여인 가운데 계율을 범하고 많은 악업을 지은 이가
있더라도 대자대비한 이 보살의 이름을 듣고 땅에 엎드려 지성으로
참회하면 모든 악업이 사라지고 청정하게 되느니라. 또, 뒷세상의 중
생들이 대자대비한 보살의 이름을 듣고 그 형상을 만들어 모시고 …
(아래 생략)

한편, 왼쪽 명문에 「탑묘(塔廟)」가 보이는데 위 경전 내용의 "그 때 모든 인(人)·
천(天)들이 온갖 보배로 묘탑(妙塔)을 세워서 사리에 공양하느니라"라는 구절을 연
상시킨다. 도상(圖像)으로는, 북암의 공양인물상이 '나뭇가지 같은 것'을 잡고 있는
데 이것 역시 『미륵상생경』에 보이는 '백불(白拂. 희고 긴 터럭을 묶어 손잡이를 그 끝에
붙인 것)'일 것이다.

불상조성인연부의 내용은 한마디로, 도솔천의 미륵 앞에 왕생하기를 바라는 신앙집단이 참회하여 죄를 없애고 계율을 지켜 복 짓기를 서원하는 것이다. 이들이 새겨놓은 발원문에서 한두 가지 특징을 더 지적할 수 있다. 먼저, 잠탁부의 발원자들은 자신들이 피안에 상생(上生)하기를 희구하고 있다. 잠탁부 사람들은 '보살계 제자'를 필두로 하여 현세에서는 죄를 소멸하여 복을 받으며, 죽어서는 도솔천에 상생하여 미륵보살의 법문을 듣고자 한다. 이 목적 때문에 그들은 성심껏 계율을 지키고 참회하기를 맹세한다. 바로 『미륵상생경』의 가르침이다. 그들은 '戒弟子'를 표방하면서도 신앙과 수행의 비중은 오히려 참회에 있다.

대승경전에서 참회의 중요성은 이러하다. 근기(根機)가 약한 중생이 스스로의 힘으로 깨달음을 이루기는 어려우며 오히려 후퇴하기 마련이다. 그러므로 부처가 지켜주고 보호해야 하며, 이 자비로운 보호를 받자면 자신이 지은 죄악장애부터 참회하지 않으면 안된다. 그리하여 죽어서는 더욱 안락하고 청정한 피안=불국토에 태어나 물러남이 없이 깨달음 얻기를 바란다. 대승경전에서 여러가지 정토가 설해지는 까닭이 여기에 있다. 계율과 참회를 병행하는 의식은, 그 목적이 계율지킴에 있다기보다는 오악사중죄(五惡四重罪)까지도 참회를 해야 제거된다는 가르침을 실천하는 것이다.

잠탁부의 이러한 참회주의적 계율관은 당시의 일반적 계율관과 상당히 다르다. 이즈음의 계율관을 보여주는 일화가 있다. 사량부의 귀산과 추항이라는 청년이 원광 스님을 찾아와 '평생의 교훈[終身之誡]'를 듣고자 했을 때, 원광은 그들이 신하와 자식된 몸이라 열 가지의 보살계를 지키기는 어려울 것이라 하고 대신 세속오계를 가르쳤다. 이와 같이 엄격히 지켜야한다는 계율관은 원광의 계율관인 동시에 사량부 사람들의 계율관이다. 그리고 세속오계가 곧 화랑도의 계율이라 인식되고 있으므로, 준수 위주의 계율관은 또한 신라 사회나 국가의 일반적 윤리관이기도 하다. 그렇지만 원광도 병석에 있는 진평왕에게 불려가 보살계를 주고 참회시킨 사실이 있어, 자신의 계관에 모순을 보이고 있다. 원광은 수나라에 군사를 요청하는 걸사표(乞師表)를 쓰고, 백고좌강회를 주관하는 등 국가권력과 밀착되어 있었다. 그러므로 제왕에게 주는 명예로운 의례인 보살계 수여를 원광은 거절할 수 없었다고 보아야 한다. 어떻든, 계율을 중시하는 분위기 속에서, 비록 국왕에 대한 예우라고는 하지만『보살계제자』 칭호는 하나의 예외적인 것이다. 신라사회는 원광을 이어 자장에 이르는 중고시대말까지 더욱 계율을 중시하는 쪽으로 나아가고 있었다.

(3) <백률사>조

<죽지랑>조는 효소왕대에 모량부가 몰락한 사실을 비교적 소상히 적고 있으나 정확하지는 않다. 몰락한 이유라고 할까 발단은 익선 아간이 뇌물을 받았기 때문이라고 했다. 모량부가 이렇게 사태(沙汰)를 맞기 전의 실상을 우리는 신선사조상 명기에서 보았다. 이즈음까지 이들 박·손씨는 왕비족으로서 그 위상을 굳히고 있었다. 그런데 연이은 여왕시대를 겪는 중에도 새로운 왕비족은 태동하고 있었다. 김춘추의 부인 즉 무열왕의 왕비는 김유신의 누이 천명(天明)부인이며, 이들 금관가야계 김씨는 사량부에 편입되었다. 중고시대 모량부의 세력은 왕실에 버금가는 존재일 뿐만 아니라, 새 시대의 왕비족인 사량부 가야계 김씨에게도 점차 경쟁적 존재로 인식되었을 것이다. 그리고 왕족 양부(梁部)에 버금가던 원(原. proto) 사량부 사람들도 자신들의 잃어버린 세력을 만회하는 데는 모량부가 걸림돌이 될 것임은 충분히 예상된다.

모량부가 몰락하던 시절 사량부는 나라정치의 전면에 나타나 공훈을 쌓는다. 그 일화를 들어본다.

계림의 북악은 금강령이다. 산의 남쪽에는 백률사가 있고 그 절에 관음보살상이 하나 있는데 처음 만든 시기는 알 수 없으나 영검으로 상당히 소문났다. 이런 말도 있다. 귀신같은 솜씨의 중국 장인이 중생사의 흙불상을 만들 때에 함께 만든 것이라고. 항간에는 이 보살님이 일찍이 도리천에 올라갔다가 돌아와 법당에 들어갈 때에 밟았던 돌 위에 발자국이 지금까지 온전히 남아 있다고도 한다. 혹은 말하기를 (관음보살이) 부례랑을 구해 가지고 돌아올 때에 보였던 자취라고 한다.

천수 3년 임진(692) 9월 7일에 효소왕이 대현 살찬의 아들 부례랑을 국선으로 삼으니 고급 구두를 신은 무리가 1,000명이나 되었는데, 그 중에도 안상이란 사람과 가깝기가 특히 더하였다. 천수4년 (장수2년) 계사년 3월에 무리를 이끌고 금란에 놀러나갔다가 북명 땅에 이르러 오랑캐에게 잡혀갔다. 문객이 모두 어찌할 바를 모르고 돌아왔으나 안상만이 홀로 쫓아갔으니, 때는 3월 11일이었다.

대왕이 듣고 매우 놀라 말하였다. "선왕께서 신령스런 젓대를 얻어 나에게 전하였고, 지금은 거문고와 함께 궁중 창고에 간수해두었는데, 무슨 까닭으로 국선이 갑자기 도적에게 잡혀갔는가! 이 일을 어찌하면 좋을고?" (거문고와 젓대의 일은 별전에 모두 적혀있다.) 때마침 상서로운 구름이 천존고를 덮었다. 왕이 또 겁이 나서 사람을 시켜 살펴보니 궁중 창고에 두었던 거문고와 젓대 두 보물이 없어졌다. 이에 왕은 말하였다. "내가 얼마나 복이 없길래 어제는 국선을 잃고 또 거문고와 젓대를 잃었단 말인가!" 그러고는 고지기 김정고 등 다섯 사람을 가두었다. 4월에 나라에 현상금을 걸어, 거문고와 젓대를 찾는 사람에게는 1년치의 조세를 상으로 주겠다고 하였다.

5월15일에 부례랑의 양친이 백률사 대비상 앞에 가서, 몇 날 밤이고 기도를 드렸는데, 어느 사이 향 피우는 탁자 위에 거문고와 젓대 두 보물이 놓여 있고, 부례 랑과 안상 두 사람도 불상 뒤에 와 있었다. 양친은 크게 기뻐하여 그 곡절을 물었 다. 부례랑이 말하였다.

저는 잡혀간 뒤 그 나라 '대도구라'의 집 목동이 되어 '대오라니'[어떤 책에는 '도 구'의 집 종이 되어 '대마'라는 들에서 방목하였다고 한다]란 들에서 풀을 먹이고 있었습 니다. 갑자기 용모 단장한 어떤 스님이 손에 거문고와 젓대를 가지고 와서 위로하 면서 "고향을 생각하느냐?"고 물었습니다. 저도 모르는 사이에 그 앞에 꿇어앉아, "임금과 어버이를 그리워함을 어찌 말로써 다할 수 있겠습니까?" 하였습니다. 스 님이 "그러면 나를 따라 오게나!" 한 뒤 데리고 해변에 이르러 또 안상과 만나게 되었습니다. (스님은) 젓대를 둘로 쪼개어 우리 두 사람에게 주어 하나씩 타게 하 고, 그는 거문고를 타고 둥실둥실 떠 돌아와 잠깐 동안에 여기에 이르렀습니다.

이 모든 사실을 왕께 급히 보고하였다. 왕이 크게 놀라 사람을 보내어 부례랑을 맞이하고 거문고와 젓대도 궁궐로 들여왔다. 왕은 무게 50냥 되는 다섯가지 금은 그릇 2 벌과 누비 가사 5 벌과 비단 3,000 필 및 밭 1만 경을 백률사에 바치어 은 덕에 보답하였다. 나라에는 크게 사면을 내리고, 관리들에게는 벼슬을 세 단계 올 려주고, 백성들에게는 3년간의 조세를 면제해주고, 그 절의 주지를 봉성사로 옮기 게 하였다. 부례랑을 봉하여 대각간[신라의 재상 직함]을 삼고, 그 아버지 대현아찬 을 태대각간으로, 그 어머니 용보부인은 사량부 경정궁주로 삼았다. 안상을 대통 으로 삼고, 고지기 다섯 사람을 모두 용서하여 각각 벼슬을 다섯 단계 올려주었다.

6월 12일에 혜성이 동쪽에 나타나고 17일에 또 서방에 나타나니 일관이 아뢰었 다. "거문고와 젓대에 이름을 올리지 않은 징험입니다" 이에 신비한 젓대를 봉하 여 '만만파파식적'이라 하였더니 혜성이 그제야 사라졌다. 그뒤로도 이상한 일이 많았으나 글이 번거로우므로 싣지 않는다. 세상에서는 안상을 준영랑의 무리라 하나 알 수 없다. 영랑의 무리로는 오직 진재·번완 등의 이름이 알려져 있는데, 그들 역시 알 수 없는 사람들이다[별전에 자세히 보인다].

<백률사>조가 말해주는 진실

<백률사>조를 읽는 독자는 시선이 산만해지게 되어 있다. '『삼국유사』최대의 스토리텔링'인 만파식적 이야기가 시대를 넘어 이어지는가 하면, 고려·조선시대까지도 생생히 전해오는 스토리텔링 '화랑의 나들이/실종 사건', 이름하여 '네 화랑/신선[四仙] 이야기'가 <백률사>조 내용의 절반을 차지한다. 관음보살이 부례랑을 구해서 돌아올 때 남긴 발자국이 있는가하면, 실종 연월일이 정확히 나오니 꾸민 이야기 같지는 않으나 내용이 황당하기는 마찬가지다. 어떻든 효소왕 때 사직이 위험했던 사건은 있었던 것으로 보인다. 효소왕이 왕이 될 자격이 있는가라든가 왕과 형제들 사이의 알력에 관한 사료가 더러 있지만 현재로서는 더 이상 알 수 없다.

<백률사>조를 탑상편에 실은 까닭은 절에 모셔져 있는 관음보살상의 영험을 말하고자 함이다. 이 흙상의 영험은 납치된 화랑들을 돌아오게 했고, 잃어버린 나라의 보물을 찾아올 정도다. 이 서사에서 수훈(殊勳) 갑(甲)이 부례랑의 부모이다. 부례랑은 물론 그 아버지도 최고의 계급으로 올랐다. <백률사>조에서 우리의 시선을 끄는 대목은 부례랑의 어머니 용보부인이 '사량부 경정궁주'가 되었다는 데 있다. 그것은 효소왕 시절 모량부가 몰락/침체될 때 사량부는 승승장구하고 있다는 현상이다.

왕조의 사직을 상징하는 거문고[玄琴]와 신적(神笛. 만파식적)의 정체는 무엇인가? 왕실의 고[琴]에 대한 사료는 <(신라)고집을 쏘아라[射琴匣]>(이 책, 둘째 마당)에 나오는 현악기밖에 없다. 이 고는 이미 소지왕 때부터 보인다.

여기 만파식적의 선구(先驅)/오리지널이 있다.

> 옥적玉笛 : 길이는 한 자 아홉치인데 그 소리가 맑다. 속설에 동해의
> 용이 바친 것이라 한다. 역대 임금이 보배로 전하였다. [『신증동국여지
> 승람』 권21, 경주부 고적]

해룡이 바쳤다는 것을 보면 만파식적 유래와 진배없으며 더구나 왕들이 대물림
한 것이다. 경주에는 20세기 초에 조사된 경주부(慶州府)의 창고에 옥적이 둘 있었
는데 그 하나가 바로 위의 옥적이라고 한다. 우리의 주의를 끄는 것은, 옥적의 재
질은 돌이지만 그 겉모습은 대나무 마디를 조각했다는 견문기다. 여기에서 우리
는 베일에 싸인 만파식적보다는 옥적에 더 믿음이 간다. 더군다나 동해 용이 바친
것이라면 바다로 쳐들어오는 왜적퇴치에도 효험이 적지 않을 것이다. 이렇게 보
면 일본이 신라를 치려다 만파식적이 있다는 말을 듣고 물러났다는『삼국유사』
원성대왕조 이야기도 만파식적을 옥적으로 보았을 때 사리에 맞아떨어진다.

만파식적을 대나무로 만들었다는 것은 옥적의 대나무 마디모양이 설화적으로
발전된 것 같다. 만파식적 설화는 원래의 옥적 모티프에 산·대나무의 출현 이야기
가 덧붙여진 것이다. 만파식적은 중대 무열왕권이 출범하면서 통일 이전의 나라
보물인 호국삼보와 맞먹는 상징물이 생겨났다는 이야기지만 그 생성시기는 나물
왕의 12세손이라는 신라 하대 원성왕계의 출범과 관련이 있다 더구나 백률사 관
음보살의 영험으로 사직이 제자리를 찾았다는 스토리는 명정궁주라는 고려시대
용어로 보아 더 후대의 스토리텔링이다.

나는 효소왕대의 두 사건을 말해주는 <효소왕대 죽지랑>조와 <백률사>조는 상
호 밀접한 관련이 있는 정치 사건에 대하여 각각 승자와 패자를 중심으로 이야기

한 것이라고 생각한다. 그리고 이 사건들을 효소왕 및 그 배다른[異腹] 형제들간의 왕위계승전으로 보고, 여기에 각각 사량부와 모량부가 가담했을 것이라고 추측한 바 있다.

역사연구의 냉혹함과 한계

일연은 『삼국유사』를 집필하는 데 스님/불교의 처지에서 조목마다 진실을 유감 없이 피력한다. 그 감동과 환희심은 조목 끝에 붙인 시구(詩句) 찬(讚)에서 다시 한 번 되새긴다. 하지만 사실을 말할 때는 자주 머뭇거리고 종국에는 유보하는 경우가 한두 번이 아니다. 그만큼 사실을 밝히는 일 - 이를 고증이라고 한다 - 은 어렵고 의지대로 되는 것이 아니다.

사실을 아무리 모은다 한들 그것이 곧 진실이 되지는 않는다. 비로소 역사가의 논리적 사변(思辨)과 사실들을 꿰어 맞추는 역사 쓰기가 요구된다. 역사와 '불교의 가르침'은 가는 길이 서로 다르지만, 그렇다고 시종 평행선을 달리지는 않는다. 무한히 서로를 있게 하여 이야기를 만든다. 일연이 역사가는 아니다. 그래서인지 화랑 죽지랑에 얽힌 이야기를 하는데, 해당 시대라든가 이야기하는 품[서사]이 도무지 아귀가 맞지 않는다. 항간에 떠도는 이야기를 그대로 효소왕대 역사로 가름하려 했던가.

현대 역사학도는 새로운 자료, 방대한 사료를 가지고 선현들보다 더 사실에 가까이 갈 수 있다. 잘나서가 아니라 그만큼 시대가 좋아지고, 흘렀다. 이십 몇 년 전 나는 경주 단석산 신선사에 가서 바위에 조각한 불·보살상을 친견하고 새김글을 보다가 한 글자에 시선이 꽂혔다. 선현들이 못다한 이야기를 나에게 맡긴 것일까?

효소왕·모죽지랑가 관련 사료를 모아서 분석해보았다. 알아갈수록 모르는 것은 더 많아진다. 하지만 그 '모름'의 속성은 어느 구석의 무엇을 모르는지, 앞으로 어느 부분을 더 조명해야하는지가 차츰 명료해진다.

역사에는 가정(假定. if)이 없다고 한다. 하지만 사료나 사실만 늘어놓는 역사학도는 무책임하다. 한 발짝이라도 띄어놓아야 서술/글쓰기가 된다. 가정은 한 번만 하라고 선배학자는 말한다. 나는 모죽지랑가를 둘러싼 역사해석을 시도하면서 한 발짝 추리도 해보았다. 두 발짝 이상 가면 역사소설로 치달을까봐. 여전히 한 보따리 숙제만 남긴 것은 아닌지.

유적보존 문제

근래 신선사마애불을 찾는 이는 특히 새김글 쪽이 사진에서 보는 바 초록 이끼로 뒤덥혀 있어 놀라움을 금치 못한다. 주지스님 말로는 강화유리 지붕을 씌운 뒤로 통풍이 되지 않아서 비가 오거나 습하면 수시로 이끼가 낀다고. 현대 문명을 빌어 비바람으로부터 귀중한 신라 유산을 보존하려는 갸륵한 마음이 무색하게 된 장면이다. 가까이 골굴암의 마애여래좌상에도 쇼윈도우 같이 유리지붕을 씌웠는데 거기는 어떤지?

경주 단석산신선사마애불 유리지붕(©이용현)

삼국유사 깊이 읽기

계집종 욱면의 염불왕생

-〈욱면비염불서승〉

슬픔만한 거름이 어디 있으랴

(허수경 시집)

< 계집종 욱면이 염불 도중에 극락 가다(郁面婢念佛西昇) >

경덕왕대(742~765)에 강주(康州. 지금의 '진주(晉州)'다. 혹은 '강주(剛州)'라고도 하
는데 그러면 지금의 '순안(順安)'이다)의 남자신도 수십 명이 서방정토에 왕생하고
자 하여 주(州) 영역에 미타사(彌陀寺)를 세우고 일만 날(萬日)을 기약하여 (염불)계
(契)를 맺었다.

그때 아간(阿干. 신라 제6관등인 아찬) 귀진(貴珍)의 집에 욱면이라 부르는 한 계집
종[婢]이 있었다. (그녀는) 주인을 따라 절에 와서는 마당에 서서 스님을 따라 염불
하였다. 주인은 그녀가 자기 일을 등한히 하는 짓이 미워서 늘 곡식 두 섬을 주어
하루저녁에 다 찧게 하였다. 계집종은 초저녁에 다 찧고 난 뒤 절에 와서 염불하
기를 (속담 '내 일 바빠 한 댁 방아'는 아마 여기서 나온 듯하다) 밤낮으로 게을리하지 않
았다.

뜰 좌우에 긴 말뚝을 세우고 노끈으로 두 손바닥을 꿰어 말뚝에 매고 합장하니,
주변에 노닐던 사람들이 [그녀를] 격려하였다.

그때 하늘에서 외치기를 "욱면 낭자는 법당에 들어가서 염불하라!"고 하였다.
절의 대중들은 이 소리를 듣고 계집종에게 법당에 들어가라고 권하여, 법식에 따
라 정진하게 되었다. 얼마 뒤 서쪽 하늘에서 음악이 들려오더니 계집종이 솟아올

계집종 욱면의 염불왕생 - <욱면비염불서승>   **277**

라 집의 들보를 뚫고나가 서쪽으로 가다가 교외에 이르렀다. (계집종은) 육신을 버리고 진신(眞身)으로 변하여 연꽃자리[蓮臺]에 앉아 큰 빛을 발하면서 천천히 사라지니 음악소리가 하늘에서 그치지 않았다.

그 법당에는 지금도 (욱면이) 뚫고 나간 구멍이 있다고 한다 (향전(鄕傳) 내용이다)

승전(僧傳)은 이러하다.

동량(棟梁) 팔진(八珍)은 관음보살이 나투신 분[應現]이다. (그는) 천 명의 무리를 모아 두 패로 나누었는데, 한 쪽은 노력봉사를 하고 다른 한쪽은 수행에 전념했다.

노력봉사자 중에 책임자가 계율을 지키지 못하여 축생도(畜生道)에 떨어져 부석사(浮石寺)의 소가 되었다. (그 소가) 일찍이 불경을 싣고 갔으므로 그 경전의 힘으로 윤회전생하여 아간 귀진의 집 계집종이 되었는데, 이름을 욱면이라 하였다.

(욱면이) 일보러 하가산(下柯山)에 이르렀을 때, 감몽(感夢)을 받아 드디어 도심(道心)을 내었다. 아간의 집은 혜숙(惠宿) 법사가 세운 미타사로부터 멀지 않아, 아간이 매번 그 절에 가서 염불할 때 계집종도 따라가서 뜰에서 염불하였다.

이렇게 9년을 하더니, 을미년 정월 21일에 예불하다가 들보를 뚫고 가버렸다. 소백산에 이르러 신 한 짝을 떨어뜨려서 그 곳에 보리사(菩提寺)를 지었다. 산밑에 이르러서는 육신을 버렸으므로 거기에다 두 번째 보리사를 짓고, 건물에는 '욱면이 하늘로 올라간 법당[勖面登天之殿]'이라고 쓴 간판을 붙였다. 지붕마루의 구멍은 열 뼘 가량이나 되었는데 비록 폭우나 함박눈이 쏟아져도 (건물 안은) 젖지 않았다. 뒷날 일 벌이기 좋아하는 자[好事者]가 금탑 한 채를 주조하여 그 구멍에 끼우고 반자 위에 올려놓아 그 이적을 표시했다. 지금도 간판과 탑은 그대로 있다.

욱면이 간 뒤에 귀진 또한 자기 집은 신이한 사람이 살던 곳이라 하여 바쳐서 절로 만들었다. 법왕사라 이름 짓고 토지와 몸종을 바쳤다. 오랜 세월이 지나 퇴락하여 폐허가 되었을 때 큰스님 회경(懷鏡)은 숭선(承宣) 유석(劉碩)과 소경(小卿) 이

원장(李元長)과 함께 이 절을 중건하기로 원(願)을 세웠다. 회경이 몸소 토목일을 맡아 처음 재목을 나를 때, 꿈에 웬 할아버지가 나타나 삼신과 칡신 한 켤레씩을 주었다. 또 옛 신당[神社]에 나아가 불교의 이치로 타일러서 신당의 재목을 베었다. 모두 5년만에 공사를 마치고 노비까지 더하여주니, 번창하여 동남쪽의 이름난 절이 되었다. 사람들은 회경을 귀진의 후신이라 했다.

따져보자. 마을의 옛 전설에 의하면 욱면은 경덕왕대의 사실인데 징('징(徵)'자는 '진(珍)'자로 써야 될 것 같다. 아래도 마찬가지이다.)본전(本傳)에는 원화 삼년 무자(元和三年戊子. 808) 즉 애장왕 때로 되어 있다. 그러면 경덕왕대로부터 혜공·선덕·원성·애장왕 등 5대를 거쳐 도합 60여 년이 된다. 징(徵)이 먼저고 면(面)은 나중이니 향전과 다르다. 그러므로 두 기사를 다 써두어 의문을 남긴다.

기린다.
서쪽 이웃 옛절에는 부처님등 밝았는데
방아 찧고 절에 오니 밤은 벌써 이슥하네.
한 소리 염불마다 부처가 되려하여
손바닥에 끈 꿰니 육신 바로 잊었네.

욱면설화는 장소 및 등장인물이 종잡을 수 없으며, 시대가 앞뒤로 엉켜 있어 갈래잡기가 쉽지 않다. 책쓴이 일연도 어쩔 수 없어서 "다만 기록해둘 뿐"이라 하였다. 이러한 문제를 풀자면 우선 역사적 사실부터 뽑아낸 뒤, 다음으로 욱면설화가 전해진 유형[type]을 연역해보아야 한다.

(1) 결사(結社)는 누가 언제 하였나?

결사 연대

결사란, 같은 목적을 가진 사람들이 모여 어떤 일을 도모하는 조직이다. 불교 결사에는 수행에만 전념하자고 결의한다든가, 함께 극락 가자는 다짐이나 기도하는 동아리가 있다. <향전>에 나오는 욱면 관련 결사연대는 경덕왕대라 하였으나 <징본전>에는 애장왕대 무자년이라 하여 일치하지 않는다. 일연은 '향전과 다르다'라고만 논평하였을 뿐 승전의 연대와는 무슨 이유에서인지 비교하지 않았다. <승전>에는 욱면이 9년간 염불하여 '을미년 정월 21일'에 왕생했다고만 하고, 그 연도가 어느 왕 때인지를 밝히지 않았다. 따라서 <승전>은 <향전> 및 <징본전>의 어느 한 연대와 동일하기 때문에 별도의 연대고증을 시도하지 않은 것으로 일단 추측할 수 있다. 경덕·애장왕 즈음의 을미년으로는 경덕왕 14년(755)이 있고, 애장왕의 다음 왕인 헌덕왕 7년(815)이 있다. 애장왕대에는 을미년이 없으니 욱면왕생은 경덕왕대로 볼 수밖에 없다고 결론내릴 수도 있다. 하지만 욱면 사건이 경덕왕대라는 근거는 오직 <향전>에 의거한 것인데, 거기에는 간지(干支)가 보이지 않는다. 그러므로 <승전>의 을미년은 <징본전>의 '원화3년무자'와 어떤 관련이 있어 보인다. 또 <승전>의 욱면은 팔진이 결사한 뒤 책임자가 축생도로 떨어져서 다시 윤회한 것이므로 경덕왕대로부터 2, 3세대 뒤의 을미년도 염두에 둘 필요가 있다. 특히 <징본전>에서 "징이 먼저고 면은 나중"이라 했으므로 욱면 사건은 애장왕을 전후한 시기로 늦춰잡는 것이 순리다. 어떻든 일연이 <승전>의 욱면에 대해 어느 왕대라고 특별히 언급하지 않은 이유는 그것이 <징본전>과 대동소이하기 때문이라고 본다. 그러면 왜 두 전기의 간지가 맞지 않는가? 그것은 염불회의 첫해와 마친 해를 각각 쓸 수 있기 때문이다. '을미년'에는 욱면이 들보를 뚫고 왕생했으니 그녀는 더 이상 이 세상에는 존재하지 않는다. 이 말은 <승전>의 을미년(815)이 2차 염불회가 끝난 해라는 뜻이다. 즉 애장왕 9년 무자년(808)으로 부터 8년째가 헌덕왕 7년 을미년(815)이 된다. 그러면 승전의 9년간이라는 기록과는 거의 맞아떨어진다.

(2) 결사 장소

<향전> 본문에는 지금의 경상남도 진주시인 강주(康州) 사람들이 자신들 고을에 미타사를 세웠다고 하였다. 그러나 <승전>에는 혜숙이 세운 미타사에서 욱면이 염불했다고 하여 차이가 난다. <승전>에는 원효와 같은 시대의 고승 혜숙이나 부석사가 보이며, 욱면이 들렀다는 영주·안동에 걸쳐 있는 하가산은 물론 그녀의 육신이 떨어진 소백산 등의 구체적 지명이 보이므로 욱면 사건의 장소는 소백산 주변이 타당성이 있다. 결국 강주설(康州說)은 강주(剛州)와 발음이 같은 데서 와전된 것 같으며, 욱면 설화의 광범위한 유포는 그 속담의 존재를 보아도 알 수 있기 때문에 땅이름이나 절이름이 같으면 자기 고장의 사실로 주장할 만하다.

기실 욱면 이야기는 사찰에서 면면히 전해져왔다. 일찍이 퇴경 권상로 (1879~1965)가, 욱면 이적(異蹟)의 현장은 진주가 아니라 영주지역이 맞다는 말을 스승 해운보선 선사로부터 들었다고 증언하였다. (『조선사찰전서』상)

<승전>을 보면 팔진이 결사한 장소에 대해서는 언급이 없다. 그것은 욱면과 마찬가지로 강주(剛州)에서의 일이라서 생략했다고도 볼 수 있다. 그러나 「욱면」조 전체를 통해 볼 때, 팔진에 관한 언급은 소략하게 나타난다. 따라서 일연은 당시 미타사 주변에서 다양하게 유전되는 욱면 설화에 주요 관심이 있었고, 또 그것만

이 가능했으리라고 본다. 그것은 욱면조의 제목을 보아도 수긍이 간다. 우리의 관심은 욱면 이전의 팔진에도 똑같은 비중을 두나, 팔진은 물론 <징본전>에 대해서도 더 이상의 언급이 없다.

결사인물

<징본전>이 '△징(徵)'에 대한 독립적 전기라면 <승전>은 고승전 가운데 '△징'에 대한 개별 항목일 것이다. 그럼에도 '△징'에 대한 소개를 전혀 하지 않은 까닭은 <승전>의 팔진과 같은 사람이기 때문이 아닐까 추측되는데, 이것은 앞에서 욱면이 어느 왕대라고 별도로 언급하지 않은 까닭과도 같은 경우다.

<징본전>의 '징'은 누구인가. 일연은 '징'을 '진(珍)'으로 써야 할 것이 아닌가 하고 의심하였다. 향전과 승전에서 '징'이란 인물이 나오지 않는 것으로 미루어 일연의 추론은 타당할 것이나, 그것이 귀진인지 팔진인지를 명시하지 않았다. 어떤 이는 '진'을 귀진으로 보기도 하는데, 일연은 팔진을 의미하지 않았나 생각된다. 그 이유는 첫째, 귀진은 욱면과 동시대의 인물이지만, 승전과 <징본전>을 보면 (팔)진이 시대적으로 앞서는 인물이다. 둘째, 욱면과의 관계상 귀진은 왕생설화의 주인공이 될 수 없다. 셋째, 아찬 관등의 세속 인물에 대한 전기(승전이든 본전이든)가 있다고 보기는 어렵기 때문이다. 따라서 <징본전>은 'O징' 즉 팔진이라는 스님의 전기로 보아야 하며, '徵'과 '珍'은 한자표기만 다를 뿐이다.

한편 '동량팔진(棟梁八珍)'의 동량은 무엇인가? '중' 또는 '화주승(化主僧)'으로 해석하는데, 좀더 친절한 설명을 붙이면 '보시를 권하여 불사에 참여시키는 승려'가 된다. 이들의 행위가 확대, 사용되어 오늘날 '동냥' 하면 걸인(거지)이 얻는 '적은 돈[少額]' 즉 구걸을 의미하게 되었다.

31인등공유적기념지탑(고성군문화원)

제3의 자료, 『건봉사사적』

원래 제목은 『건봉사 및 건봉사말사 사적[乾鳳寺及乾鳳寺末寺史蹟]』이다(아래 『사적』으로 줄임). 1928년 당시 주지였던 이대련(李大蓮)의 이름으로 출간되었지만 만해 한용운이 편찬하였다. 건봉사에서는 매번 만일염불회를 마칠 때마다 비석을 세워놓았으니 『사적』의 염불회 기록은 이들 비문을 적은 것이다. 건봉사 만일회의 효시는 발징의 만일연회(萬日蓮會)다. 이를 잇는 두 번째 만일회를 건봉사 기록에서는 아간 귀진과 욱면이 참여하는 강주(剛州) 미타사의 그것으로 친다. 석민화상이 1802년에 연 연기(緣起. 아래 인용)는 '제3연회(第三蓮會)'가 된다.

천 년이 넘는 공백을 두고도 20세기 건봉사의 만일염불회가 신라시대 발징의 그것을 이었다고 하는 데는 발징의 극락왕생 영험담이 이곳 강원도 고성(高城. 옛 이름은 杆城)지역에서 면면히 전해온 까닭이다. 가장 오랜 기록을 들면 택당(澤堂) 이식(李植. 1584~1647)이 편찬한 강원도 고성군 지리지 『수성지(水城志)』(1633)의 「건봉사극락보전상량문(乾鳳寺極樂寶殿上樑文)」에 관련 구절이 있다. "(앞 생략) 기이한 이야기로는 발징의 염불에 대한 기록이 있다(奇談有發徵香火之記) (뒤 생략)"가 그것이다. 현재 건봉사 뒷산에는 조선후기의 석종형(石鐘型) 승탑(僧塔. 부도)이 있는데 '31인등공유골기념지탑(三十一人騰空遺骨紀念之塔)'이라고 한 면에 새겨놓았다. 운파(雲坡 淸眼, 1651~1717) 화상이 세워놓았다 한다. 오래 내려오던 전승을 기리어 비로소 탑을 세웠을 것이니 이후 발징의 사적은 돌에 새겨진 '역사'가 되었다.

이제 『사적』에 쓰인 발징의 만일염불회를 볼 차례다. 원문은 한문이며 필요한 부분만 인용한다.

　　　　건봉사 일만일 염불법회의 연기 [大韓國杆城乾鳳寺萬日蓮會緣起. 아래 <

　　　　제3연기>로 줄임]

당나라 숙종 건원 무자년에 신라국 고성현(固城縣) 원각사(건봉사의 신라 때 이름)의 주지 발징대화상(스님 이름은 동량=棟梁 ─ 원주)이 큰 서원을 세웠다. (그는) 두타승(頭陀僧. 고행하는 스님) 정신(貞信)·양순(良順) 등 31인을 청하여 미타만일연회(彌陀萬日蓮會)를 열어 향도(香徒) 1,828명을 결성하였다. 1,700명은 죽반시주(粥飯施主. 밥 지어드리는 후원자)이고 120명은 의복시주(衣服施主)가 되어 해마다 집집마다 돌아다니며 쌀 한 말, 기름 한 되, 옷감 한 단씩을 오랜 기간 동안 함께 마련하였다. 29년만인 병진년(776) 7월 17일 한밤중에 큰 비가 쏟아져 도량(道場. 절집) 밖에 넘치더니, 아미타불과 관음·세지 두 보살이 자금색[紫金] 연꽃자리[蓮臺]를 타고 문

앞에 이르러 금색의 팔을 펴고 염불하는 대중을 맞이하였다. 부처님은 대중을 거느리고 반야선(般若船. 중생을 태워 극락으로 실어나르는 배)에 올라 48원(願. 아미타불의 48가지 서원)을 부르면서 흰연꽃세상[白蓮花世界]으로 가서 상품상생(上品上生)을 명하였다. 이때 동량은 두루 다니다가 금성(金城. 익성군으로서 본래 고구려의 모성군이며 야차홀이라고도 한다 ― 필자)에 도착하여 양무아간(良茂阿干)의 집에서 자고 있는데, 큰 빛이 그 방에 비치어 놀라 일어났다. 관음보살이 동량에게 고하였다. "그대 도량의 스님들은 부처님의 인도를 받아 서방정토의 상상품(上上品)으로 왕생하였으니 빨리 가 보아라." 동량이 즉시 가려고 하자, 양무아간은 말하였다. "스님은 처음 발원하실 때 우리 어리석은 중생을 먼저 제도한 뒤에 세상을 떠난다고 하셨습니다. 우리들은 적은 힘이나마 최선을 다했다고 할 수 있거늘, 오늘 우리들을 버리고 어찌 홀로 가실 수 있습니까?" 그는 온 몸으로 땅을 치면서 울부짖기를 그치지 않았다. 동량은 이에 양무 등을 거느리고 31명의 스님을 가서 보자마자 산 채로 왕생[肉身騰化]하였다. 기쁜 마음으로 도량을 향하여 1,300여 번 절한 뒤에 그들을 다비[화장]하였다. 그러고는 향도가(香徒家. 시주한 집)를 두루 다니니 913명은 도량의 스님과 같은 시간에 단정히 앉아 왕생하였고, 나머지 907명만 아직 남아 있었다. 동량이 도량으로 돌아온 지 7일이 되었을 때 또 아미타불을 보았는데, 그는 배를 잡고서 같이 타자고 하였다. "우리 향도 가운데 아직 제도하지 못한 자가 있사온데, 홀로 먼저 가는 것은 (저의) 본래소원[本願]이 아닙니다." 부처님이 다시 고하였다. "18명은 상품중생(上品中生)으로 (왕생이) 가능하지만 그 나머지는 되돌려 보내어 숙업[業. 지난 세상에서 지은 선악의 업보]이 성숙한 뒤에 와서 제도하겠다." 향도가 이 말을 듣고 슬피 울고 후회하며, "저희들이 무슨 죄업을 지었길래 유독 왕생을 못합니까?"하고 더욱 정근(精勤)하여 밤낮을 쉬지 않았다. 또 7일째 되는 한밤중에 아미타불이 다시 배를 타고 와서 말하였다. "내가 본래 세운 원력 때문에 너를 맞이하여 같이 가야겠다." 동량은 울먹이며 다음과 같이 사양하였다. "만약 단월 중에 중죄(重罪) 때문에 왕생할 처지가 못되는 사람이 있다면, (저는) 맹세코 지옥에 들어가 그 고통을 대신 받으며 영원히 그 죄를 멸하여 사람마다 모두 왕생케한 연후에야 왕생하겠습니다." 부처님이 말씀하셨다. "그만, 그만 두어라. 31명의 상품하생(上品下生)과 그 나머지는 그대가 먼저 왕생하여 불수기(佛授記. 부처가 된다는 약속)를 얻고 무생인(無生忍. 나고 죽는 진리를 인지함)을 깨달아 신통한 지혜로 다시 인간세상에 와서 다 구제할 수 있다." 동량은 부처님의 가르침을 믿고 그 발에 절한 후, 배를 타고 서방정토로 왕생하였다. 그후 고려왕조에 와서 고성현(固城縣)은 열산현(烈山縣)이 되었고 절은 서봉사(西鳳寺)라 불렀는데, 이 때 강주(康州)의 아간 장자(阿干 長者)는 21명과 한마음으로 서원하여 다시 염불회[蓮會]를 열었다. 아간의 계집종[婢]는 하루에 한 섬의 쌀을 찧어 자기의 일을 다하고, 여가를 틈타 대중을 따라서 염불하였다. …(건너뜀.『삼국유사』향전의 내용과 대동소이함) 동량이 연회를 베풀 때 감원(監院. 절의 살림을 총괄하는 스님)이 계율을 범해서 부석사의 소로 몸이 바뀌었는데, 화엄경을 실은 공덕으로 다시 여자로 태어나서 공양·염불한 인연 때문에 이와 같은 보응(報應)을 얻었다고 한다. 이상의 제1·2 연회는 모두 우리 절[本寺]의 옛기록[古蹟]에 실려 있다. 조선시대에 와서 영종(英宗 - 純祖의 잘못) 임술년(1802)에 용허(聳虛) 석민화상(碩旻和尙)이 세 번째 연회[第三蓮會]를 열었다.

연대와 인물, 다시 정리

'당나라 숙종 건원 무자년'은 간지(干支)가 맞지 않는다. 숙종 건원 원년은 무술년(戊戌年)으로서 서기 758년이다.『사적』의 <금강산건봉사사적(金剛山乾鳳寺事蹟)>(1882)에는 정확히 아래와 같이 쓰고 있다.

…당나라 숙종 건원 원년 무술(경덕왕 17, 758)에 발징법사가 미타만
일회를 열었다. 29년만인 병인년(786)에 (그 동안) 쌓은 공(功)이 헛되
지 않아 31명이 육신등공한 실적(實蹟)이 전사(傳史)에 자세히 실려
있다.

하지만 '무자년'을 받아들이려면 현종 7년(경덕왕 7년, 748)이 그해이므로 '당나라
현종 천보 (무자년)'가 되어야 한다. 두 연대 지표(指標)의 10년 거리/차이가 대수롭
지 않게 보일지 몰라도 <제3연기>야말로 제각각인 사료 <향전>의 '경덕왕대'와
<징본전>의 '원화삼년무자(808)'년, 그리고 그 사이 60년이 지났다는 논평을 모
두 유의미(有意味)한 자료로 살리는 관건이 될 수 있다. '징'과 '면'이 앞뒤 시대로
자리 매겨질 때 뒷 시대인 애장왕 원화 3년보다 60년 앞서는 해가 바로 <제3연기
>에서 말하는 당나라 현종 7년 748년이기 때문이다.

<향전>에서 막연히 '경덕왕 때'라 하던 것이 <제3연기>에서는 정확히 748년에
시작하여 29년째인 776년에 마쳤다고 하였다. <승전>의 '팔진' 염불회나 <제3연
기>의 '발징' 염불회 내용은 같다. 다시 '징이 먼저고 면은 나중'을 보자. '나중의
면'이란 인물을 떠올려볼 때 제2염불회의 (욱)면 말고는 없다. 그러면 그 앞선[先
驅] 왕생자(往生者) '징'은 <징본전>의 '징'밖에 등장한 사람이 없다. 욱면을 '면'으
로 줄였듯이 '징'도 스님이름의 뒷 글자만을 썼다면 다행히 <제3연기>에서 '발징'
이라는 온전한 이름이 나타난다. 일연이 <징본전>에서 달리 '징'에 대해 어떤 부연
설명도 하지 않은 것은 그가 곧 앞선 왕생자 '팔진'과 동일인임을 알기 때문이다.

일연은 '향전과 다르다'라고만 논평하였을 뿐 승전의 연대와는 무슨 이유에서
인지 비교하지 않았다. <승전>에는 욱면이 9년간 염불하여 '을미년 정월 21일'에
왕생했다고만 하고 그것이 어느 왕 때인지를 명시하지 않았다. 따라서 '을미년 정

월 21일'은 <향전> 및 <징본전>의 어느 한 연대와 직접 연결되기 때문에 별도의 연대고증을 시도하지 않은 것으로 보인다.

지금까지의 논의를 표로 제시하면 아래와 같다.

	결사	1 차	2 차
연 대	왕 대	경 덕 왕	애 장 왕 ~ 헌 덕 왕
	A.D.	748~776	808~815
중심인물		발징 (팔진)	귀진 및 욱면
장 소		고성 원각사	강주 미타사

(6) 도움되는 자료 -해석의 문제

속담 "내 일 바빠 한댁(큰집) 방아"

한 중생의 왕생을 이야기하려면 옛날 그러한 인물이 정말 있었다는 사실이 전제되어야 한다. 속담 "내 일 바빠 한댁 방아"가 반드시 욱면이야기로부터 나왔다고 할 증거도 없지만, 그것을 부정할 방도도 없다. 다만 강조하고 싶은 것은 방아찧기는 여성이 하는 '힘든 일'의 대명사라 할진대, 그러한 일이 실은 자신의 복을 짓기 위한 방편이었다는 상황 또는 배경설정이 욱면·귀진의 이야기만큼 맞아떨어지기가 쉽지 않다는 점이다. 일연은 이 속담의 유래를 욱면이야기에서 찾았지만 그 스스로도 자신의 진술에 대해 긍정도 부정도 하기 어려운 심정이 '아마 … 일 것이다.'라는 주석에서 엿볼 수 있다. 더 적극적으로 생각하면 일연은 이 속담의 광범위한 유포를 소개함으로써 욱면이 실재하였고, 그녀의 왕생이 자신만이 알고 있는 것이 아니라는 점을 부각시키고 있다고 하겠다.

위당 정인보 또한 같은 견해를 가졌다.

"내 일 바빠 한데(한댁이 변한 것 - 원주) 방아"라는 속담이 이에 뿌리

[根柢]를 둠을 밝힐[徵할] 수 있으며 …(「조선문학원류초본』)

"내 일 바빠 한댁 방아"는 후대에 와전되어 '내 일 바빠 한데 방아'로 되었다. 다산 정약용의 『이담속찬(耳談續纂)』에 "내일이 급해서 바깥 방아부터 찧는다(緣我事急 野碓先踏). (저이가 내 길을 방해하므로 나는 부득이 저이의 일을 돕고 나서 내 길을 간다는 말이다. '言 彼妨我路 我不得不助彼功而開其路)'라고 적혀 있다. 『동언해(東言解)』에는 "내일이 급해서 한데방아 찧는다(吾事急 露春). 바깥일부터 하는 것은 그 사람 처지를 보아서가 아니다 라는 뜻 (言 自外之先 非人地也)"이라고 되어 있다. 따라서 이들 후대 속담의 '한데(野·露)'는 '한 댁(大家)'에서 와전되었음을 쉽게 알 수 있다. "내일 바빠 한댁 방아"는 지금은 거의 안 쓰는 속담이다. 그 뜻을 부연설명하면, "네가 시켜서 이 일 열심히 하는 것이 아니라, 네 일 빨리 끝내고 실은 나의 일 하고자 함이다."라는 뜻이다. 비교적 가까운 속담을 찾는다면, "떡줄사람은 생각도 않는데 김칫국부터 마신다." 정도가 될 것이다. 근래 발간된 속담사전의 내용을 소개한다.

내 일 바빠 큰댁 방아
내 일 바빠 한댁 방아
내 일 바빠 한데 방아

방아를 빌려야 제 일을 하게 된다는 뜻으로, 자기 일이 바쁘지만 그

일을 하기 위하여 부득이 다른 사람 일부터 어쩔 수 없이 한다는 뜻
으로 빗대는 말들.(정종진,『한국의 속담 대사전』)

'대가(大家)'는『삼국유사』효선편, <가난한 딸이 어머니를 봉양하다(貧女養母)>
조의 '주인집에 맡겨놓고 일을 해왔다(寄置大家服役)'에서도 같은 표현을 볼 수 있
다. '주인집'이란 효녀 '지은'이 품팔이한 대갓집으로서 이를『삼국사기』열전, 효
녀지은(孝女知恩)조에서는 '부잣집에 가서 몸을 팔아 종이 되기를 청하였다(就富家
請賣身爲婢)'라고 썼다. 셋 다 같은 말이다.

'용맹정진'인가 처형(處刑)인가?

욱면의 염불수행과 방법에 대해서 그것이 욱면의 지극한 신앙심에서 나온 고행
정진하는 모습이라는 데 대해 지금까지 별다른 의문이 없었다. 다음과 같은 '친절
한' 풀이도 있다.

> 어떻게 해야만 잠이 안 오게 할 수 있을까 하는 것이다. 그리하여 생
> 각한 끝에 몸에 아픈 자극을 주기로 했던 것이다. 그리하여 손바닥
> 에 구멍을 뚫고는 그 구멍에다가 끈을 꿰어 그 끈을 뜰 양편에 말뚝
> 을 세우고 그 말뚝에 매어 놓고는 잠이 오려고 하면 손을 좌우로 움
> 직여 그 줄이 손바닥 구멍을 스치어 그 심한 아픔에 잠이 깨지도록
> 하면서 염불을 했다는 것이다. 이 얼마나 독한 결심이며 지극한 간
> 절심인가! (「욱면랑」『왕생전』, 춘천시 삼악산 홍국사, 1990)

아무리 잠 깨우는 방법이라 하지만 지나치다는 생각이 든다. 솔직히 말하면, 잠

깨는 것을 넘어 반죽음에 이르지 않았을까? 여기, 설화에 가려진 것이라는 역사해석을 한 예가 있다.

> 8세기 중엽[경덕왕때]에 한 여종이 상전을 따라 절간에 가서 기도하는 것조차 허용되지 못하였다는 설화는 당시 노비에 대한 상전[노비의 주인]들의 가혹한 착취와 인간이하의 천대를 잘 보여주고 있다. …(건너뜀) 이 설화는 여종이 그렇게도 힘에 겨운 일을 '부처의 덕'으로 다 해내고 계속 절간에 가서 기도를 하였다고 함으로써 불교를 미화분식하고 있으나 거기에는 자기 상전을 반대하는 한 여종의 반항정신이 이그러진 형태로나마 반영되어 있다. (『조선전사』5, 과학·백과사전출판사)

욱면의 고행이 스스로의 의지/결정에 따른 정진의 모습이 아닐 수 있다는 소견이다. 욱면 조목의 맨 뒤에 실린 일연의 기림글[讚]을 다시 보자.

손바닥 꿴 끈으로 바로 육신 잊었네(掌穿繩子直忘形)

보기에 따라서는 어떤 조처를 취함으로써 곧바로 죽음에 이르는, 즉 모종의 처형이 연상된다. 백제에서의 일이기는 하나 손바닥을 꿰어 형벌을 주는 풍습이 있었다. 백제부흥군끼리의 반목·질시에 대해서는 『일본서기』 천지천황 2년(663) 6월조에 자세히 나온다. 이 해 부여풍(장)은 복신이 모반하려는 마음이 있음을 알아차리고 가죽으로 손바닥을 꿰어 묶고는 여러 신하들의 의견을 물어본 뒤 목을 벤다.

종래 '좌우로 흔들면서 스스로 격려하였다.'로 해석한 것은 동경제국대학 연인

본(鉛印本)의 주석 '요(遊)와 요(搖)는 소리가 서로 통한다[遊搖音通]는 설을 따른 것이다. 이것은 위 문장 전체를 욱면의 자발적 행위로 보는데서 나온 궁여지책이다. 설사 욱면 스스로가 두 손바닥을 꿰뚫은 상태에서 더욱 용맹심을 발휘한 극적 장면이라 치더라도, 원문은 '요(搖)'가 아니라 '유(遊)'며 이들이 서로 통용되는 글자는 아니다. 당시 미타사의 법당에 들어와 염불하던 귀족들이 욱면의 처형 광경을 보고 이를 구경거리로 삼았거나 장난삼아 참견하였다는 의미로 볼 수 있다.

욱면의 죽음에 대한 해석을 두고 불교영험 설화로 볼 것인가 아니면 사회경제적 관점으로 한정시킬 것인가의 문제다. 다시 원문을 끝까지 읽고 보자. 욱면이야기는 몸을 망가뜨려가며 지극정성 기도하여 "법당에 들어가라!"는 하늘의 명령을 듣고 '육신등공'한 '지성감천'의 설법이다. 그 증거가 바로 지붕에 뚫린 구멍 아닌가. 순서를 바꾸어 생각하면, '지붕구멍'이 있는 한 손바닥 꿰는 정도의 이야기는 이미 내재되어 있다고 보아야 한다.

함경도 무가(巫歌)의 본풀이

손바닥을 뚫는 치성 이야기가 아주 드문 것도 아니다. 함경도에서 전승되는 본풀이[무속신화]에 <도랑선비·청정각시> 노래가 있다. 혼인이 결정되어 선비 신랑이 각시 집에 오는 도중에 죽게 되었다고 한다. 청정각시는 신랑을 살리려고 옥황상제에게 지극정성으로 빌어 신랑이 나타났지만 이내 사라지고 만다. 각시는 두 번째로 정성을 바쳐 기도한다.

그런즉, 어듸서오는지승(僧)이압페낫타낫슴으로,

그는 다시승전(僧前)에업듸려, 남편(男便)과또한번맛나게하여달나고애걸(哀乞)하엿다.

한즉, "그러면, 너의머리를하나씩뽑아,

삼천(三千)발三千마듸가되게노를소아, 안내산금상(山金祥)절에가서,

그것의한 슷튼법덩(法堂)에걸고, 또한슷튼공중(空中)에걸고,

두손바당에궁글뚤어, 그줄에손바당을쮜여,

삼천동녀(三千童女)가힘을다하야, 올니홀터, 내리홀터,

압푸단소리를안이하여야맛날수가잇서리라"하고僧은말하엿다.

낭자(娘子)는僧의말대로하엿다.

유혈(流血)이성천(成川)하엿서나, 娘子는決코압푸다고안이하엿다.

과연, 남편의양자가다시낫타낫다.

낭자는, 아하고남편을안고저하엿슬째, 남편의양자(樣姿)는다시사라졋다.

(손진태, 『조선신가유편』, 1930)

이를 보면, 죽음도 마다 않는 치성드리기로서 손바닥꿰 화소(話素. 모티프)는 고대부터 민간에서 구연(口演)되었던 모양이다. '욱면 처형론'은 합리적 해석 같지만 그렇게 해석하면 애초 지붕구멍이 생길 소지가 없어진다. 애장왕 때의 욱면 이야기가 고려시대를 거쳐 지금까지 끊이지 않는 배경에는 '지붕구멍 기적'이라는 특이한 모티프가 있기 때문이다.

(3) 욱면, 서방정토로 날아가다

왕생의 증거 -지붕 구멍

욱면왕생의 결정적인 증거는 그녀가 기도하던 채로 왕생한 통로 즉 법당의 지

붕구멍이다. 염불 도중에 극락세계로 날아갔다는 영험사례는 흔히 있다. 하지만 그것을 사실로 받아들이기 위해서, 또는 그러한 영험이야기를 곧이곧대로 믿도록 하려면 무엇보다 필요한 것이 왕생의 흔적이다. 여러 왕생담 가운데 욱면의 이야기가 유독 사람들 입에 오래도록 오르내리는 것은 그것을 사실로 믿을 수밖에 없는 증거가 있기 때문이다. 이 점을 어느 버전(각편)에서는 다음과 같이 진술한다.

> 그러나 세월이 흘러 여러 해가 지나고나니 차츰 눈비가 스며들기 시작하여 마침내는 탑을 만들어서 그 위에 덮게 했다고 한다. 이 기록을 적은 분은 그 후 백여 년이 지난 뒷사람이었는데 그러한 전설을 듣고는 사실을 탐문코저 그 곳을 찾아가 보니 그때까지도 그 법당이 그냥 있었으며 욱면랑이 등천한 구멍도 그대로 보존되어 있었다고 한다. 이와 같이 이러한 사실이 말로만 전해져 내려온 것이 아니고 그 유적이 담긴 물체가 그 후 오랜 세월 동안을 내려오면서 분명히 증명을 해준 것이어늘 어찌 염불하여 왕생극락하는 사실을 의심하여 믿지 않을 수 있을 것인가! (「욱면랑」『왕생전』, 춘천시흥국사, 1990)

욱면설화를 상투적인 불교설화로 치부해서는 그 실상에 접근하기가 어렵기 때문에 건축 및 설화에 대한 최소한의 부연설명이 필요하다. 여느 지붕에나 사람 빠져나갈 정도의 구멍이 날 가능성이 없다. 왜냐하면 지붕이 전체적으로 내려앉거나 몇 군데 동시에 뚫어지는 것이 일반적이기 때문이다. 욱면설화를 이해하려면 그러한 얼개의 건물이 있다는 사실을 알아야 한다. 그러한 별난[異形] 지붕이야말로 욱면이 염불 도중에 서방정토로 갔다는 설화의 발단이 된다. 밀양 표충사 대웅전의 보주를 보면, 맨 위에 찌르는 창 모양의 찰주가 있다. 도솔천으로 쏘아 올리는 것인지 아니면 피뢰침 역할을 하는지? 통도사 대웅전(17세기 건물)에는 T자형 지붕의 세 용마루가 만나는 곳에 기와를 뚫고 설치된 지름 70㎝의 청동보주(靑銅寶珠)가 있다. 김제 금산사 대장전(大藏殿)의 용마루 중앙에는 쇠로 만든 복발이 적새층 사이에 끼워졌고 그 위에는 화강암으로 정교하게 가공된 보주가 올려져 있는데 종도리(宗道里. 서까래를 받치는 기둥 위의 가로지르는 목재)와 장혀가 이것을 받치고 있다(아래 그림). 대장전은 원래 목탑이었던 것을 1922년에 현재 위치로 옮기면서 기존의 보주(탑의 가장 꼭대기에 위치하는 구슬 모양의 부재)를 남겨 놓은 것이라 한다. 법당 자체가 나무탑일진대 이들 보주는 돌탑으로 치면 상륜부가 된다. 불갑사 대웅전 용마루 중앙에도 도깨비얼굴을 한 보주가 얹혀 있다. 이를 두고 남방불교권에서 유래한 우리나라 유일의 것으로서 백제에 처음 불교를 전한 마라난타의 흔적이라고도 하지만, 근거는 희박하다. 어떻든 이러한 예를 통해 볼 때 지붕을 뚫어 무엇을 얹는 건축양식은 드물기는 하나 예로부터 있어왔던 것으로서, 그 명칭은 '화주(火珠)'다. 이러한 화주는 원래의 분황사구층탑에도 있었다(『동경통지』고적)

하지만 왕생설화에서 산 채[肉身] 극락세계로 날아가는 이야기만한 모티프가 또 있을까. 통일신라 초기 '정신대왕'의 태자 보천은 오대산에서 산 몸으로 날아(肉身飛空) 동해안의 울진 장천굴까지 갔다(『삼국유사』의해, 대산오만진신).

문헌으로는 『선화봉사고려도경』 27권 관사, 향림정 등에 아래와 같이 보인다.

> "향림정은 조서전(詔書殿) 북쪽에 있다. 낙빈정 뒤에서부터 길이 나서 산으로 올라가, 관사에서 1백 보 가량 되는 산 중턱 위에 세워져 있다. 그 건물의 외관은 네 모서리 윗 부분에 화주(火珠)가 올려져 있고, 8면에 난간이 만들어져 있어 기대어 앉을 수 있다."

김제 금산사 대장전 보주

영광 불갑사 대웅전 보주

통도사 대웅전 보주(한정호)

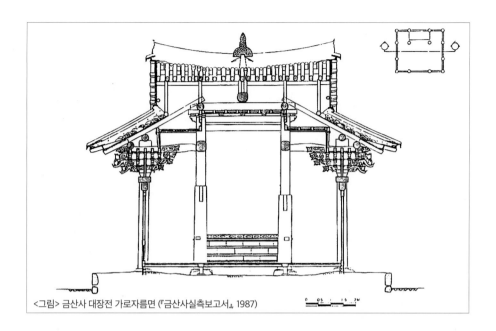

<그림> 금산사 대장전 가로자름면 (『금산사실측보고서』 1987)

김제 금산사 대웅전(보주 원경)

부안군 내소사

전설에 의하면 400년 전에 절을 중건할 당시 목수는 3년 동안 목침만 깎고 있었다. 그때 당시 절의 사미승이 와서 왜 목침만 다듬고 있느냐고 물었는데 목수는 묵묵부답이었고, 이에 화가 난 사미승은 목침 하나를 감춰버렸다고 한다.

이에 목수는 집을 완성하기 위해 목침을 세기 시작했는데 한 개가 모자라서 집을 지을 인연이 없다는 사실을 깨닫고 절을 내려가려 하자 절의 스님이 "목침이 그대의 경계를 말하는 것이 아니니 서둘러서 법당을 지어주시오!"라고 하였다. 시키는대로 집을 짓게 되었는데 결국 목수는 목침 하나를 빼놓고 집을 완성하여 지금도 대웅보전 안에는 목침이 하나 빠져 있는 것을 발견할 수 있다.

'목침'이란 소로(小欐. 처마 만들 때 끼워넣는 네모진 나무조각)받침 같은 건축부재를 말한다. 그것이 하나 결여된 데서 위와 같은 이야기가 생겨난 것이니 그 문학적 상상력이 재미있다.

'화주'는 쉽게 말하면 볼록렌즈로서 햇볕을 쐬면 불이 붙는다. 지금 말하는 화주는 '옥화주(屋火珠)'라고 해야 정확하다. 예로부터 목조건물의 화재를 예방하는 효험이 있다고 믿어왔다. 이 건축재료를 얹히는 얼개는 앞에서 금산사 대장전의 경우를 소개했지만, 「욱면」조의 미타사처럼 천정 위에 걸쳐놓기도 하여 지붕에서는 구조적으로 가장 취약한 곳이다. 따라서 건물이 낡거나 폐가가 되었을 때 가장 먼저 허물어지는 곳이 바로 이 부분이다. 욱면이 지붕을 뚫고 나갔다는 이야기는 그녀가 염불했던 미타사에 이러한 형태의 건물이 있으므로 해서 생겨난 설화에 지나지 않는다.

이제 지붕구멍의 크기를 생각해볼 차례다. '위(圍)'를 아름(抱)으로 해석하기도 하고 뼘(五寸)으로도 해석하며 이 두 가지 가운데서 결정을 내리지 않은 예도 있다. 사람이 뚫고 나간 구멍이라면 열 뼘 정도가 타당하겠으나, 열 아름 설을 택한 번역은 왕생의 극적효과를 노렸다고 보아 설화상으로는 별다른 문제가 되지 않는다. 그러나 실제 지붕에 뚫린 구멍을 가정하면 열 아름은 있을 수 없는 이야기다. 당연한 이야기지만 열 뼘 가량의 구멍이 생긴 연후에 누가 이곳을 뚫고 왕생했다는 설화가 차츰 형성되는 것이 순서다. 『삼국유사』에서 뼘을 '위(圍)'라 썼고, 따라서 10위는 사람 몸의 허리둘레 정도임을 알려주는 사료가 있다. 『삼국유사』 왕력, 「하늘이 내린 옥 허리띠(天賜玉帶)」조에서 진평왕의 허리띠 길이가 '열 뼘[十圍]'이라고 한다. 또 경순왕이 신라사직의 상징으로 고려 태조에게 넘겨준 '신성한 황제 허리띠[聖帝帶]'도 '길이 열 뼘[長十圍]'이었다. 이와 같이 설화의 증거물은 그것이 예사롭지 않기 때문에 이야기 소재를 제공한다.

왕생의 논리

1·2차 미타결사 사건을 연결시켜 주는 고리는 1차 결사 때의 책임자가 계율을 범한 사건이다. 그는 다음 생에 축생[소]의 몸을 받고, 또 한번 윤회하여 욱면이라는 여종의 신분으로 태어났다. 이 계율어김은 하나의 설화소재로서 이것 때문에 두 사건은 앞뒤로 이어지는 이야기가 된다. 설화의 허구는 별도의 사건을 연결하여 하나의 연결되는 사건처럼 만들어진다. 하지만 (가)가 윤회하여 (나)가 되었다는 (가)와 (나) 사이의 연결 또한 불가(佛家)의 억지 주장에 그칠 수 있다. 이러한 취약점을 보완해주는 화소가 앞에서 소개한 홍국사 버전 「욱면랑」에 보이는 '꿈' 이야기다.

> 그런데 욱면랑이 그와 같은 지독한 수행을 하게 된 데에는 한 가지
> 그럴 이유가 있었으니 그가 하루는 밤에 꿈을 꾸니 자기가 중이 되

옛날 한 젊은이가 과거 보러 서울을 가다가 강원도 적악산(赤岳山)을 지날 때 일이다. 꿩(까치)이 울부짖는 소리가 나서 바라보니 꿩 두 마리가 뱀에 감겨 먹히려는 찰나였다(큰 나무 위에 까치집이 있고 그 속에 까치 새끼들이 있었는데 구렁이 한 마리가 까치집을 향하여 기어오르고 있었다). 젊은이는 활로 구렁이를 쏘아 죽이고 새를 구해 주었다. 계속 길을 재촉하였는데 날이 저물자 한 인가를 발견하고, 그 집에서 자고 가기를 청하였다. 한 여인이 나오더니 자리를 마련해 주었다. 젊은이는 피곤하여 깊이 잠들었다가 숨이 막히고 답답해서 깨어 보니 큰 구렁이가 자기 몸을 칭칭 감고 입을 벌려 삼키려고 하였다. 구렁이는 젊은이에게 "나는 낮에 네가 죽인 구렁이의 아내인데 남편의 원수를 갚기 위해 너를 잡아먹어야겠다. 만약 살고 싶으면 종소리를 세 번만 울려 다오. 그러면 풀어줄 것이다."라고 말했다. 구렁이의 말이 끝나자마자 어디선가 '뎅! 뎅! 뎅!' 하고 종소리가 세 번 울렸다. 종소리를 들은 구렁이는 반가운 빛을 띠고 감고 있던 젊은이의 몸을 풀어 주고 어디론가 사라졌다(구렁이는 용이 되어 승천하였다). 날이 밝아오자 젊은이는 종소리가 난 곳을 찾아가 보았다. 멀지 않은 곳에 종루가 있었는데, 종 아래에는 전날 새끼들을 살리기 위해 울부짖던 꿩(까치) 두 마리가 머리가 깨져 죽어 있었다. 젊은이는 새가 은혜를 갚으려고 종을 울리고 죽은 것을 알았다. 이윽고 과거 길을 포기하고 그곳에 절을 세워 꿩(까치)들의 명복을 빌며 일생을 마쳤다. 그 뒤로 적악산을 치악산이라고 고쳐 부르게 되었고, 젊은이가 세운 절이 지금의 치악산 상원사이다(그 뒤 젊은이는 과거에 급제하여 명관이 되었다).

그러면 왜 구렁이는 더러운 축생의 몸으로 태어나서 이런 고비를 겪어야 하는가? 곧 이어 소개할, 구렁이의 전생을 알면 인과응보의 가르침이 자연적으로 이해된다. 상원사 설화의 구렁이가 용이 되었다는 것을 불교식으로 말하면 '왕생'이 될 것이다. 불가에서는 구렁이의 전생이 불사(佛事)를 주도한 스님이었다 하여 두 설화를 연결시킨 뒤 왕생·절짓기 설화로 끝이 난다. 윤회왕생, 권선징악이 이렇게 사랑방이나 빨래터에서는 쉽고 설법 논조로 '이야기'된다.

어느 해 상원사 주지는 신종(神鐘)을 만든다면서 장안의 수십만 집에서 식구 수대로 숟가락을 시주 받았다. 주지는 처음에는 불심 그대로 종을 만들려 하였으나 견물생심이 생겨 거두어들인 숟가락 중 반을 숨겨놓고 종을 만들었다. 그뿐만 아니라 같은 절에서 수도하고 있는 보살과 정을 통하고 있었다. 주지는 종각을 짓고 나라의 태평과 불법의 홍포를 위해 만든 종을 매달았다. 그리고 시주를 한 모든 불자 들을 모시고 타종식을 거행하고자 하였다. 각지에서 사람들이 구름같이 모여들었다. 사람들은 거창한 종을 보고 주지의 원력을 칭찬하면서 사바세계에 널리 울려 퍼질 종소리를 기다렸다. 이윽고 주지가 손수 타종을 하였다. 그런데 이게 웬일인가? 종을 쳐도 종소리가 나지 않았다. 연이어 몇 차례나 쳐보았으나 쇳소리만 날 뿐이었다. 수많은 사람들이 술렁거리기 시작하였다. 이때 허공에서 주지의 탐욕을 질타하는 부처님의 음성이 들려왔다. 그러자 저주를 받은 주지와 보살이 구렁이로 화하여 스르르 기어 가버렸다.

(원성군, 『북원의 자취』, 1987)

어 어느 절에서 살고 있는데 그 절에 전 대중의 수효가 천여명이나 되는 많은 대중이었더라는 것이다. 그리하여 반반 나뉘어서 반은 살림을 살고 다른 반은 공부를 하게 되어 있더라는 것이다. 그런데 자기는 살림 사는 편에 가담이 되어서 살림을 맡아서 살게 되었다. 살림을 맡아서 살다보니 수행은 할 수도 없거니와 계행마저 제대로 지키지를 못하게 되어 시은(施恩)만을 짓고 일생을 마치게 되어 다음 세에는 죽어서 소의 몸을 받아 평생을 고역하여 전세의 빚을 갚게 되었더라는 것이다. 다행히도 부처님 경전을 실어 나른 공덕으로 소의 몸을 벗고는 금생에 사람의 몸을 받은 것이지만, 아직도 그 시은의 빚이 미진하여 여자의 몸으로 남의 집에 종이 되어 평생을 고역하게 된 꿈을 꾸었다는 것이다.

불교의 윤회란 신화학 및 심리학에서 말하는 원형[archetype]적 사고로서 완전히 다른 개체로의 재생을 의미한다. 신라 때 있었던 1·2차의 미타결사는 계율어김을 경계하고 왕생을 실증해보이는 해피엔딩 즉 하나의 훌륭한 포교설화가 된다. 계율어김 → 축생으로 떨어짐 → 공덕 쌓기 → 인간의 몸 받기 → 보시·염불 → 왕생·절지음[創寺]으로 이어지는 이야기야말로 불교설화의 단골 메뉴가 아닐까. 널리 알려진 치악산 상원사 전설을 떠올려보자.

여인 성불

욱면설화는 천한 여인이 왕생한 증거를 보여줌으로써 정토왕생은 바로 이와 같이 죄를 범할 수 있는 일반 여인네에게도 열려 있다는 구원(救援)에 대한 확신에 그 종교적 의의가 있다. 더구나 그 가르침은 오래 전 먼 나라 인도에서 교조 석가모니가 설법한 불경에 의해서가 아니라 신라 땅 고성군에서 경덕왕대에 팔진/발징이라는 스님의 29년에 걸친 기도와 서원에 의해 예비(豫備)된 것이라고 한다. 욱면 이야기에서 발징이 먼저 등장한 것은 이러한 까닭이며, 이 단계에서 세대를 격(隔)하여 원력(願力)을 발휘한 발징은 이미 관음보살의 현신(現身)이 아닐 수 없는 정토교리상의 논리가 깔려 있다. 그래서인지 한국 정토교에서는 중국의 정토교주들인 혜원(334~416)·선도(613~681)보다 먼저 '발징화상'의 왕생 실례를 들고 있다.

> 우리나라 한반도에서 있었던 일로 극락삼성이 이 세상에 오셔서 대중을 영접하신 실례가 있다. 신라 경덕왕 17년 무술에 현재 강원도 고성군 거진읍 냉천리 건봉사에서 발징스님(?~796)이 승려 정신·양순 등 31인과 (아래 생략)… (월간본원사, 『격월간 본원』, 1995년 4월호)

라고 서두를 꺼낸 뒤 <제3연기>와 대동소이한 내용을 소개하고 있다. 발징 이야기는 지금도 법석(法席)에서 구연되고 있다.

　'좋은 자질'[善根]과 신심을 갖추지 못해 도저히 성불 가능성이 없다는 일천제(一闡提. icchantika)까지도 왕생을 인정하는 교리는 발징보다 100여 년 앞선 원효에까지 그 맥이 닿는다.

> 또 여자와 불구자라 한 것은 저 극락에 날 때에는 여자도 아니요 불
> 구자도 아닌 것을 말한 것이오, 이런 여자들이 왕생하지 못한다는
> 뜻이 아니다. (원효, 『무량수경종요』)

삼국유사 깊이 읽기

신라의 선화공주가
백제 미륵사를
지어주다

— 〈무왕〉

사람들에게는 믿고 싶어 하는 '사실'이 있다. 다윈이 임종 때 참회를 했다는 명백히 잘못된 소문이 나쁜 냄새처럼 끊임없이 맴돌고 있다. 그 소문은 '레이디 호프'라는 여성이 의도적으로 퍼뜨리기 시작한 이래로 계속 떠돌고 있다. 그녀는 다윈이 침대에 누워서 『신약성서』를 읽다가 진화가 모두 잘못된 것이라고 고백했다는 감동적인 이야기를 꾸며냈다.

(리처드 도킨스, 『만들어진 신』)

무왕<옛책에는 무강(武康)이라고 썼으나 잘못이다. 백제에는 무강이 없다.>

제30대 무왕(武王)의 이름은 장(璋)이다. 어머니는 서울[京師] 남지(南池) 가에 집을 짓고 과부로 살더니, 그 못의 용과 관계하여 [장을] 낳고, 어렸을 때 이름을 서동(薯童)이라고 하였다. 그 도량이 커서 헤아리기 어려웠다. 늘 마를 캐다 팔아서 생업을 삼았으므로 나라 사람들이 그로 말미암아 부른 이름이다.

[그는] 신라 진평왕의 셋째 공주 선화(善花)<또는 선화(善化)>가 더없이 아름답다고 들어, 머리를 깎고 [신라의] 서울로 왔다. 마로써 마을의 뭇 아이들을 먹이니, 아이들이 그를 가까이 따랐다. 이에 노래를 지어 뭇 아이들을 꼬여 부르게 하였다. 노래는 이렇다.

선화공주님은

남몰래 정을 통해 두고

서동서방을

밤에 '알'을 품고서 간다 (정우영 옮김)

　동요가 서울에 두루 퍼져 대궐에까지 달하니, 백관이 임금께 한사코 간언하여 공주를 먼 곳으로 귀양보내게 되었다. 떠나려고 할 때 왕후는 순금 한 말을 주고 가게 하였다.

　공주가 귀양 살 곳에 이를 즈음, 서동이 길에 나와 절하고, 모시고 가겠다고 하였다. 공주는 그가 어디서 온 사람인지 알 수 없었지만, 그와 길벗이 되어 듬직하고 기뻤다. 이렇게 따라다니다가 몰래 정을 통하였다. 그 뒤 서동의 이름을 알고, 곧 동요의 징험이라 믿게 되었다. 함께 백제에 이르러, 왕후가 준 금을 꺼내 살림 밑천으로 삼고자 하였다. 서동이 크게 웃으며 말하기를, "이게 도대체 무엇이오?"라고 하였다. 공주는 말하기를, "이것은 황금인데 백 년간은 부자로 살 수 있어요"라고 하였다. 서동이 말하기를, "내가 어려서부터 마를 캐던 곳에는 이런 것이 흙더미만큼 쌓여 있어요"라고 하였다. 공주가 이 말을 듣고 크게 놀라 말하기를, "이것은 천하의 진귀한 보물입니다. 그대가 지금 금이 있는 곳을 아신다면, 이 보물을 부모님 궁전에 보내는 것이 어떻겠습니까?"라고 하니, 서동이 좋다고 하였다. 이에 금을 모아 언덕과 같이 쌓아두고, 용화산(龍華山) 사자사(師子寺)의 지명법사(知命法師)에게 가서 금을 옮길 방도를 물었다. 법사가 말하기를, "내가 신통한 힘으로 보낼 수 있으니 금을 가져오시오"라고 하였다. 공주는 편지를 써서 금과 함께 사자사 앞에 가져다 두었다. 법사는 신력으로 하룻밤 사이에 신라 궁중으로 날라다 두었다. 진평왕은 그 신기한 조화를 이상히 여겨 더욱 존경하고 늘 편지를 보내

안부를 물었다. 서동은 이렇게 하여 인심을 얻고 왕위에 올랐다.

하루는 왕이 부인과 함께 사자사에 가려고 용화산 아래 큰 못가에 도착하였다. 미륵삼존이 못 가운데에 나타나서, 가마를 멈추고 경배하였다. 부인이 왕에게 말하였다. "이곳에 큰 가람을 세우는 것이 오직 저의 소원입니다"고 하니, 왕이 이를 허락하였다. 지명법사에게 가서 못을 메울 일을 의논하니, 신통력으로 하룻밤 사이에 산을 헐어 못을 메우고 평지로 만들었다. 이에 미륵의 세 번 법회를 본받아 법당·탑·회랑을 각각 세 군데 세우고, 절 이름을 미륵사(彌勒寺)<『국사(國史)』에는 왕흥사(王興寺)라고 한다.>라고 하였다. 진평왕은 백공을 보내 이를 도왔다. 지금도 그 절이 남아 있다.<『삼국사(三國史)』에는 이[서동]를 법왕(法王)의 아들이라고 했는데, 여기서는 홀어미의 아들이라고 전하니 잘 모르겠다.>

(1) 사료 읽기

무왕·무강왕과 말통대왕(서동)의 결합

무왕(재위 600~641)은 백제의 서른 번째 임금이다. 위 인용에서 보듯이 『삼국유사』기이2, <무왕>조 (아래 <무왕>조라 줄임) 이야기의 증거물로 등장하는 것은 불교유적의 '절과 탑(寺塔)' 즉 사자사와 미륵사·미륵사탑 등이다. 금마군/익산시에는 또 다른 증거물로서 한 쌍의 능묘가 있는데 『세종실록지리지』와 『고려사』는 후조선(後朝鮮)의 무강왕=말통대왕 및 왕비의 무덤이라고 썼다. 더하여, 『고려사』에서는 "또 후조선 무강왕 및 왕비의 능이 있다. (세간에서는 말통대왕릉이라고도 한다. 한편 백제 무왕의 어릴 적 이름이 서동이라고도 한다. - 원주"라 하였다. 이미 '말통'이 '서동'임을 전제로 한 상태에서 말통=서동으로 불린 왕은 후조선의 무강왕이 아니라 백제 무왕이라는 다른 설을 소개하고 있다. '서(薯)'의 새김[訓. 뜻]이 채소 '마'이고, '동(童)'은 아이 이름에 붙이는 '△동이' '△둥이'로서 설화나 무가에 등장하는 '(마)퉁이'다. 15세기 중엽의 지리지에 의하면 서동은 무강왕인데도 일연은 이 설이 근거 없다고 제목에다 주석을 달았다. 역사는 물론, 불교에 해박한 일연이 미륵사 관련 기사를 후조선 사료로 보지 않을 것은 당연하다.

『삼국사기』에 "무왕의 이름은 장(璋)이다."라 하였고, 이 '증언'은 <무왕>조의 서두에서도 그대로 볼 수 있다. 이와는 전혀 다른 정보, 서동=말통이라는 이름에서는 마를 캐다 파는 이야기가 형성될 소지가 다분하다. 이야기꾼은 여기에다 서동이 역사상의 누구인지 즉 '증거인물'을 찾아주는 작업을 할 것인데 그 후보로서 무강왕이나 무왕이 입에 오르내린다. 엄밀히 따지면 서동설화와 무왕의 미륵사 창건은 별개의 사안인데도 일연은 후자에 의지하여 서동설화를 역사학의 시각으로 마름질[裁斷]했다. 서동설화의 문학성·설화성을 액면 그대로 받아들인다면 무강왕을 무왕으로 고친 것은 자의적이며, 이것이 일연이 저지른 과오이자 한계다. 현대의 연구자들도 이러한 전철을 밟음으로써 그야말로 논의가 무성하게 되었다. 아래 『신증동국여지승람』 <미륵사>조에서 보듯이 일연의 재단/독단이 있었음에도 조선시대까지 '무강왕'은 의연히 건재한다. 그는 미륵사를 창건한 임금일 뿐 '선화공주'와 어떤 연결고리도 없음을 말하고 있다.

> 미륵사 용화산에 있다. 세상에 전하기를, "무강왕이 인심을 얻어 마한국을 세우고, 하루는 선화부인과 함께 사자사에 가고자 산 아래 큰 못가에 이르렀는데, 세 미륵불이 못 속에서 나왔다. 부인이 임금께 아뢰어, 이곳에 절을 짓기를 원하였다. 임금이 허락하고 지명법사에게 가서 못을 메울 방술을 물었더니, 법사가 신력으로 하룻밤 사

익산 미륵사지 디오라마(미륵사지전시관) (ⓒ최희준)

이에 산으로 못을 메워 이에 불전을 창건하고 또 세 미륵상을 만들
었다. 신라 진평왕이 백공(百工)을 보내어 도왔는데, 석탑(石塔)이 매
우 커서 높이가 여러 길이 되어 동방의 석탑 중에 가장 큰 것이다."
하였다.

제3의 가능성은, 익히 알려져 있듯이 '대왕'은 신(神)의 다른 이름[異稱]이자 신을
'부르는 이름[呼稱]'이다. 아마도 '말통대왕'은 마한·백제지역의 토속신으로서 무
당들의 대선배(大先輩)이자 시조이기도 한 무조(巫祖)일 것이다. 그가 '(대)왕'으로
불리게 된 가장 저명한 유래[본풀이]가 바로 마를 캐다 팔아서 나중에 임금자리에
까지 올랐다는 해설일 것이다. 앞에서 백제 무왕과 말통=서동은 서로 별개의 사

안이라 하였다. 여기까지 오면, 역사의 세계와 민속/설화의 세계가 '(대)왕'이라는 호칭을 접경으로 서로 넘나들어 새로운 '역사'를 쓰고 있음을 실감하게 될 것이다.

원래 서동이야기는 굳이 백제 무왕의 옛일[故事]이라고도 할 수 없는 것인데 그것이 일연의 손을 거치면서 무왕이야기로 정착되었다. 일연 방식의 논단(論斷)에 빠져들고 싶지 않아서인지 아래 『신증동국여지승람』 익산군 고적 쌍릉조를 보면 『고려사』 지리지처럼 무강왕=말통대왕, 무왕=말통대왕과 같이 복수의 가능성을 열어놓았다.

> 쌍릉 : 오금사 봉우리의 서쪽 수백 보 되는 곳에 있다. 『고려사』에는 후조선 무강왕 및 비의 능이라 하였다. 속칭 말통대왕릉이라 한다. 일설에 백제 무왕의 어릴 때 이름이 서동인데, 말통은 즉 서동이 변한 것이라고 한다.

새로운 증거물

『신증동국여지승람』에는 위의 유적들과는 별도의 서동유적이 실려 있어 사료상에 혼동을 보이고 있다.

> 마룡지(馬龍池) : 오금사 남쪽 백 걸음(步) 거리에 있다. 세상에 전하기를, 서동대왕의 어머니가 집을 지은 곳이라 한다.(익산군 산천)

> 오금사(烏金寺) : 보덕성 남쪽에 있다. 전해오는 말이다. 서동이 어머니를 효성스럽게 모셨는데, 마를 캐던 곳에서 어느 날 오금을 거두

〈아기장수와 용마〉

서산시의 오남동에 박씨부인이 임신을 하여 아기를 낳게 되었다. 출산 일이 되어 아기를 낳았는데 용마(龍馬)가 마당에 와서 울었다.

박씨부인은 오랜 산통 끝에 아기를 낳았는데 아기의 힘이 장사였다. 혼자서 아기를 어떻게 할 수 없어서 윗목에 놓고 다듬잇돌로 눌러 놓았다.

그런데 용마가 들어와,

"내가 아기를 데려간다."

고 하였다. 이에 박씨부인은 자식을 줄 수 없어서,

"안 된다."

고 하였다. 그러자 용마는,

"15년 뒤에 만나자."

고 하였다. 그리고는 아기를 태우고 사라졌다.

이렇게 아기를 잃은 박씨부인은 긴 세월을 하루 같이 기다렸지만 끝내 아기는 돌아오지 않았다고 한다.

『서산민속지, 1991년』

었다. 나중에 왕이 되어 그곳에 절을 짓고 그렇게 이름을 붙였다.(익산군,불우)

서동이 금을 얻어 왕이 되었다는 내용은 〈무왕〉조의 축소판이다. 그러면 서동이 살던 시기는 어느 때로 보아야 할까? 절을 지었다면 불교가 들어온 이후가 될 것이다. 『신증동국여지승람』 찬술 당시 〈무왕〉조 이야기는 익산지역에 고스란히 전해지고 있으나 상당한 변용〔變容. deformation〕을 거친다. 서동의 어머니가 집을 짓고 살던 남지(南池)는 마룡지가 되었는데, 이 못은 서동설화를 입증하는 하나의 증거다. <무왕>조 단계에서는 '남(南)'의 새김[訓, 뜻]이 '앞'이므로 막연히 마을 앞의 못 즉 '앞못'에 지나지 않았다. 이것이 '마룡(馬龍)' 즉 겨드랑이에 날개가 난 아기가 나중에 용마(龍馬. 超人·영웅)가 된다는 '아기장수 전설'의 현장이 되었다. <무왕>조의 "도량이 커서 헤아리기 어려웠다."는 무왕 출생의 비밀을 못이름[지명]으로 대변하고 있다.

다른 하나의 증거는 미륵사인데, 이것이 금을 캐어서 지었다는 오금사로 바뀌었다. 사람들이 절이름 '미륵사'와 황금을 연결짓기는 쉽지 않았던 모양이다. 퇴락한 절터가 '절 지은(創寺)' 연기/유래의 증거가 되기는 어렵다. 아울러, 전에 보이지 않던 서동의 효도 화소가 보태어졌다. 서동설화의 배경은 오금사로 옮겨졌고, 가까이 서동탄생의 증거가 되는 마룡지까지 있으니 이곳이 오히려 미륵사보다 안성맞춤이다.

문제는 『신증동국여지승람』의 두루뭉술한 서술이다. 미륵사조에서는 『삼국유사』 무왕조의 '절 지은' 설화를 착실히 옮겨놓고, <오금사>조에서는 <무왕>조의 전반부 즉 서동설화 모티프에 의거하였는데, 사찰 오금사에 대한 기술이므로 당연히 그 귀결은 절 짓는 것으로 끝난다. 이렇게 『신증동국여지승람』에서는 '서동이 절 지은' 설화가 이중으로 실려 있는 셈이다.

<무왕>조 또한 어느 시기의 한 버전에 지나지 않는다. 미륵사가 당초의 모습을 유지하고 있을 때, 즉 당대 미륵사가 창사연기의 증거가 되는 시점의 미륵사 지은 이야기를 상상해보자. 내용은 당연히 미륵사 조영의 대체적 윤곽을 연역적으로 설명하여 갈 것이다. 그것이 바로 고려시대 즉 『삼국유사』 무왕조 같은 버전이다.

사리를 모신 기록 [舍利奉安記]

전라북도 익산에 있는 미륵사터는 1980년부터 16년간에 걸친 발굴 결과 이 절은 중간마당[中院]의 목탑, 동·서에 석탑을 둔 3탑3금당으로 이루어졌음을 알게되었다. 1992년에는 미륵산 장군봉 골짜기에 위치한 사자암을 발굴하여, 서기 1322년에 해당하는 '지치이년사자사조와(至治二年師子寺造瓦)'라고 적힌 글씨기와를 얻음으로써 이곳이 <무왕>조에 나오는 지명법사의 '사자사'임이 확인되었다. 2009년 1월에는 서탑을 해체하는 과정에서 창건 내력을 밝혀주는 황금 사리봉안기를 비롯한 중요 유물이 확인되었다. 사리기의 새김글을 단락 지어보면 아래와 같다.

1 / 竊以 法王出世 隨機赴感 應物現身 如水中月
2 / 是以 託生王宮 示滅雙樹 遺形八斛 利益三千
3 / 遂使 光耀五色 行遶七遍 神通變化 不可思議
4 / 我百濟王后 佐平沙宅積德女 種善因於曠劫 受勝報於今生
5 / 撫育萬民 棟梁三寶 故能 謹捨淨財 造立伽藍
6 / 以己亥年正月十九日 奉迎舍利
7 / 願使 世世供養 劫劫無盡 用此善根
8 / 仰資 大王陛下 年壽與山岳齊固 寶曆共天地同久 上弘正法 下化蒼生
9 / 又願 王后卽身 心同水鏡 照法界而恒明 身若金剛 等虛空耳不滅
10 / 七世久遠 並蒙福利 凡是有心 俱成佛道

가만히 생각하건대, 법왕께서 세상에 출현하사 기연(機緣)에 따라 달려가시어, 중생에 응하고 몸을 드러내신 것은 마치 물에 비치는 달과 같다. 이 때문에 왕궁에 의탁하여 태어나 사라쌍수 아래에서 열반에 드셨는데, 여덟 말[斛]의 사리를 남겨 삼천대천세계를 이롭게 하셨다. 마침내 찬란히 다섯 색깔(사리)로 빛을 내고 일곱 번을 돌게 하였으니, 그 신통변화는 불가사의하다.

우리 백제왕후는 좌평 사택적덕의 딸로서 오랜 세월 좋은 인연을 쌓은 끝에 금생에 뛰어난 과보를 받으셨다. (왕후께서는) 뭇 백성을 어루만져 기르시고 삼보의 동량이 되셨다. 그래서 깨끗한 재물을 희사하여 가람을 세우고 기해년 정월 29일에 사리를 받들어 맞이하였다. 원하옵건대, 세세토록 공양하여 영원토록 다함이 없어서 이 선근(善根)으로 우러러 대왕폐하의 수명은 산악과 나란히 누리시고, 왕위는 천지와 함께 영구하여, 위로는 정법(正法)을 널리 펴고 아래로는 창생을 교화하도록 도와주시옵소서.

다시 원하옵건대, 왕후께서는 마음이 물에 비치는 거울 같아서 법계를 항상 밝게 비추시고, 몸은 금강과 같아서 허공과 같이 불멸하시어, 일곱 세대를 영원토록 다함께 복덕을 받고, 이러한 마음가짐으로 모든 중생들이 다함께 불도(佛道)를 이루게 하소서.

문단은 대개 세 부분으로 나누어진다.

> 1~3행 / 부처의 행적·공덕과 사리영험을 찬탄함
> 4~6행 / 왕후 사택적덕의 딸은 선업을 쌓은 인연으로 이승[今生]에
> 태어나 깨끗한 재물[淨財]을 희사하여 절을 짓고 사리를 봉안함
> 7~10행 / 왕과 왕비를 위한 발원과 모든 중생의 성불을 기원함

상투적 꾸밈말과 국왕에 대한 의례적 문구를 빼고 보면, 탑을 건립하고 사리를 봉안한 시주자는 아무개의 딸로서 많은 재물을 희사하였다는 내용이다. 결국 '사택적덕의 딸 + 엄청난 재물'의 두 주제다.

사리기에서 조영관련 또는 조영의 사상적 배경이 보이지 않는다 하여, 그것을

서탑 출토 금동사리외호와 금동사리내호(문화재청)

미륵사지 복원 서탑(문화재청)

사리봉안기의 앞면과 뒷면(문화재청)

'불완전한 기록' 또는 '기록의 일부'일 것이라며 미흡해하는 경향이 있다. 하지만 절 짓는 당사자는 제3자가 알기 쉽도록 그 모두를 객관적으로 기록해둘 의무는 없다. 사리기의 부족한 부분은 차라리 우리의 기대이자 희망사항이다. 요컨대 < 무왕>조가 현재의 발굴결과와 어느 정도 부합한다는 사실 자체가 역설적으로 '설화적'이라고 말할 수 있다. 왜냐하면 무엇보다 이야기=설화는 앞뒤 연결이 되어야 성립 가능하며, 그것이 설화의 논리인데 반해 당대의 기록인 사리기는 어찌보면 불친절하기 짝이 없다. <무왕>조의 '쫓겨난 여인 → 가난뱅이와 혼인 → 금 발견 → 부귀영화'라는 일련의 정형화된 모티프는 동서고금에 인기를 누리는 이야기다. 따라서 서동설화에서 그러한 역사적 사실을 찾으려 하거나, 무왕시대를 이해하는 사료로 <무왕>조를 쓰는 데는 한계가 있다. <무왕>조를 설화로서 먼저 접근해야 하는 이유가 여기에 있다.

(2) 서동설화의 신화적 사고

'밤손님' 이야기

'(서동)대왕'이라고 부르는 자체가 그를 신화적·무속적 인물로 자리매김한 것이다. 이 낱말에 대한 지식을 갖추고 있지 않는 한 서동이 신화적 영웅이라는 데 동의하려면 황금을 캐어 왕이 되는 데까지 읽어나가지 않으면 안 된다. 실은 신화적 인물임을 암시하는 요소로서 이미 마룡지/용마를 지적한 바 있다. 서동의 출생에는 그러한 자질의 인물로 태어났음을 말해주는 요소가 하나 더 있다.

어느 여성에게 밤마다 찾아오는 신 또는 정체불명의 존재 사이에 성관계가 이루어져 2세가 태어난다는 이야기를 '야래자설화(夜來者說話)'라고 하는데, 밤에 몰래 찾아온다는 뜻이다. 쉬운 우리말로 풀어 쓰면 '밤손님 이야기'다. 『삼국유사』에는 이러한 유형의 이야기가 하나 더 나온다. 요약해보겠다.

광주 북쪽마을에 사는 딸이 그 아버지에게, 매일 붉은 옷을 입은 한 남자가 와서 잠자리를 같이하고 간다고 말했다. 실을 꿰어 추적하였

더니 실은 큰 지렁이였고, 그 사이에서 난 아들이 견훤이다.(기이2, 후

백제·견훤)

구비문학대계 2-8, 〔영월읍 설화 96〕

'내 덕으로 산다'는 김좌수의 막내딸

그전에 김좌수라고 하는 사람이 있었어요.

동네에, 또, 이름도 몰라요.

딸이 삼 형제데 딸이 커다란 게 있어요.

"그래 넌 뉘 덕으로 사나?"

이러니까는,

"아버지 덕으로 살지 뉘 덕으로 살아요."

"오, 그렇지, 좋아."

그랬더니, 또 둘째 딸 불러가지고,

"넌 누구 덕으로 사나?"

"아이, 아버지 덕으로 살지요."

"아, 그렇지."

세째 딸 불러가지고,

"넌, 누구 덕으로 사난?"

그니깐,

"아, 내 덕으로 살지 뉘 덕으로 살아요."

이래거던.

그래 내 쫓아 버렸어.

내 쫓으니 어떡해요.

그냥 쫓겨 가는 거지.

어디 가서 하루 종일 가니깐 뭐, 외딴 골짜구니 산골짜구니 올라가 집이 쬐끄만 게 있거던.

그리구 그 질(길)어구에 할머이 하나기 계신단 말야.

"아이, 할머니 어디 갈 데가 없으니깐 내 좀 쉬어 가겠어요."

"아이, 어디 가는데 처녀가 쉬느냐?"

이래거든.

"아이, 난 뭐, 집두 절두 없이 그냥 나선 사람입니다."

그래, 그 이제 노인이 인제 밥을 가지고 인제 밥을 점심을 해가지고 갈려거든.

아,

"지가 가져 간다."고.

이래니깐,

"아, 어디 가는 처녀가 그 밥을 가져가면 되나."

그래,

"할머니 밥을 어디 가져 갈려오?"

"저 골짜구니 마구리 올라 가면 우리 아들이 숯을 굽는 데 점심을 가져 갈라 그런다."

"아, 내가 갔다, 갔다 드리지요."

그래, 즘심을(점심을) 가져 갔어요.

가져 갔는데 아, 그전엔 즈(저의) 어머이가 밥을 가져 왔는데, 그 날은 처녀가 가져 왔거든.

그 우짼 일인지 알수가 없지.

그래 밥을 가져와 먹고 앉아 보니깐 숯감을, 숯가마를 이렇게 박았는데, 숯가마를, 숯에 그 숯가마를 박았는데 한 가마에 낭그가 많이 들어갑니다.

그게 아마 시방으로 말하자면 한 이 삼십 포 나올 거래요.

숯을 구문(구으면) 낭글(나무를) 태워가지고 그래 인제 이맛돌, 이맛돌 박은 게 금돌이라. 금돌!

처녀가 보니까는.

내일부텀은 인제 그거 하지 말고 저 지빼가지고 가라 이러거든, 이맛돌 빼가지고.

아, 이 우리 밥줄을 빼 가주 가믄 우특 하느냐고(어떻하냐고) 끔쩍(깜짝) 놀랜단 말야.

숯 굽는 거 이 맛돌 빼 가주 가믄(가져 가면) 어떡하느냐?

"아, 이거 가져 가세요.

아뭇 소리 말고 가져 가세요."

그래 갖고 지고, 지고, 지게를 지고 시키는 대로 하는 거지.

그래 들어가서 저녁을 해 먹고 이래구선,

"내일은 장에 가서 파시요."

이랬단 말이야.

이맛돌을 가지고 가서 파시라고 그런단 말이야.

이맛돌을 지다만 돌을,

"그래, 값을 얼마하냐."

"그 주는 대로 팔고 오라."

이래거든.

그래 갖다 놓으니 뭐이 살라 그래?

만고에 살려는 놈이 없지.

저녁에 파장 무렵이 떡 되니까는 키가 훠이 큰 옷자락이 한 발은 되는 노인이 떡 지팡이를 짚고서,

"오늘 참 물건 좋은 게 나왔구나.

그래 이걸 얼마나 달라는가."

인제 그러니깐,

"아이, 전 금사를 모릅니다.

아이, 어르신네 그저 금사 값 나가는 대로 주시오."

이래니깐 아, 그거 갖다 팔아가지고 큰 부자가 되잖아요.

그니깐 그 가져가지 못할 테니깐 그냥 가라고 이제, 돈 조그만치 줬단 말이야.

그 뒤로 이제 돈을 보내는 거야.

그 돈 가지고 뭐, 논도 사고 밭도 사고 집도 큰 거 사게 됐단 말야.

부자같이 잘 살더래요.

이제 그래, 그래 이제 몇 해 흘러 가다 보니 인제 하루는 누가 동냥을 달랜단 말야, 동냥을.

누군가 하고 나오니 즈 아버지야, 친정 아버지야.

"아이구, 아버지 들어 오세요."

들어 와서 모셔 놓고 그래, 그 다음에 그 이튿날에 또 인제 즈 언니가 또 왔어.

"언니, 그래 아이, 언니 우짼 일이야."

"아, 니가 잘 산대니 내가 보러 왔다."

"아이, 고맙다."

또 그 사흘째는 또 즈 둘째 언니가 왔단 말야.

"언니 우짼 일이야."

"아이, 동생이 잘 산대니 그저 보러 왔다."

아이, 그러냐구, 그 참 고맙다구.

인제 그래서 다 데려다 메칠 묵어서 즈 아버지 뭐, 그따구는 뭐, 소용이 없으니까는 너도 얼마, 주고 너도 얼마 가지고 언니들도 다 주고도, 둘째 언니 얼마 주고 인제 큰 언니 얼마 주고 아버진 지가 모시고 아이 젙에다(곁에다) 아주 잘 집을 한번 잘 짓고 모시고 이래고, 그래 잘 살드래.

그니깐 제 복에 산다는 건 잘 살고 아버지 덕에 산다는 사람은 못 살아서 그저 은어 먹고 그저 제우 살드래요.

그래 남자나 여자나 배짱으로 사는 모냥예요.

그 때, 그 때 안 내쫓았으믄 그 여자도 못 산다고.

그 때 내 쫓았기 때문에 그 남자를 가지고 잘 산다고, 또 그 때 그 남자도 그 여자 아니면 또 평생 숯만 구워 먹고 살 텐데 그 이맛돌 그기 금이잖아요.

금덩이를 모르고 자꾸 숯만 구워 먹으니 우턱하는 거예요?

그래 사람이 사는 기 그렇드래요.

- 끝 -

서동의 탄생도, 밤손님에게서 생겨난 아이가 남다른 능력의 소유자가 된다는 신화적 전통을 계승하고 있다. 이를 <무왕>조에서는 풀어써서 "도량이 커서 헤아리기 어려웠다."고만 하였다.

'내 복에 산다' 및 '바보사위[痴壻]' 계통 설화

<무왕>조 같은 이야기는 틀이 정해져서[定型化] 전국적으로 분포되어 있다. 종래 『삼국유사』 무왕조를 연구하는 과정에서 주로 옛 백제지역 즉 전라·충청지역의 설화라고 말해왔으나 조사가 덜 된 탓이었다. 경기도 양주시 남면 경신리 '허영이자택'에서 채록된 <내 복에 산다>도 있으며, 박스에 소개하는 강원도 영월읍의 <내 덕으로 산다>도 있다. 이웃나라 중국·일본에도 유행하는 설화의 한 유형이다. 이를 '서민이 출세한 이야기[庶民出世譚]', '쫓겨난 여인 복 터진 이야기[女人發福說話], '내 복에 산다' 또는 '숯구이 총각의 황금구덩이[生金場]'계 설화라고도 일컫는다. 그 본보기를 둘 정도 요약하여 실어두기로 한다.

> 가) '강이영성…'이라는 사내거지가 아랫마을의 '홍은소천…'이라는
> 계집거지와 만나 은장아기·놋장아기·가믄장아기라 이름지은 딸 셋
> 을 낳았다. 하는 일마다 잘 풀리어 부자가 된 부부는 세 딸에게 누구
> 덕에 잘 먹고 사는지를 물었다. 첫째와 둘째 딸은 '하늘과 땅 덕택(天
> 地德)'임을 의례적으로 내세우고, (실은) 부모님 덕분이라 하여 칭찬

을 받았다. 그런데 가믄장아기는 배꼽아래〔선그뭇〕덕이라 하여 불효죄로 쫓겨났다. 집나간 딸자식을 못 잊어 부모는 두 언니를 시켜 들여오도록 하였으나, 두 딸은 상속받을 재산이 막내 때문에 적어질까 염려하여, 부모가 너를 때리려한다고 거짓말하여 가믄장아기의 귀가는 이루어지지 않았다. 노부부는 가믄장아기를 찾겠다고 서둘러 나가다가 문지방에 부딪혀 봉사가 되었고 재산도 점차 탕진하여 다시 거지로 나서게 되었다. 한편 가믄장아기는 정처없이 떠돌다가 다 쓰러져가는 초가에 아들만 셋 둔 노인 집에 하룻밤 묵어갈 것을 간청하였다. 그날 가믄장아기는 마음씨 착한 셋째아들 마퉁이와 부부의 연을 맺었다. 가믄장아기는 셋째 마퉁이가 마를 캐다가 내던진 돌덩이를 주워보니 실은 금·은덩이였다. 부자가 된 가믄장아기는 한편으로 거지가 되어 떠돌아다닐 부모를 찾으려고 거지잔치를 벌여 드디어 부모와 상봉하였다. 노부부는 딸의 술잔을 받아 그만 떨어뜨리는 순간 눈이 밝아졌다. (가믄장아기〔삼공본불이〕. 현용준, 『제주도신화』)

나) 세 딸 중 막내는 "다 제 복, 제 덕이지오!"라고 답하여 풍족히 시집보낸 큰딸, 둘째딸과 달리 산너머 숯장사에게 보내면 어떻겠냐는 말이 나왔다. 뜻밖에도 본인이 선뜻 그리로 가겠다 하여 고생하며 살았다. 장모가 와서 보니 숯가마의 이맛독(이맛돌: 아궁이 위에 가로 걸쳐놓은 돌)이 황금덩어리였다. 그것을 빼서 시장에 나갔더니 팔자를 고칠만큼 값을 많이 받았다. 한편 두 언니는 재산을 탕진하였고, 이들을 시집보내고 보태주던 부모도 먹고 살 것이 없어져서 홀로 된

아버지가 걸식을 하다가 막내딸 집에 갔다. 대문께서 울고만 있으니 딸이 나와서 이제부터 같이 사시자고 하였다. 아버지와 딸은 지난 일을 이야기하는데, 딸의 하소연은 이러하였다. "그때는 엄니랑 아버님이랑 그렇게 서운하셨지마는 누구든지 저 먹을 것은 다 타구나능 겁니다. 다 타구나서 해서루, 지가 엄니 아버님한티 내가 그런 소리를 했더니만, 엄니 아버님이 저를 이런 디루 여위기 때미, 그리두 그 사람 복이 있구 내 복이 있기 때미 이렇기 그냥 잘 살구 이력합니다." (공주시 의당면 설화 9. 『한국구비문학대계』4-6)

위의 무가나 민담에서 어딘가 얼버무린 듯하여 금방 수긍이 가지 않고, 따라서 스토리 전개가 매끄럽지 못한 부분은 셋째 딸이 타고났다는 복의 실체다. 그것은 신체의 일부라고 하거나, 아니면 그냥 '내[제]가 타고난 복'이라고 우기거나, 배짱으로 사니 오히려 잘 되더라는 정도다. 알고 보면 이러한 현상은 애초의 이야기 가운데 일부가 생략되었거나 점차 잊혀져간 결과다.

바사닉왕의 딸 선광(善光)의 인연

옛날 바사닉[프라세나지트]왕에게 선광이라는 딸이 있었다. 그는 총명하고 단정하여 부모들이 사랑하고 온 궁중에서 모두 존경하였다. 그 아버지가 딸에게 말하였다.

"너는 이 아비의 힘으로 말미암아 온 궁중이 모두 사랑하고 칭송한다."

딸은 대답하였다. "저에게 업(業)의 힘이 있기 때문이요, 아버지의 힘이 아닙니다."

왕은 이렇게 세 번 말하였으나 딸의 대답은 여전하였다.

아버지는 화를 내어 "과연 너에게 업의 힘이 있는가 없는가를 시험해 보리라."하고, 좌우에 명령하였다.

"이 성안에서 가장 빈궁한 거지 한 사람을 데리고 오너라."

신하들은 왕의 명령을 받고, 가장 빈궁한 거지 한 사람을 찾아, 왕에게 데리고 왔다. 왕은 곧 그 딸 선광을 거지에게 아내로 주면서 딸에게 말하였다.

"만일 너에게만 업의 힘이 있고 내 힘은 없다면, 지금부터 앞의 일을 징험해 알 것이다."

딸은 여전히 다음과 같이 말하였다.

"저에게 업의 힘이 있습니다."

드디어 그 거지를 데리고 집을 떠났다. 그는 그 남편에게 물었다.

"당신에게 부모님이 계십니까?"

거지는 대답하였다. "우리 아버지는 전에 이 왕사[슈라아바스티이]성 안에서 첫째 가는 장자였었는데, 부모님이 모두 돌아가시고, 의지할 곳이 없기 때문에 나는 거지가 되었소."

선광은 다시 물었다.

"당신은 지금 옛날의 그 집터를 알 수 있겠습니까?"

"그 터는 알지만 지금은 집도 담도 다 허물어지고 빈 땅만 남아 있습니다."

선광이 남편을 데리고 옛 집터로 가서 돌아다니자 가는 곳마다 땅이 저절로 꺼지고, 땅 속에 묻혔던 보물광이 스스로 나타났다.

그는 그 보물로 사람을 부려 집을 지었는데, 한 달이 차지 못해 집이 모두 이루어지고, 궁인(宮人)과 기녀들은 그 안에 가득 차며 종과 하인들은 이루 헤아릴 수 없었다.

그 때 파사익왕은 문득 생각이 났다.

"내 딸은 어떻게 생활하고 있을까?"

어떤 사람이 대답하였다.

"궁실과 재물이 왕보다 못하지 않습니다."

그러자 왕이 말하였다.

"부처님 말씀은 진실이다. 자기가 선악을 짓고 자기가 그 갚음을 받는 것이다."

딸은 그 날로 남편을 보내어 왕을 청하였다. 왕이 청을 받고 딸 집에 가보았다. 털자리와 담요와 집의 장엄이 왕궁보다 더 훌륭하였다. 왕은 그것을 보고 처음 보는 일이라 찬탄하면서, 그 딸의 말이 옳은 줄 알고 이렇게 말하였다.

"자기가 업을 짓고 스스로 그 갚음을 받는 것이다."

왕은 부처님께 가서 여쭈었다.

"이 딸은 전생에 무슨 복업을 지었기 때문에 왕가에 태어나 몸에 광명이 있습니까?"

부처님께서 대답하셨다.

"과거 91겁 전에 비파시(毘婆尸)라는 부처님이 계셨고, 그 때 반두(盤頭)라는 왕이 있었으며, 그 왕에게는 첫째 부인이 있었다.

비파시인부처님이 열반에 드신 뒤에 반두왕은 그 부처님 사리로 칠보탑(七寶塔)을 일으켰고, 왕의 첫째 부인은 하늘관[天冠]을 잘 털어 비파시인부처님 동상 머리에 씌우고, 하늘관 안의 여의주를 내어 문설주 위에 달매, 그 광명이 세상을 비추었다. 그는 이내 발원하였다.

"장래에 내 몸에는 자마금빛의 광명이 있고, 영화롭고 부귀하여 삼악 팔난(三惡八難)의 곳에 떨어지지 않게 하소서."

왕이여, 그 때 왕의 첫째 부인이 바로 지금의 저 선광이오.

그가 가섭[카아샤파]부처님 때에 가섭여래와 네 큰 성문에게 맛있는 음식으로 공양하였을 때 남편이 그것을 만류하자 그녀는 남편에게 청하였소.

'나를 만류하지 마십시오. 내가 저분들을 청하여 충분히 공양하게 해주십시오.'

그래서 남편의 허락을 받고 공양을 마치게 되었소.

왕이여, 그 때의 그 남편이 바로 오늘의 저 남편이고, 그 아내는 오늘의 저요. 남편은 그 아내의 공양을 만류하였기 때문에 항상 빈궁하였다가 다시 아내의 공양을 허락하였기 때문에 아내의 덕으로 지금 크게 부귀하여졌지만 뒤에 아내가 없어지면 그는 도로 빈궁하게 될 것이요. 이와 같이 선악의 업이 따라다니는 것은 일찍 어긋나는 일이 없었소."

왕은 부처님 말씀을 듣고 행업을 깊이 통달하여 스스로 잘난 체하지 않고, 깊이 믿고 깨달아 기뻐하면서 떠났다.

『잡보장경』제2권

'내 복 이야기'의 원초적 형태로는 불경 『잡보장경』 2권에 실린 <바사닉왕의 딸 선광의 인연(波斯匿王女善光緣)>이 있다. 이 불전설화의 이야기꾼은 물론 석가모니 며 그 메시지는 "좋은 일을 하면 좋은 결과가 오고, 나쁜 짓을 하면 나쁜 과보를 받는다[善因善果·惡因惡果]이다. 이러한 불전 설화가 민간에 유포되는 과정에서 불 교적 요소가 탈락되었다. 위 전생담에서 바사닉왕의 딸 선광공주가 자신의 업력 으로 행복하게 산다고 말하여 궁전에서 쫓겨났으나 나중에 보물을 습득하여 국왕 못지않은 궁성을 짓고 살게 되었다. 이 복의 뿌리는 그녀가 전생에 부처님과 가섭 불을 보필한 공덕 즉 '지은 복' 때문이라고 분명히 밝히고 있다. 지금 우리들이 이 야기하거나 듣는 '내 복 이야기'는 이러한 윤회전생의 배경이 빠진 채 통용되는 '복 (받은) 이야기'로서 느닷없는 횡재다.

금덩어리를 발견한 장소로는 마밭〔薯田〕·숯가마 외에도 버전에 따라 돌담·옹 달샘 등의 다양성을 보인다. 황금은 부(富)를 나타내는 최상의 표현이다.

서동설화를 보면서 떠오르는 비슷한 이야기가 있다. 쫓겨난 공주가 어리석은 남편을 만나 부와 명예를 쥐어준다는 줄거리는 곧 '온달이야기'이기도 하다. 서동 이나 온달 모두 이른바 '바보사위'로서 '내 복'화소와 함께 이들 설화를 구성하는 두 개의 굴대[軸]이다. 바보사위 이야기는 일찍이 손진태가 '치서설화(痴壻說話)'라 하여 개념을 정립한 바 있다.

선화공주 이야기의 숨겨진 논리

이러한 논의가 백제 역사를 논하는 데에는 오히려 '멀리 돌아가는[迂遠]' 길 같 이 보일지도 모른다. 문제는 어느 바보가 한때 장가 잘 가서 국왕까지 될 것이며, 때로는 나라를 지키는 명장으로 이름을 떨칠 수 있겠느냐는 상식적이고 소박한 의문이다. 그 스토리를 사실로 받아들이는 사람이 없듯이, 남편을 보필하고 출세시킨 여인이나 공주도 이미 정형화된 '이야기'로서 정해진 패턴에 따라 반복되는 인류 공유의 테마임을 나는 환기시키고자 한다.

선화공주(실은 사택왕비) 전생의 선인(善因)·선업(善業)으로 말미암아 대불사(大佛事)를 이루게 되었다는 서탑사리기의 기본 불심과 인연논리는 일연시대의 이야기에는 이미 '빠진 고리[missing link]'가 되었다. 그렇다고 이 거대 불사가 왕비의 배꼽이라든가 거웃[陰毛] - '배꼽 밑에 선 그믓(임신선)'이라는 설도 있다 - 때문이라는 사랑방/저자거리 식의 설명도 하지 않은 채 스토리는 전개된다. "좋은 일을 하면 좋은 결과가 온다."는 인연법칙 정도는 넘어감으로써 - 과감한 생략 - 오히려 『삼국유사』 기이편의 설정의도에 맞추었다는 생각이 든다.

(3) 역사와 설화

얼마나 사실인가?

'내 복에 산다'계 설화나 역사설화는 하나같이 '내 복에 산다'라는 주어진 패턴에다 장소나 사람이름 등 고유명사만 바꾸고 거기에 맞는 시대를 설정하고 있다. 역사인물을 등장시켜 사실로 가공한 전설/역사설화는 민담과는 비교도 안 될 만큼 무게를 가진다. 그렇게 함으로써 듣는이로 하여금 의심할 수 없는 근거를 여럿 제공한다. 설화연구자가 신데렐라든 콩쥐팥쥐든 그 이름과 그들이 살았다는 지역에 큰 의미를 두지 않듯이, 서동이 무왕이든 무강왕이든 아니면 동네 마퉁이든 이야기에 설정된 인물과 시대·장소에 집착하면 설화=허구의 덫에 걸리기 십상이다. 서동의 결혼에서부터 즉위까지의 사료도 역사로서 접근하기보다 설화로서 접근할 때 비로소 의문사항이 풀릴 수 있다. 한 예로 왜 하필 '셋째 공주'인가에 대해서도 '내 복에 산다'계 설화를 알고 있다면 그것은 이미 주어진 답으로서 달리 의문의 여지가 없다. 셋째 공주의 이름은 일연 당시에 부르던 동요 속의 이름에 지나지 않음을 향가 <서동요>는 보여주고 있다.

> 서동과 무왕은 동일인이 아니다. (건너뜀) … 이러한 때에 즉위한 30대 무왕이 신라 진평왕의 딸인 선화공주와 결혼했다는 것은 상상도 못할 일이었을 것이다 … (건너뜀) 무왕설화는 사실(史實)의 기록이 아니라 무왕이라는 역사적 인물을 非凡의 인물로 표현하고 聖化시키기 위하여 기존의 구전설화를 빌어다가 무왕 개인의 이야기로 정착시킨 것으로 보인다. (최운식, <무왕설화의 정착 과정>)

'선화공주'에 대해서는 익산지역은 물론 다른 지역에서도 드물게나마 채록되고 축제도 열린다(열번째 마당 맨 끝에 실림). 쏟아지는 황금이야말로 '내 복'의 실체다. 그 금(金)을 '쇠 금'으로 보아 상고(上古) 시대에 철을 다루는 능력자, 즉 석탈해 같은 대장장이-임금[smith king]과 동일선상에 놓아서는 안 된다. 또 서동이 금광을 확보했다거나, 사금 채취를 적극 추진한 것으로 이해하여 익산지역의 금광 산업을 추적하는 작업도 무망한 노릇이다. 미륵사 서탑의 사리장치와 사리기에서 보듯이 모두가 눈이 부시는 황금이다. 이와는 비교도 안 되는 초대형 사찰 공사비의 자금력를 생각해보자. 이를 설명하는 방법으로는 쏟아지는/무진장의 황금 말고는 달리 없다.

미륵사를 지은 지명법사는 황금을 적국 신라로 날려 보낸 고승으로서, 실은 그가 보인 도력 때문에 서동이 왕이 되었다고 <무왕>조는 읽힌다. 백제의 지명법사는 국왕을 보좌하면서 불교이념을 제공한 점에서 신라의 안홍이나 자장법사와 같다. 거대한 불사를 책임지고 진두지휘한 점에서는 신라 영묘사나 사천왕사 창건 때 불·보살상을 빚은 신기(神技)의 양지스님과 흡사하다. 미륵사 창건과 지명법사 의 활약은 우리 '이야기'에서 빠질 수 없는 요소다. 그렇다고 미륵사 창건을 주도 한 왕비가 누구인지도 모르는 시점에서 당시 활약한 스님 이름만 그대로 전해온 다는 가정은 무리다. 어떤이는 발음이 같다는 이유로 신라 진평왕 때의 지명(智明) 법사를 지목한다. 그 전제는 지명이 간첩으로서 신라와 백제 두 나라를 오갔다는 가정인데 설화사료를 읽는 방법에 문제가 있다. 오히려 이러한 운명적 불사를 주 도한 것은 그것이 천명(天命)임을 아는[知] 스님일 것이라는 작명 배경이 더 설득력 이 있다.

문헌사학의 한계

한국고대사에서 볼 때 <무왕>조의 가장 큰 메시지는 신라 공주가 백제의 왕비 가 되었다는 것이다. 백제·신라의 관계를 보면 무왕 때는 그러한 해빙무드가 맞지 않는다 하여 역사 '고증'을 해보곤 하였다. 첫 번째 가능성은 이렇다. 두 나라 왕 실 사이의 혼인 관계는 『삼국사기』에 따르면 그것이 백제의 스물네 번째 임금 동 성왕(재위 479~501) 때의 사실이라 하여 서동은 곧 동성왕이라는 주장이다. 두 번 째 가능성으로는 『삼국유사』 왕력편의 "30대 임금은 무왕이다. 혹은 '무강'이라고 도 한다."라는 사료를 받아들여 '무왕'은 '무강왕'의 줄임형으로서 곧 무령왕(재위 501~523)이라고 보았다. 설화의 속성과 유형을 참작하였더라면 무왕설화의 사실성 추구와 그 의미파악에 불필요한 노력을 기울이지 않았을 것이다. 제3의 자료는 일 본에서 나온 『관세음응험기』로서 백제 무광왕(武廣王)이 정관13년(639)에 새로 정 사(精舍. 절)를 지었다고 하여 무광=무강(왕)이라고 한다. 이에 서동=무왕=무강왕= 무광왕으로 보아 <무왕>조의 설화를 주변 사실과 맞추어 사료 가치를 최대한 높게 보려는 노력이 나왔다.

미륵사터가 발굴되면서 땅속에 묻혀 있던 1차 자료 즉 유물이 속속 나왔다. 그 가운데서도 기와에 쓰인 간지[干支. 연대]를 검토하여 미륵사 완공은 무왕 30년 (629)이라고 결론 내린 연구자가 있다. 다시 얼마 지나지 않아, 가람 건립은 639년 이라는 사리기가 출토되었지만, 돌이켜보면 사실(史實)에 거의 육박하였으니 - 이를 핍진(逼眞)이라 했던가 - <무왕>조를 두고 두 번이나 논문을 쓸 만하지 않겠는 가. 이제 사리기가 나온 이상, 주어진 여건에서 사료 읽기에 힘을 다한 지금까지의 노고는 충분히 인정하되 모든 것은 당시 남겨진 기록으로부터 출발해야 할 것이다.

미륵사 건립 발원자와 그 신앙

<사리기>와 <무왕>조는 병렬적이거나 앞뒤 순차적인 것이 아니다. 사리기가 탑 속에 앉혀지고 이 기억조차 희미해진 상태에서 미륵사 창건의 인연과 그 주요 과정을 전달한 것이 <무왕>조다. 물론 무왕/무강왕 설화는 <무왕>조의 그것만 일회적이자 불변의 모습으로 있지 않았다. <사리기>와 <무왕>조는 서로 상대의 존재를 상정하지 않는다. <사리기> 세대는 무왕조가 필요조차 하지 않고, 무왕조 세대는 사리기의 내용을 모른다. <사리기>와 <무왕>조는 양자택일의 관계이며, <무왕>조는 하나의 새로운 사리기다. 사택왕비와 선화공주는 그들이 실존인물이든 가공의 여주인공이든 동일한 사건의 인물을 시대를 달리하여 기술하였을 뿐이므로 본체와 그림자 같은 존재다. 그런데도 세 마당[3院] 가운데 동·서쪽 마당은 두 여인 중 누구의 발원에 의한 것이며, 나머지 하나는 자연히 국왕에게 돌아갈 수밖에 없다는 계산은 공평할지는 모르겠으나 가공적(架空的)이다. <사리기>와 <무왕>조 둘 다[兩者]에 같은 비중을 두어 선화공주를 창건발원자로, 사택왕비를 서탑 사리봉안의 발원자로 보는 이가 있다. <사리기>든 <무왕>조든 왕과 왕비는

함께 발원하고 있으며, 가람의 일부인 탑이 아니라 이들 모두를 둘러싼 전체 즉 "가람을 조립하면서 OO 연월일에 사리를 받들어 모신다[奉迎]"라고 새긴 <사리기>를 돌이켜보아야 한다. 절을 짓는데 단계별로 발원자를 상정하는 것은 탑이 가람조영의 마지막 단계라는 일련의 과정에도 위배된다.

미륵사의 중심 신앙·사상은 무엇일까? <무왕>조의 '법당·탑·회랑 세 곳'은 발굴결과 세 마당을 둔 가람배치가 확인되었다. 따라서 미륵사는 미륵(삼존)불을 모시는 미륵삼회(彌勒三會)의 도량이다.

<무왕>조의 사료가치

고대 왕조의 흥망성쇠와 신라 왕들의 긴요한 사적을 적은 『삼국유사』 기이편의 성격상 <무왕>조의 주인공은 무왕이 더 적합할 것이다. 그가 서동요를 지어 선화공주를 차지하는 등의 이야기는 무왕 위주로 전개되는 듯하였다. 하지만 황금을 알아내어 남편을 출세시켜 왕위에까지 오르게 하며, 미륵사를 창건하는 주체는 선화공주=왕비다. 이제 더 이상 무왕을 내세울 수 없는 내막이고 보면 기이편의 여느 주인공과 달리 공주가 이야기를 이끈다. 미륵사를 지을 당시의 기록 <사리기>를 보아도 미륵사 창건의 후원자=주인공은 (사택)왕비였다.

미륵사 창건의 발원자가 왕비라는 이 1·2차 사료의 공통점이야말로 몇 백 년을 지난 뒤에도 애초 미륵사 창건의 기억이 끊임없이 이어져왔음을 말해준다. 사택덕적이라는 명문 귀족 집안의 딸이 신라의 공주로 둔갑한 것도 크게 보면 무왕의 왕비가 원래 왕의 배필이 될 수 있는 고위신분임을 말해준다는 점에서 사실이 크게 굴절된 편은 아니다. 이 역시 미륵사 창건 설화의 한 버전으로서는 손색이 없다.

무왕의 왕비가 백제사람이라는 버전 즉 서동설화보다는 더 사실에 가까운 이야기가 없지는 않았을 터이다. 하지만, 일반적으로 설화의 유형이 밤손님·내복 등으로 발전해가는 것은 그러한 타입의 이야기가 재미있고 극적이며, 그래서 듣는 이에게 오래 기억되기 때문이다. 무왕설화에서 그럴싸하고 사리 정연한 이야기보다는 <무왕>조 버젼이 환영 받는 까닭도 여기에 있다. 그것이 '이야기'다.

사리기에서 두 번째 특기할 사항은 '엄청난 재물'이다. 이 사실(史實)을 후대에 전할 때, 어떻게 그 많은 비용을 대었을까하는 궁금증에 대하여 당시 백제의 국력이나 정치상황을 알 길이 없는 '말하고 듣는 사람들[言衆]'에게 '내 복 이야기'가 거대한 부(富)=복(福)의 축적을 설화적으로 가장 잘 설명해준다. 미륵사의 사리장엄에서 보았듯이 그 부는 눈부실 정도의 황금으로 상징된다.

나의 입론이 설화우위, 설화우호적으로 보일지 모르겠다. 하지만 역사설화는 '해당 사건'=역사가 먼저 있고, 그것을 나중에 몇몇 포인트만 강조하여 이야기식으로 새로 엮음으로써 무미건조한 '객관적' 기록보다 더욱 '사실적(寫實的)'으로 과거의 사실을 말해준다. 서술에 있어서 역사체(歷史體)와 설화체(說話體)는 동일한 사건에 대하여 표현방식이 다를 뿐이다.

<사리기>와 <무왕>조를 비교할 때 미륵사 창건의 주체가 왕비라는 점은 일치하며, 거대한 재력=황금이 소요되었다는 점도 서로 같다. 역사설화가 어떠한 사건·사실로부터 나온 것임을 상기하면 이 말은 결코 새삼스럽지 않다. 다만 <사리기>는 현재진행형 서술이고, <무왕>조는 과거의 (정확치 않은) 기억과 현존 경관(景觀)이 설화형식을 빌어 '말해진[口述]' 이후 문자로 정착된 차이가 있다. 따라서 두 사료는 시대차이는 있지만 그 나름대로의 사실이 여실히 반영되었다. 이렇게 보면 <사리기> 발견 이후에도 <무왕>조가 퇴색되지 않는 것은 연구자들이 의식하든 않든 간에 그럴만한 이유가 있다. 오히려 <무왕>조가 더 '친절'하고, 부모·자식 간의 윤리문제까지 곁들여 있음에랴!

<무왕>조에서 확인되는 제3의 사실은 미륵사를 둘러싼 사적이 백제를 배경으

로 하고 있다는 점이다. 일찍이 무왕/무강왕 사적은 후조선·마한 때의 일이라 전하여 왔고, 후대의 '증거물' 마룡지·오금사에 이르러서는 서동의 시대배경이 조선시대까지 내려올 빌미를 주었다. 그 중간 시기에 일연은 한갓 이야기〔설화〕로 전락한 무왕/무강왕의 '지난 일[故事]'을 역사로 환원시켜 사건의 위치를 바로잡아준 셈이다. 미륵사창건의 기억이 희미해져갈 무렵 그 시대배경은 떠돌고 있었다. 지극히 당연한 이야기지만 <사리기>는 미륵사창건이 백제 무왕 때의 일임을 '선고(宣告)'하여주었다. 그것은 일연의 역사인식이며 '야사' 혹은 '개인저술[私撰]'로 매도되기도 하는 『삼국유사』가 『고려사』나 『신증동국여지승람』 같은 나라에서 편찬한 역사책보다 더 정확한 안목을 가지고 있음을 보여주고 있다.

향가 <서동요>의 연대

<서동요>는 현재 전해지는 향가 가운데 가장 오래되고, 25 글자밖에 안 되는 가장 짧은 노래다. 통일 이전의 삼국시대 노래이니 그럴 만하지만, 기왕에 <사리기>가 나온 이상 창작시기에 대해서는 되짚어볼 필요가 있다.

어떤이는 말하기를, <사리기>가 발견되어 <서동요> 해석에 실마리를 제공해주거나 노래의 형성배경을 밝혀줄 것으로 기대했다고 한다. 지금까지 보았듯이 선화공주(+서동)='내복 이야기'와 미륵사 창건은 원래 별개의 사안이었다. 그것이 복(福)의 2차 수혜자로 무왕을 지목한 데서 한 데 얽힌 이야기가 <무왕>조다. 일연이 듣고 적어놓은 <서동요>에는 '선화공주'가 나오지만 <사리기>에는 그런 이름이 나올 리 없다. 일연 당시까지 전승되던 왕비 주동의 미륵사 창건의 줄거리에다 큰 절을 지을 수 있었던 경제력에 대한 설화적 설명으로서 내복·선화공주·서동 같은 디테일(detail)이 앉혀진 모습이 곧 <무왕>조다. 이렇게 시대와 사람이 각각 다른 두 개의 텍스트임을 인정한다면 <무왕>조에서 백제 무왕 때의 사정을 얻

어 들을 수 있을 것이라는 기대는 금물이다.

　<서동요>에 관한 한 해독은 거의 이루어졌고, 이제 해석 문제만 남았다고 한다. 고대국어에 문외한인 지은이로서는 주제넘은 말이지만, <사리기>의 출현이야말로 본격적으로 해석을 시도할 절호의 기회가 아닌가 한다. <서동요> 내용에서 그 창작시기를 포착하려는 희망 자체가 무모한 짓이다. 여러 향가의 창작시기에 대한 논란은 매번 있어 왔는데 그러한 논의에 하나의 기준/표본을 제시해주는 좋은 예가 <서동요>다.

(4) 유네스코 세계유산으로 등재된 자부심, 그리고 현재와 미래

　'내 복에 산다'계 설화의 아버지나 <리어왕>의 고난은 첫째와 둘째 딸의 거짓말을 그대로 믿어서 자초한 일이다. 진평왕의 셋째 딸 선화공주는 서동이 지어낸 소문/노래 때문에 쫓겨나게 되었으니 어느 경우든 상대방의 말을 믿어서 생긴 일이다. 신화는 얼핏 비합리적으로 보이지만, 대놓고 직설적으로 말하지 않을 뿐 비밀스런 가르침을 숨겨놓는다. 이렇게 소박하지만 복잡한 내력을 가진 논리의 체계가 신화다. 그래서 신화는 '인류의 가장 오래된 철학'이라 했던가.

　쫓겨난 셋째 공주가 이웃나라 왕비가 되었다는 이야기는 브리튼 리어왕의 셋째 공주 코델리아가 프랑스 왕비가 되었다는 모티프와 흡사함에 놀라지 않을 수 없다. 서동이 선화공주를 보고 어떤 식으로 구애했는지 같은 지엽적 부분은 <무왕>조에 나오지 않는다. 아마도 프랑스 왕이 코델리아 공주에게 건넨 대화와 별반 다르지 않았을 것이다.

코델리아 공주님, 아주 훌륭하십니다. 당신은 가난하므로 가장 풍성하시고, 버림을 받았으므로 가장 소중하며, 경멸을 당했으므로 더욱 더 사랑스럽습니다. 당신과 당신의 미덕을 이 손으로 꼭 붙잡겠습니다. (제1막 제1장)

비극 <리어왕>에서는 착한 코델리아도 죽음을 당할 뿐 아니라 그녀의 두 언니들까지 불륜과 치정의 노예가 되어 모두 죽음으로 끝난다. 반면 <무왕>조는 선화공주가 바보남편을 왕으로 만들어 미륵사라는 대형 불사를 이루어내는 '해피엔딩'으로 끝난다. 착하고 효성 지극한 셋 째 공주 모티프는 같지만 대단원은 판이하다. 셰익스피어는 '셋째 딸(공주)' 모티프의 신화를 가지고 인류의 위대한 문학유산 『리어왕』을 썼다. 이제 그와 다른 버전으로 한국의 위대한 문호가 『무왕』을 쓰는 날을 기대해본다.

선화공주와 코델리아 공주! 지구 반대편에 있는 한국과 영국에서 '셋째 딸'/'내복' 이야기를 공유하고 있다는 사실이 신기롭기만 하다. 2015년 7월에 우리나라에서 열두 번째로 유네스코 세계유산으로 등재된 '백제역사유적지구'에 제석사지와 미륵사지가 꼽혔다. 이렇게 눈에 보이는 유적/유물뿐만 아니라 "말은 화(禍)의 근원", "인간사 새옹지마"라는 삶의 진리는 동서고금에 서로 통한다는 정신적 '세계유산'을 우리가 가지고 있다는 데에도 자부심을 가질 만하다.

오늘날의 익산시 석왕동에 있는 '쌍릉'(큰무덤+작은무덤)은 『신증동국여지승람』 익산군 고적조에도 소개되어 있다. 『고려사절요』에 따르면 이미 고려 충숙왕 16년(1329)에 "도적이 금마군에 있는 마한의 선조 호강왕(虎康王. 무강왕)의 무덤을 도굴"했다고 한다. 1917년에 일본학자 야쓰이 세이이치가 쌍릉을 발굴한 이래 국내 연구진이 100년 만에 재발굴하여 적지 않은 숙제를 남겨놓았다. 2016년 국립전

주박물관은 큰무덤에서 찾아낸 치아 4점을 분석하여 '20~40살의 여성'이라는 추정을 하고, 함께 나온 신라식 토기를 근거로 선화공주설에 무게를 두었다. 2018년 부여문화재연구소의 사람뼈 분석결과는 '7세기에 숨진 키 큰 50대 이상의 남성'이므로 백제 무왕이 확실하다고 했다. 내년에 작은무덤[소왕릉]을 발굴하면 새로운 사실이 밝혀질 것을 기대하여 갈수록 흥미진진하다. 세인의 관심은 작은무덤의 사람뼈가 선화공주인지 미륵사탑 사리기에 나오는 왕비 사택적덕의 딸인지를 놓고 가슴을 졸이고 있다. 이병호, 『백제왕도 익산, 그 미완의 꿈』, 2019. 고려시대에 '스토리텔링'된 실체 없는 인물 선화공주는 이렇게 건재하고 있다. 앞으로 얼마나 갈는지?

익산쌍릉 1차발굴조사후 전경 남쪽에서(2018)

익산 쌍릉 큰무덤 발굴 치아(인터넷)

뒷
풀
이

그 산이
정말 거기 있었을까

그 산이 정말 거기 있었을까?

박완서 선생의 자전소설 제목이다. 마을 한켠의 예쁜 동산이 흔적도 없이 사라지고, 대신 직선으로 재단된 체육시설이 들어서서 영원히 잃어버린 풍경을 그리워하는 회한으로, 기억을 의심하는 말이다.

일심으로 기도하고 염불하는 도중에 승천하는 장면을 일연스님은 생생하게 몇 번이나 그리고 있다. 살아 있는 몸이 떠서 극락왕생한다. 이름하여 육신등공(肉身騰空)! 법회 때 들려주는 포교/영험설화로서는 그만이다.

그런데 욱면 설화를 읽으면서 다음과 같은 소박하고 천진한 질문은 누구나 한 번쯤 하게 마련이다. "욱면이 정말 지붕을 뚫고 날아갔을까?" 비슷한 질문은 『삼국유사』를 읽으면서 계속 나온다.

정말 공덕가를 부르며 노역했을까?
신라 공주가 정말 백제의 모자라는 총각과 혼인했을까?

역사설화[史話, historical narrative], 역사와 설화라는 두 속성의 같고다름이나 그들 사이의 갈래를 지워볼 차례다. 예화(例話) 하나를 들어본다.

(1) '캬라멜고개'라는 땅이름

<디지털포천문화대전>에 실린 지명유래다.

광덕 고개 [廣德-] 명칭 유래

경기도 포천시 이동면 도평리에서 강원도 화천군 사내면 광덕리를 넘나드는 광덕고개[廣德峴]는 지역의 명칭을 따서 이름을 붙였다. 그리고 '캐러멜 고개'라는 특이한 이름도 갖고 있다. 6·25 전쟁 당시 이 지역을 관할하던 사단장이 급경사로 굽이도는 광덕 고개를 오를 때마다 차량 운전병들에게 졸지 말라고 캐러멜을 주었다는 데서 이런 이름이 유래했다. 또 굽이굽이 돌아가는 광덕 고개의 생김새가 낙타의 등을 연상시킨다고 하여 미군들이 '캐멀(Camel)'이라고 부르던 것이, 음이 비슷한 '캐러멜'로 변하게 되었다는 것이다. 어쨌든 미군들에 의해 유래했음이 확실한 듯하다. (한국학중앙연구원, 2013)

"어쨌든 미군들에 의해 유래했음이 확실한 듯하다."는 말은 논리적으로 2중·3중의 모순 아닌지?

다른 버전으로는, 김일성이 길 닦는 인민군들에게 수고한다고 격려차 캐러멜을 주었다고 하는 등 몇 가지 아류가 있다. 모두가 남한 최북단 군사지역에서 나올만한 이야기다. 숫자상으로는 세 가지 버전이지만 땅이름풀이의 재료로 보면 낙타설과 (캐러멜)과자설 두 종류다. 고개의 굽이가 낙타등과 같다는 풀이도 억지-끼워맞춤에 지나지 않지만 지명이란 것이 원래 역사와 문화의 산물인 만큼 우리나라 땅이름이 외국동물 낙타에서 유래했다면 우스갯감이다. 이 낙타설도 실은 캐러멜설에 수긍이 가지 않기 때문에 나온 나중 버전이다. 김일성이든 국군 사단장이든 간에 장병들을 위무하거나 잠 깨우는 데 왜 하필 캐러멜만 주었는지에 대한 설명이 뒤따르지 않는 한 땅이름 유래로서는 낙제점수다.

인터넷에 떠도는 땅이름유래보다 더 오래된 풀이가 있다. 한글학회의 『한국지명총람 18 - 경기편 하』(1986)를 보자.

> 사청-고개[캐러밀고개] 【고개】 도평리에 있는 고개. 유엔군이 주둔하
> 였음.
> 캐러밀-고개 【고개】 → 사청고개 (459쪽)

동문서답 같은 설명이다. 유엔군이 캬라멜을 먹었을 수는 있지만.

아직까지 어느 지도에도 한국전쟁 이후에 생겨난 땅이름 '캬라멜고개'가 올라 있는 데는 없다. 1916년의 1/50,000 『조선지형도』로부터 2013년의 1/25,000 국토지리정보원 지도에 이르기까지 이곳 지명은 '광덕고개[廣德峴]다. 그렇다면 '캬라멜고개'는 민간에서 20세기에 와서 부르기 시작한 원인 모를 애칭/별칭이다.

철원군 근남면 잠곡2리 경로당에서 채록한(2011년 4월) 제2의 별명 '1단고개'도 있다.

> 보급 장교, 저기 6.25 때 보급품 싣고 가는 장교가, 그 보급부대 차가
> 인제 뭐 한 열 대 정도 이렇게 댕기잖아, 지에무시(GMC)가.
> 그런데 운전수가 자꾸 졸아가지구, 그 고개는 이렇게 고불고불하고
> 이렇게 가파르구. 그래서 1단고개, (기어를) 1단으로 나(넣어)야 올라

간다 이거야, 1단고개, 1단고개.

그런데 졸고 위험하니까 또 개라멜{캐러멜}을 사서 운전수를 멕였대요, 보급 장교가.

그것도 들은 얘기죠.

그래서 그게 소문이 개러멜고개, 개러멜고개.

 - 지금은 무슨 고개예요, 이름이?

지금은 그 백운계곡이라 그러죠, 백운계곡. (인터넷판『한국구비문학대계』)

워낙 고개가 가팔라서 기어를 1단으로 넣어야 오를 수 있다 해서 생긴 이름이란다.

광덕산을 넘는 광덕고개요, 고개를 넘으면 얼음 같이 찬 계곡 물이 하얀 구름을 펼친 듯 흘러내린다고 해서 백운계곡이다. 지역 주민들이 본래 이런 고상하고 어려운 지명을 썼을까?

1980년대 중반 내가 재직하던 강원대학교에서 이곳 토박이 학생으로부터 들은 말인데, 실은 토속 지명이 있었다. 고갯마루에 (돌)미륵이 있다고 하여 생긴 이름 '미륵고개'였다. 근래(2018년 7월 4일) 확인 차 이곳을 답사하여 주민 함두성(1957년생) 님으로부터 들은 유래도 꼭 같았다. 험난하고 고단했던 세기를 거치면서 미륵바위가 행방을 감춘 (또는 잊혀진) 이후 미륵의 존재는 이름으로만 남아 있었다. 미륵이 없어진 고개가 계속 '미륵고개'라고 불릴지는 아무도 장담 못 한다. (옛)미륵고개를 답사해보니(2019. 4. 6) '미륵'이라 불릴만한 돌덩이는 없으나 첩첩 쌓인 바위 중에는 미륵님으로 모실만한 형상이 한둘 보이기는 했다.

지난 세기의 전반은 일제강점기로서 일본말이 나랏말이었다. 그들은 '미륵'을

제대로 발음하거나 쓸 수 없다. 어느새 '미륵'은 '미루쿠(ミルク)'가 되어 미루쿠-고개(とうげ. 峠)가 되었다. 그런데 일본식 영어로 캬라멜은 '미루쿠'다. 그들 말에는 받침이 드물기도 하지만 무엇이든 축약하는 버릇이 있다. 그 당시나 지금이나 한 일 두 나라 사람들에게 가장 인기 있는 캬라멜은 '모리나가(森永)제과주식회사'의 '(등록상표) 미루쿠 캬라메루(ミルク キャラメル)'다. 이 밀크캬라멜을 그들은 앞말만 따서 '미루쿠(milk)'라고 했다. 그 인기는 무엇보다 위안부 할머니들의 증언을 들어보아도 알 만하다. 당시 조선의 농가에서는 좀처럼 보기 힘든 '미루쿠'를 일본인들이 들고와서 소녀들에게 주면서 접근했다고 한다. 광복 뒤에도 우리들은 60년대까지 캬라멜을 '미루꾸'라고 불렀다. 황석영의 자전(自傳) 『수인』에는 '미루꾸(캐러멜 캔디)'라고 설명해놓았다. 이후 그것이 제대로 된 이름이 아님을 알게 되고, 받침이 전혀 문제가 되지 않는 한국인들은 어느새 '미루꾸'를 정확히 '캬라멜'이라 부르게 되었다.

화천군과 포천군을 잇는 고개 미륵고개 → '미루쿠고개'가 캬라멜고개가 된 전말(顚末)이다.

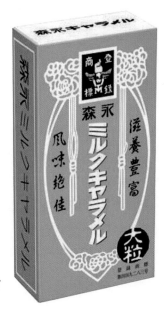

모리나가(森永)제과주식회사의 '미루쿠 캬라메루(ミルク キャラメル)'

미륵바위

화천읍에서 구만리 파로호 쪽으로 약 2km 거슬러 올라가면, 하대이리 마을 어귀 왼쪽 밭 가운데 보기에도 신기한 모양의, 속칭 '미륵바위'가 우뚝 서 있다.

조선 말엽 화천읍 동천리에 장 아무개라는 가난한 선비가 살았는데, 이 선비는 가끔 이 미륵바위에 와서 음식을 차려놓고 극진한 정성을 드렸다. 그러던 어느 날, 과거를 보려고 한양으로 가기 위해 이곳을 지나는데 난데없이 개나리봇짐을 한 초립동이 나타나 한양까지 동행하기를 청해 선비는 선뜻 응락하고 동행했다. 며칠을 걸려 한양까지 가는 동안 선비는 초립동이 갖고 있던 봇짐 속 삼베 세필을 노자로 쓰면서 불편없이 한양에 당도했다. 초립동은 어느 큰 주막으로 선비를 안내한 다음, 주막집 주인에게 성찬을 차리게 하여 배불리 먹고는 간다온다 말 한 마디도 없이 사라져 버렸다. 며칠을 기다려도 초립동이 나타나지 않아 음식값에 묶인 선비는 과거 날까지 넘기고 음식 값을 갚기 위해 머슴으로 일하게 되었다. 그러던 어느 날 사라졌던 초립동이 나타났다. 선비는 화가 머리끝까지 치밀었으나 참으면서 그 간의 연유를 물었다. 초립동은 죄스러운 기색조차 없이 무슨 환약을 선비에게 건네주면서, "장안에 들어가면 김 아무개라는 대감의 무남독녀가 백약이 효험이 없이 앓고 있으니 이 약을 먹이면 즉시 회생할 것이오"라고 했다. 어리둥절해 하면서도 범상찮은 인물로 생각한 선비는 약을 받아 대감 집으로 찾아가 명의로 자칭, 규수의 손목을 잡고 진맥을 하는 척하면서 약을 먹였다. 대감의 딸은 신기하게도 하루만에 병석에서 일어났다. 기뻐 어찌할 바를 모르는 대감 내외에게 선비는 길이 멀어 과거 날짜에 당도하지 못해 시험을 보지 못했다고 했다. 그러자, 대감은 "지난 과거 시험에는 장원이 없어 사흘 후 다시 과거가 있으니 그 때까지 내 집에 묵으면서 책을 보도록 하시오."하면서 선비를 눌러 앉혔다. 선비는 사흘 뒤 과거에서 장원급제를 하여, 양구 현감을 제수받고, 초립동이 기다리는 주막으로 돌아오니 초립동이 희색이 만연하며 선비를 맞았다. 화천 귀가 길에도 선비는 초립동과 동행했는데, 지금의 미륵바위에 이르자 초립동은 바람결같이 사라져 버렸다. 선비는 고개를 끄덕이며 그 미륵바위를 초립동의 대신으로 믿고 그 후 더더욱 극진히 미륵바위에 정성을 드렸다 한다.

몇 년 전 화천읍에 살던 전 아무개 씨가 이 돌을 탐낸 끝에 자기 집 정원으로 옮겼다가 큰 변을 당하고 다시 제 자리에 갖다 놓았다 한다. 전씨가 이 돌을 집에 옮긴 후부터는 집안이 흔들리는가 하면, 막내아들이 갑자기 정신 이상이 되면서 폐병으로 일 년만에 죽었다는 것이다. 또, 십여 년 전 모 부대 군인들이 영내를 조성하기 위해 옮기려 하자, 갑자기 팔다리가 떨리면서 통증과 함께 마비 증세가 와 기겁을 하면서 되돌아갔다는 이야기도 전해 온다.

(華川郡誌, 1988)

이밖에도 화천군에는 자연석 미륵바위가 더러 있다. 아랫대이리의 마을 어귀에 신기한 모양의 속칭 '미륵바위'가 있다. 화천읍 동촌리에 사는 장 아무개라는 선비가 이 바위에 정성을 들여 장원급제하고 양구 현감이 된 뒤로 마을에서는 더욱 극진히 미륵을 모셨다는 이야기다.

화천군에는 또 하나의 '미륵고개'가 있었다.

미륵-고개(彌勒嶺)【고개】현재 파포리 고개로 불리는 지명으로 노동리쪽에서 파포리로 가는 고개. 화천읍쪽으로도 가는 길 등 두 갈래가 있다. 노동2리에서 파포리에 걸쳐 있다. 옛날 장촌리에 큰 부자가 살았는데 지나가던 시주승이 시주를 원하자 이 부자가 거절을 했다고 한다. 그래서 시주승은 부자의 하인을 한 명 데리고 나왔는데 뒤를 돌아보지 말라는 중의 말을 무시하고 이 고갯마루에서 뒤를 보았는데 부자의 집은 무너지고 하인은 미륵불이 되었다는 전설이 있다.

(네이버, 오픈백과, 화천군 상서면 노동리 지명유래, 2009/06/25)

위 미륵고개는 1910년대에 작성된 『조선지지자료 - 강원편』 상서면(上西面), 고개이름에 다음과 같이 나와 있다.

彌勒嶺 / 미륵고기 / 上西面 芦洞里에在홈

1967년 간행 『한국지명총람- 강원편』 같은 군, 면 노동리에도 실려 있다.

미륵-고개【고개】화천으로 가는 고개

노동리 미륵고개 전설은 '장자못 전설'이 축소·변형된 것이다. 일반형은 이렇다. 시주 얻으러 온 중에게 장자(큰 부자)가 쌀은커녕 모래(혹은 쇠똥)를 바랑에 담아주자 하인[또는 며느리]이 장자를 만류한 덕분에, 스님은 하인만 살리려고 큰비가 내려도 뒤돌아보지 말라고 귀띔해주었다. 하인은 당부를 잊고 지키지 못하여 돌이 되었다. 물론 장자네는 홍수에 잠기어 깊은 못으로 변하고 말았다. 미륵불은 이 전설의 증거물로 존재했다. 절터가 아닌 곳의 미륵불은 불상의 신체적 특징(相好)을 갖춘 것이라기보다는 자연석을 미륵으로 일컫는다. 이곳에 미륵이 있었는지는 겨우 지명설화를 통해 짐작할 뿐 지금은 행정지명을 따라 '파포고개'라고 불린다.

길옆 높이 솟아 있는 바위에 '미륵불(彌勒佛) …'이라고 글씨만 새긴 것으로는 강원도 인제군 기린면 방동리 '선바위'의 경우가 있다. 강원도 고성군 죽왕면 바닷가에는 풍어(豊漁) 전설을 간직한 '미륵불'이 한 쌍 있는데 원래는 무덤의 문인석이다. 충남 아산시 탕정면 호산1리 감로암의 '미륵'은 길쭉한 자연석으로서 마을어귀에 세워져 미륵고사를 지냈던 마을 수호신이었다.

그 많던 미륵은 어디 갔을까? 슬프고 한심한 사실은 웬만한 돌덩이는 어느새

'위치 변경'을 한다. 일제강점기 때 타민족이 우리의 유서 깊은 유물을 가져가서 정원석으로 쓰고 하던 것을 '학습'하여 광복 뒤에는 우리들 스스로 '청출어람'이 되었다. 수요는 공급을 창출한다. 그런 물건을 소유하려는 사람이 있으니 '전문적'으로 공급하는 사람이 생긴다. 이런 '민속미륵'조차 공급이 달리자 근 수십 년 사이에는 탑이라 하기도 무엇한 석재나 스님들의 무덤인 승탑[부도]조차 자취를 감추어 절 들머리의 공동묘지인 부도밭은 한갓 공터나 잔디밭으로 전락하였다. 이런 현상을 두고 돌아가신 윤경렬 선생은 한 책에서 몇 번이나 "참으로 한심한 일이다." "한심스러운 일이다." "정말 한스러운 일이 아닐 수 없다."라고 통탄했다 (『경주 남산 — 겨레의 땅, 부처님 땅』).

(2) 사실에서 진실로

미륵바위가 없어지고 일본식 땅이름이 정착하기도 전에 미륵고개는 영어로 '교정'이 되어 오늘에 이른다. 이름뿐인 증거물 '캬라멜'은 이 과자를 출현시킨 주인공으로서 김일성·사단장·유엔군 등 이야기꾼[話者]의 상상력에 따라 임의로 등장시킨다.

이야기의 발단은 미륵바위가 실종된 데 있다. 바야흐로 사실의 세계에서 이야기의 세계로 판이 바뀔 차례다. 두 세계는 상호 연속성이 있거나 서사적(敘事的. narrative) 인과관계(causality)가 아니므로 공존할 수 없다. 미륵바위가 있던 즈음 캬라멜이나 사단장이 있을 리 없고, 후자가 대두하려면 미륵바위의 부재(不在)가 전제되어야 한다.

'사실'은 시간·공간적으로 증명할 수 있는 객관적·경험적인 것임에 비해 '설화'

는 허구·가능성·당위성에서 피어나서 가치판단이 개입된다. 노동리의 돌미륵- 사실 -이 있는 채로 미륵고개를 '이야기'하려면 별로 관계없는 장자못 전설에 기대거나 구약성경에 나오는 롯의 아내같이 뒤돌아보아 재앙을 맞았다는 일방적 주장이 나올 수밖에 없다. 사실과 설화가 공존하는 형식이다. 돌미륵 자체는 설화를 필요로 하지 않는다. 그럼에도 장자못이나 '롯의 아내'식 이야기가 존재하는 까닭은 돌미륵을 통해서/빌미로 무언가 하고 싶은 말이 있기 때문이다. 거기에는 '있어야 할 일'이나 '있을 법한 일'이라는 이야기꾼의 주장과 철학이 들어 있다. 아무리 부자라도 베풀지 않으면 죄를 받는다는 등. 이것은 사실(fact)과 다른 굴대[軸]인 진실(truth)의 세계다. 진실은 시대와 민족에 따라 크게 차이 나지 않는다. 세계적으로 설화의 공통분모가 발견되는 까닭이다. 진실의 마당[場]에서는 구체성 현장성 같은 디테일이 크게 문제되지 않는다. 이 점에서 문학이 가는 길은 역사와 다르다. 이미 돌미륵이 없어진 이상 사실과 진실이라는 두 명제는 서로 만날 일이 없고, 만날 수도 없다. 돌미륵이 없어진 순간부터 서사의 길은 열렸고, 일단 서사가 시작되면 다시는 '돌아올 수 없는 강'을 건넌 것이다.

(3) 『삼국유사』, 지난 시대의 사실(史實. event)을 적어 진실을 말하다

사실을 추구하는 작업이 역사연구라면 진실을 추구하는 행위는 문학과 철학의 영역이라고 한다. 일연은 고조선으로부터 후삼국에 이르는 오랜 기간의 역사를 적되 사실여부나 옳고그름에 대해 소견을 피력한다. 일연은 역사가의 사명을 가지고 『삼국유사』를 쓰기 시작했지만 스님의 본분을 잊지 않았다. 그는 사실을 단순히 적기만 하지(述而不作)는 않았다.

진짜와 가짜를 구별하는 '진실게임'에서 '캬라멜고개'를 놓고 보자. 캬라멜을 제공한 이는 사단장·김일성·유엔군이라고 의견이 갈린다. 하지만 사실은 이들 인간상과 아무런 관련도 없는 돌미륵이 있을 뿐이다. 돌미륵이 사실이라면 사단장·김일성·유엔군은 '고된 훈련'이나 '부하 사랑' 같은 진실의 범주에 든다. 돌미륵이 사라진 다음에는 온갖 주장과 수사(修辭)가 난무한다. 이후 캬라멜고개의 사실이나 증거를 찾는 행위는 난망(難望) 즉 '나무에서 물고기를 구하는' 식이다.

『삼국유사』에는 인문학의 여러 분야가 섞여 있어서 하나의 잣대로 재단하기 어렵다. 한 때 나는 해당 사료의 어디까지가 사실이고, 어디부터가 입담 또는 포교·교훈적 이야기로 발전했는가를 먼저 가려야 한다고 했다(『삼국유사 새로 읽기 (1)』). 사실과 설화는 서로 보완적 관계이므로 이 둘을 회통하여 무한히 노력하면 사실의 막다른 골목까지 갈 줄 알았다. 사안에 따라서는 서로 도움을 받는 경우가 있기는 하다. 하지만 궁극적으로 이 둘은 별개의 세계다. 돌미륵의 현장과 그것이 없어진 뒤의 관전평은 그라운드가 다르다.

복습해보자. 『삼국유사』 무왕조에서 설화 생성의 시발점이자 신호탄은 석탑사리기를 사리함에 넣은 시점이다. 이제는 누구도 발원문을 곁들인 역사기록을 볼 수 없기 때문에. 그 뒤의 서사는 '셋 째 딸' 같은 인류 공통의 신화적 사고로 가게 되어 있다. 사리기가 묻힌 이후 사실/실제의 기억은 점차 옅어져간다. 한편 동양 최대의 석탑이라는 거대공사를 보는 불가사의 속에서 어느새 '선화'라는 공주 이름이 생겨나고, 이웃나라의 금력까지 동원되는 스토리(story)가 말해진다(telling).

진실은 이러하다. '사실'이 탑 속에 묻힌 뒤, 거대공사가 이루어질 수 있었던 데 대해서 다양한 주장이 나오고, 입씨름을 거친 뒤 '모범답안'이 만들어진다. 바로 『삼국유사』 무왕조다. 설사 그 과정에서 사실이 밝혀진다 한들 - 사리기의 초안이나 원본이 발견될 수 있다 - 고려시대 사람들에게는 이미 '진실'이 아니다. 그들이 기대하는 진실에 비해 무미건조하고 초라하기 짝이 없다.

이러한 진실과 기대(期待)는 현대인에게도 마찬가지다. 당시의 유물이 천재일우로 나왔지만 여전히 문헌에 의지하거나 유물과 문헌을 조합한 절충안을 모색하고 있다. 1차사료인 유물을 받아들이고, 종전의 연구에 미련을 갖지 않는다면 향가 서동요에 대한 이해도 달라질 텐데.

욱면 이야기는 어떠한가? 미타사 법당 지붕이 내려앉았을 때부터 이야기는 시작된다. 욱면의 최후나 죽음에 대해서는 당시 절에 있던 몇 사람 말고는 아는 사람이 없다. 사실은 이러한데 법당의 지붕구멍에 대해 사람들은 '진실'을 듣고 싶어 한다. 역시 모범답안은 문학적이고 포교 메시지가 들어 있어야 한다. 실제 욱면의 왕생을 기리는 현판까지 세워놓지 않았던가. 이 또한 '제2의 사실'이고, 원초의 사실보다 더 리얼하고 지속되는 진실이다.

우리의 국학 분야에서 미륵사서탑사리기 만한 시금석(試金石)은 없다. 사리기의 공헌에 대해 한 가지 더 언급한다면, 『삼국유사』에 실린 향가의 제작연대에 관한 것이다. 서동요 노랫말에는 배경설화의 주인공 '선화공주'가 나온다. 당연히 제작시기는 일연 당대거나 그로부터 멀지 않은 과거 어느 시점이다. 향가 <풍요>의 제작시기에 대해서도 선덕여왕 당대로부터 고려후기까지 몇 단계의 층위가 제시되었다. 사리기를 교훈으로 삼는다면 풍요 또한 일연 시대보다 그리 앞서지 않을 것이다.

『삼국유사』는 앞선 왕조의 사실을 대상으로 하고 있지만 책쓴이는 고려시대 사람이다. 역사와 설화 즉 사실과 진실이 공존하지만 그 비중은 오히려 후자에 있다. 일연 스님의 서원이 담긴 책이기 때문이며, 다른 말로 하면 그만큼 하고 싶은 말이 많기 때문이다. '그 산이 정말 거기 있었을까?'라고 묻는 『삼국유사』 독자들의 의문이 책쓴이에게는 문제되지 않는다.

책쓴이와
책에 대하여

『삼국유사』는 그 제목 '유사'에서 표방했듯이
이삭줍기에 충실하였다. 그런데 그 이삭이야말로 보물이었다
(최남선)

(1) 책쓴이[撰者] 문제

『삼국유사』가 일연의 저작이라는 것은 누구나 알고 있지만 간단치 않다. 『삼국유사』에는 권5의 처음에만 "국존조계종가지산하인각사주지원경충조대선사 일연찬(國尊曹溪宗迦智山下麟角寺住持圓鏡冲照大禪師一然撰)"이라고 적고 있다. 그런데 두 곳에 걸쳐 '무극기(無極記)'라 하여 다른 사람의 이름이 보인다. 이 때문에 안정복은 『동사강목』에서 일연과 무극을 같은 사람으로 보았다. 무극(混丘·淸玢. 1251~1322)은 일연의 행장(한 인물의 평생 지낸 일을 적은 글)을 썼던 제자다. 원래는 권마다 책쓴이 일연의 이름을 써두었겠지만 판각하는 과정에서 빠지게 되었다고는 하나 제3의 참여자가 있을 수 있다.

『삼국유사』는 여러 사람의 공동작업이라는 주장도 적지 않은데, 그 근거로 다음 몇 가지를 들고 있다. 첫째, 인홍사(仁興寺)에서 4년이라는 짧은 기간에 간행한 『역대연표』는 일연의 문도들이 대거 참여하여 지은 것으로서, 『삼국유사』는 『역대연표』를 토대로 찬술했다. 둘째, 기이편 서문에서 "그러므로 삼국의 시조가 모두 신이한 데서 나왔다는 것이 무슨 괴이할 게 있으리오. 기이편을 이 책 첫머리에 실는 뜻이 여기에 있다"고 한 데 반해, 현재의 『삼국유사』에는 왕력이 책머리에 실려 있다. 셋째, 『역대연표』와 『삼국유사』 왕력의 기재양식이 거의 일치한다. 하지만 『역대연표』가 일연과 그 문도들에 의해 작성되었다고 단정할 수는 없으며, 『역대연표』와 『삼국유사』 왕력 사이에는 상당한 차이가 있으므로 받아들이기 어렵다는 반론이 있다.

『삼국유사』에는 무극의 부기(附記) 이외에도 후대사람의 첨가가 보인다는 주장이 있다. <가락국기>같이 단순히 사료만 인용해 놓았거나 동경흥륜사금당십성(東京興輪寺金堂十聖)조 같이 아무런 설명도 없는 것이 그러하다. 그러나 『삼국유사』에 대한 서지적인 검토를 하지 않은 채 추측한 것이므로 무리라는 주장도 있다. 최근에는 제목에 끼움주[夾註]가 상식보다 많다든가, 기존의 끼움주와 다른 형식의 주석이 있음을 예로 든다.

(2) 일연 : 출생에서 입적까지

고려 희종 2년(1206)은 최씨 무신정권의 첫 실력자 최충헌이 진강후(晉康侯)에 봉해지던 해다. 이 해에 신라 원효 스님의 고장 장산군(경상북도 경산)에서 또 한 분의 위대한 스님이 태어났으니 곧 일연이다. 세속 성은 김씨, 처음 이름은 견명(見明)이다. 아홉 살에 해양(海陽. 지금의 전라남도 광주) 무량사에 취학하였다. 열네 살에 설악산 진전사로 출가하였는데, 이곳은 도의(道義) 선사가 당나라에서 선불교를 배우고 돌아와서 9산선문의 하나인 가지산파가 개창된 곳이다. 22살까지 공부한 뒤 승려들의 과거시험인 승과에 급제하여 20여 년간이나 포산[지금의 달성군 현풍면 비슬산]의 보당암 등에서 참선하였다. 바야흐로 몽골이 중국대륙에서 세력을 떨치기 시작하던 때였다.

44살(고종 36년, 1249)에 지금의 남해군 정림사(定林寺)에 머물면서 분사대장도감(分司大藏都監: 대장경의 일부를 나누어 판각하던 관공서)에 3년간 참여했다. 55살(원종 1년, 1260)에 『중편조동오위(重編曹洞五位)』를 간행했다. 56살에는 왕의 부름을 받고 강화도의 선월사에 머물면서 멀리 보조국사 지눌의 가르침을 이어받았다. 59살(원종 5년, 1264)에는 경상북도 영일군에 있는 오어사로 옮겨 후학을 지도했다. 63살(원종 9년, 1268)에는 조정에서 베푼 대장낙성회향법회를 주관했다. 1274년, 그가 인홍사(仁弘寺)를 중수하자 원종은 인흥(仁興)으로 이름을 고친 다음 현판을 써서 하사했다. 비슬산의 용천사를 중창하여 불일사라 이름 짓고 불일결사문(佛日結社文)을 썼다. 72살(충렬왕 3년, 1277)부터 76살(1281)까지는 (지금의 청도군) 운문사에 살았는데, 당시 경주에 와 있던 충렬왕의 부름을 받아 일 년 가까이 왕을 모셨다. 이때 불교계의 타락상과 몽고군이 불사른 황룡사를 목격했다.

이윽고 왕을 따라 개성에 가서 국존(國尊. 고려 말에 국사=國師를 고친 이름)으로 책봉되었다(충렬왕 9년. 1283). 하지만 노모를 모시려고 고향에 가기를 청하여 반 년 정도 함께 산 뒤 스님 나이 78살 되던 해 어머니는 96살로 돌아갔다(1284). 지금 같으면 남을 시켜 보살피게 한다든지, 요양시설에 모셔놓고 자기 일에 몰두할 것이다. 늙은 아들은 이때부터 『삼국유사』를 쓰기 시작했는데, 84살이 되던 해에 군위군의 인각사에서 입적했다(1289). 스님 된 나이(법납)로 71살이다. 돌아간 뒤 나라에서 내려준 이름 [시호]은 보각(普覺)국존이다.

(3) 일연이 쓰거나 편찬한 책

일연은 고종 43년(1256)에 윤산(지리산)의 길상암에 머물면서 『중편조동오위』 2
권을 엮었다. 이밖에도 편수한 책으로는 『조파도(祖派圖)』 2권, 『대장수지록(大藏須
知錄)』 3권, 『제승법수(諸乘法數)』 7권, 『조정사원(祖庭事苑)』 30권, 『선문염송사원(禪
門拈頌事苑)』 30권 등이 있다. 이들 저술을 보면 그는 선종과 교종 모두에 뛰어난
스님이다. 안타깝게도 이들 저작은 대부분 전해지지 않고 있다. 저서로는 『어록』
2권과 『게송잡저(偈頌雜著)』 3권이 있다.

그의 마지막 저서라 할 수 있는 『삼국유사』는 역사책으로 분류될 것이니 앞의 불
교 저작들과는 다소 동떨어진 감이 있다. 더구나 일연 비문(인각사 보각국존비)에 언급
되어 있지 않아 지은이에 대한 논란의 소지를 남겼다. 하지만 다행히도 우리 고대사
와 함께 교종의 역사를 불교유입부터 체계적으로 기술해놓아 자칫 인멸될지도 모르
는 자료를 잘 모아놓고 있다. 어떤이는 『삼국유사』를, 일연이 늘그막에 노모를 모시
면서 들려드린 이야기였을 것이라고 추측하는데, 내용 가운데 일부는 그럴 가능성
이 없지 않다. 하지만 체계적인 자료수집과 저술의도 등으로 보아 『삼국유사』는 오
래 전 일연이 운문사에 있을 때부터 집필을 시작했던 것으로 보는 것이 일반적이다.

(4) 『삼국유사』의 판본과 유통

1) 나무판본

『삼국유사』는 일연이 남긴 원고에 그의 제자 무극이 일부 보완하여 필사한 출
판형태의 완성본이 있었을 것으로 학계에서는 추정한다. 그 뒤 두 차례 목판으로

군위 인각사 보각국존승탑(©최희준)　　　　　군위 인각사의 복원한 보각국존비

간행되었다. '중종임신본' 이전의 책을 옛판본[古板本]이라고 부르는데, 조선시대 초기에 간행되었다고 추정한다. 이 판본은 이계복 등이 『삼국사기』를 간행할 때 『삼국유사』도 새로 간행하였는데, 그 저본은 당시 경주부에 남아 있던 것이다. 현재 온전한 것은 없으나 일부 소장자 및 책의 상태는 다음과 같다. 송석하가 소장했던 석남본은 권1[왕력·기이]만, 손보기가 가졌던 파른본은 왕력과 권1·권2, 니산본(泥山本)은 권2(소장 순서는 권덕규→ 이인영→ 송은 이병직→), 곽영대가 가진 송은본은 권3~5, 범어사 소장인 권4~5가 있다. 송은본에는 피휘(고려 혜종의 이름 '武'자를 피하여 '虎'로 바꾸는 예법)가 적용되어 있지 않아서 조선초 간행한 것으로 추정되었

다. 이 가운데 석남본 권1과 송은본 권3~5를 베껴 쓴 필사본이 고려대 중앙도서관에 소장되어 있다. 이밖에도 조종업(趙鍾業)본 권2, 한 책이 있다. 현재 널리 유통되고 있는 '중종임신본'은 중종 7년 임신년, 서기 1512년에 찍었다. 종래 '정덕본'이라고도 불렀는데 그 발문(책 끝에 그 내용이나 간행에 대해 적은 글)에 '정덕임신년(正德壬申年)'이라고 쓴 명나라 무종의 연호를 취한 이름이다. 이후 『삼국유사』는 우리 강토에서 다시 잊혀지고만다. 조선시대 최고의 학자 정약용조차 이렇게 말하고 있다.

> 이 책은 누가 지었는지 모른다. 고려 중엽 이후에 나타났는데, 엮어
> 서 실은 바가 모두 황당하고 경전에 맞지 않아 믿을 만하지 못하다.
> 그러나 삼한을 변증하는 설명에서는 증거가 무척 명쾌해서 동방의
> 지리를 말하고자 한다면 마땅히 참고하여 보아야 한다. (『여유당전서』
> 제6집 제1권)

기껏 조선후기 실학자들의 지리고증에나 소용이 있다고 한다. 실은 거기에 더하여 우리나라 세시풍속의 유래와 성씨에 대해서도 실학자들은 『삼국유사』를 통해 밝히고 있다. 잘 알다싶이, 왜란과 호란을 겪은 뒤 불교공간도 폐허가 되었다. 이에 불국사·화엄사·대둔사 등 유서 깊은 큰절들은 자신들의 역사와 문화를 복원하고 체계화하는 과정에서 처음 절을 세운 시점부터 고려시대까지의 역사를 많은 부분 『삼국유사』에 의존했다.

고맙고 다행한 일이라고 할까, 기구한 운명이라고 할까? 임진왜란이 끝난 뒤 일본군의 손에 넘어간 『삼국유사』가 둘 있다. 그 하나는 도쿄 간다(神田)씨의 책으로서 '안양원장서(安養院藏書)' 도장이 찍혀 있다. 다른 하나의 『삼국유사』 완질(完帙)은 도쿠가와 이에야스에게 바쳐졌다. 다시 그의 막내아들이 물려받아 따로 서고

[나고야시 호사(蓬左)문고를 만들어 극진히 관리하면서 애독하였고, 천황에게도 빌려주곤 하였다. (고운기,『도쿠가와가 사랑한 책』)

외적의 침략을 받지 않아 서책이 잘 남아 있는 나라 일본의 왕실이나 막부가 『삼국유사』에 탐닉하는 이유가 무엇일까? 너무 잘 차린 밥상을 '일용할 양식'으로 삼을 수는 없다. 곁에 두고 생각날 때마다 읽어도 매번 감동과 은근한 메시지를 주는 품성 때문이 아닐까? 에도막부가 몰락하고, 메이지유신 뒤에 드디어 그들은 이 책을 인쇄에 붙이기에 이른다. 1927년, 육당 최남선이 『계명』이라는 잡지에 『삼국유사』를 대서특필하게 된 것은 이러한 일본 문화계의 세례를 받고 자기나라 백성을 깨우치고자 한 외침이자 반성이었다.

2) 활자책·영인책·번역서(일본)

『삼국유사』는 현대에 들어서 활자본이 유통되면서부터 연구기반이 조성되었다. 먼저 일본에서의 단초(端初)는 쓰보이 구메조우(坪井九馬三), 히사카 히로시(日下寬)에 의해 이루어졌다. 『삼국유사』는 『삼국사기』와 함께 조선 삼국시대의 역사서로서 중요하다고 판단하여 동경제국대학 문과대학사지총서[文科大學史誌叢書, 이하 '동대본'으로 줄임]로 1904(명치37)년에 간행하였다. 이에 앞서 1900년에 쓰보이 구메조우(坪井九馬三)가 『史學雜誌』(제11편 9호)에 해제를 실었다. 그 뒤 『대일본속장경』이 간행될 때 『삼국유사』가 수록되었는데, '동대본'을 바로잡아[訂正] 짜맞추었다.

1915년, 조선연구회에 의해 『원문과 일본어역 대조 삼국유사[原文和譯對照 三國遺事)』가 간행되었다. 그 후반부는 '동대본' 그대로이고, 전반부의 일본어역도 불충분하다고 한다. 1926년에 이마니시 류(今西龍)는 '중종임신본'의 완본(順庵手澤本)을 입수하여 경도제국대학문학부총서(京都帝國大學文學部叢書)로 출간했다. 크기를 줄인 사진판[(縮寫印行)]인데['京大本'], 책머리에는 나이토코난(內藤湖南)이 1921년에 쓴 서문과 목차가 붙어 있다.

조선사학회는 이것을 활자본으로 유통시키고자 1928년에 국판양장(菊版洋裝) 1 책(冊)을 간행하였다[조선사학회본]. 이 책 교정(校正)은 원본의 소장자인 이마니시 가 전적으로 담당하였다. 따라서 '조선사학회본'이 '가장 잘 된 책'[(最善本)]으로 꼽히는 것은 당연하며, 이 책에는 또한 향가가 실린 『석균여전(釋均如傳)』과 함께 이마니시가 길게 쓴 발문이 덧붙여져 있다.

1932년에는 '중종임신본'이 거의 실물크기로 경성(京城)의 고전간행회에서 나왔 다. 이 '고전간행회본'을 1964년 가쿠슈우인대학(學習院大學)에서 축소 영인한 바 있다. 이밖에도 히라이와 유우스케(平岩佑介)가 번역한 4·6판의 『삼국유사』가 대 정 12년(1923)에 만선총서(滿鮮叢書)로 간행되었다. 이것은 쇼와 11년(1936) 조선문 제연구소의 조선총서(朝鮮叢書)에 실려 다시 발행되었지만 왕력을 제외한 부분을 골라서 번역한 것으로서 학술적 가치는 낮다.

『대일본신수대장경』(1924~1934)을 간행할 때 『삼국유사』는 그 49권 사전부(史傳 部)에 수록되었는데 '속장경본'과 '경대본'을 함께 참조한 것이다. 1962년에는 『국 역일체경(國譯一切經)』 사전부(史傳部) 10에 노무라(野村輝昌) 번역으로 『삼국유사』 가 실렸다. 1975년에는 『삼국유사』 역주의 집대성이라 할 수 있는 『삼국유사고 증』 상권이 미시나 아키히데(三品彰英) 유찬(遺撰)으로 나왔으며, 하권부터는 무라 카미 요시오(村上四男)의 이름으로 1995년에 완간되었다. 1976년에는 김사엽 번역 『삼국유사』를 아사히출판사[朝日出版社]에서 간행하였다.

3) 활자책·영인책·번역서(한국)

최남선이 감수하여 1927년에 잡지 『계명(啓明)』 18호의 부록으로 실린 『교정본 삼국유사』['계명본']가 국내에 소개된 활자본으로는 처음이다. 이 책에는 최남선이 쓴 해제가 상세하다. 다시 1946년에는 「신라장적문서」와 '색인 및 옛문헌 열세 가지[附 索引及古文獻十三種]'라는 보충제목을 붙여 『증보 삼국유사』를 민중서관에서 출판하였으며, 그 뒤로도 몇 차례 찍기(刷)를 거듭하였다.

1946년에는 사서연역회(史書衍譯會)에서 『삼국유사』를 번역하여 고려문화사에서 출간하였다. 1956년에는 고전연역회(古典衍譯會)가 번역하고 학우사(學友社)에서 펴낸 『완역 삼국유사』가 출판되었으며, 같은 해에 이병도의 『원문 및 역주 삼국유사』가 동국문화사에서 나왔다. 북한에서는 리상호가 순한글로 번역하고 약간의 주석을 붙인 『삼국유사』가 1960년에 간행되었다. 1967년에는 세계고전전집에 선정되어 이재호 번역으로 나왔는데 주석은 꼬리주로 달았다. 1973년에는 이동환 교감(校勘)으로 민족문화추진회에서 『교감 삼국유사』를 영인하였다. 2년 뒤(1975) 이동환은 『삼국유사 역주』를 삼중당문고로 냈다. 1978년에는 권상로 역해(譯解)가 동서문화사에서 나왔다. 1983년에는 동국대학교역경원에서 『한국불교전서』 6에 여러 판본을 대조한 『삼국유사』가 실렸다.

효성여자대학교 한국전통문화연구소에서도 대교(對校) 작업을 진행하여 『한국전통문화연구』 창간호(1985)부터 제3집(1987)에 걸쳐 『삼국유사』 권3까지 실어주었다. 이러한 『삼국유사』 역주 및 교정 작업의 집대성은 한국정신문화연구원에서 펴낸 『역주 삼국유사』라 하겠다. 5명의 분야별 전문가가 수년간 참여하여 다섯 권으로 2003년에 완간되었다. 2005년에는 이범교 역해 『삼국유사의 종합적 해석』 상·하권이 약간의 사진과 함께 지금까지의 『삼국유사』 연구를 나름대로 소화·정리하여 출간하였다. 2010년에 채상식의 해제를 붙여 범어사본을 문화재청에서 냈다. 2014년에 최광식·박대재는 『삼국유사』 역주를 3권으로 고려대학교출판부 도서로 내놓았다. 2015년에는 문경현 옮김 『역주 삼국유사』(민속원)와 고영섭의 『삼국유사 인문학 유행』(박문사)이 나왔다. 파른본은 2016에 연세대학교박물관에서 교감·영인하였는데 기이1, 2 두 권만 있다.

4) 연구서·공구서(工具書)

1973년 진단학회에서는 제1회 한국고전연구 심포지엄 '삼국유사의 종합적 검토'를 『진단학보』 36에 실었다. 영남대학교 민족문화연구소에서는 1978부터 『삼국유사』 윤독회를 열어 그 결실이 『삼국유사연구』 상으로 1983년에 나왔다. 1979년에는 김영태의 『삼국유사 소전(所傳)의 신라불교사상연구』가 출간되었다. 1986년 한국정신문화연구원에서는 '삼국유사의 종합적 검토'라는 제목으로 제4회 국제학술회의를 개최하고, 다음해에 책으로 내놓았다. 경주시신라문화선양회/동국대학교신라문화연구소에서는 신라문화제학술발표회를 열어 1980년에 『삼국유사의 신연구』, 1992년에 『삼국유사의 현장적 연구』를 펴냈다. 그 뒤로도 편별(篇別)로 효선(2009)부터 탑상(2016)에 이르기까지 해마다 발표회를 열고 논문집을 간행하고 있다. 이하석의 『삼국유사의 현장기행』은(문예산책) 1995년에 출간되었는데 몇 가지 새로운 정보를 선보였다. 고운기는 『우리가 정말 알아야 할 삼국유사』(현암사, 2002)를 낸 뒤에도 연구서나 스토리텔링 씨리즈를 계속 출간하고 있다. 2005년에 한국학중앙연구원에서는 학술발표회를 거쳐 동북아역사총서 제1권으로 『삼국유사 기이편의 연구』를 펴냈다. 은해사 일연학연구원에서는 2005년에 『일연학연구』 창간호를 냈다. 2006년에는 한국학중앙연구원과 공동으로 국제학술대회를 열어 『일연과 삼국유사』를 간행하였다(신서원, 2007). 신종원은 연구서 『삼국유사 새로 읽기 (1) - 기이편』(일지사)을 2004에 내고, 그 (2)편은 2011년에 나왔다. 채상식은 『일연, 그의 생애와 사상』(혜안, 2017)을 세상에 선보였다. 2018년에는 최광식 등의 편저로 『삼국유사의 세계』(세창출판사)가 출간되었다.

『삼국유사』 색인으로는 한국정신문화연구원에서 1980년에 『삼국유사색인』을 낸 바 있고, 1992년에는 김용옥에 의해 『삼국유사인득(三國遺事引得)』이 출간되었다. 1995년에 중앙승가대학 불교사학연구소에서는 『증보 삼국유사 논저목록』을 펴냈다.

5) 번역서

『삼국유사』는 일본인들만이 관심 가지는 게 아니다. 영어번역으로는 1972년
에 Ha Tae-Hung & Grafton K.Mintz,SAMGUK YUSA, YONSEI UNIVERSITY
PRESS가 있으며, 독일어 번역으로는 Beckers-Kim Young- Ja&Rainer E.
Zimmermann, SAMGUK YUSA, Schenefeld가 2005년에 나왔다. 또 하나의 영
역으로는 Kim Dal-Yong, Overlooked Historical Records of the Three Korean
Kingdoms, Jimoondang, 2006가 있다. 같은 해에 몽골에서는 уPBAH у.JIcbIH
HΘXCΘH Cy ДAP라 하여, 체랭도르지 번역 『삼국유사』가 세상에 나오게 되었
다. 중국에서는 2003년에 우얜(吳燕) 책임편집으로 고구려역사연구총서(高句丽历
史研究从书)『三国遺事』가 吉林文史出版社에서 나왔고, 2009년에는 츤푸칭(陈蒲
淸)이 岳麓书社에서 번역/출간하였다. 2012년에는 체코에서 미리암 뢰뷘슈타이
노바 외 번역 Samgukjusa가 나왔다. 가히 세계를 무대로 '삼국유사학(三國遺事學)'
을 펼칠 때가 아닌가.

(5) 찬술시기와 편찬 오류

일연은 충렬왕 9년(1284) 3월에 국존이 되어 '원경충조(圓經沖照)'라는 존호를 받
고, 이듬해에 인각사에 주석하게 되었으니, 앞에서 든 권5의 일연 직함으로 볼 때
『삼국유사』의 찬술 하한은 그의 나이 79살인 1285년부터 입적한 1289년 사이가
된다. 만약 일연 사후 누군가에 의해 완성되었다면 당연히 시호 '보각'을 썼을 것

여러 나라 언어로 출간된 『삼국유사』 표지

영어1   영어2   독일어

몽골어   중국어   체코어

이다. 이런 정황으로 보아 『삼국유사』는 일연이 오랜 기간 사료를 모았지만 집필은 만년에 했을 것으로 추측되고 있다. 그런데 왕력과 기이편의 '후백제견훤'조에 보이는 '철원(鐵原)'이라는 지명에 주목하여 이 지명이 사용되기 시작한 1310년 이후에 왕력이 작성되었고, 『삼국유사』의 원고도 그 이후에 완성되었을지도 모른다는 설이 제기되었다. 하지만 이것은 지명표기에 너무 집착하는 것이고, 철원은 도피안사철조비로자나불조상명기(到彼岸寺鐵造毘盧遮那佛造像銘記, 865)에 이미 '철원군(鐵員郡)'으로 쓰였기 때문에 '철원'이란 이름이 1310년 이후에 나온 것으로 보기는 어렵다는 반론이 있다.

『삼국유사』의 초간시기에 대해서도 크게 두 가지 설이 있다. 우선 무극이 마음대로 보족(補足)한 것을 보면 『삼국유사』는 일단 원고상태로 있던 것을 무극이 덧붙여 원고를 확정지은 것이라 하겠다. 그래서 무극이 처음 간행하게 되었다고 종래 보았다. 그런데 옛판본을 보면 고려의 기각본(旣刻本)을 번각(飜刻)한 것이 아니라 새로 판각용 필서본(板刻用 筆書本)을 마련하여 조선 태조 3년(1394) 경주부에서 처음 상재(上梓)되었다는 설이 근래 많은 지지를 받고 있다.

『삼국유사』의 맨 첫장은 '삼국유사왕력제일(三國遺事王曆第一)'로 시작되고, 왕력이 끝나면 다시 '기이권제일(紀異卷第一)'로 시작된다. 따라서 권1에는 왕력과 기이 두 편목이 실려 있고, 권2는 권1에 이어 전체가 기이로써 마무리된다. 편목의 세번째가 '흥법제삼(興法第三)'인 것을 보면 '기이제일'은 '제이(第二)'의 잘못으로 여겨져 최남선 이래 '기이제이(紀異第二)'로 바로잡았다. 하지만 각각 다른 '제1'권이 연이어 나오는 것 또한 왕력이 원래 『삼국유사』의 맨 앞 편목으로 실린 것인지 의심받을 만하다.

이어서 '흥법제삼(興法第三)' 다음에 나오는 편목은 '의해제오(義解第五)'다. 이마니시(今西龍)는 흥법과 의해편 사이에 '동경흥륜사금당십성(東京興輪寺金堂十聖)'조의 마지막 줄에 '탑상(塔像)' 두 글자가 있는 것에 주목하여 이것은 원래 '탑상제사(塔像第四)'였던 것으로 보았다. 항목 중에 약간의 혼란과 변화가 있다. 권1의 '우사절유택(又四節遊宅)'은 독립된 항목이 아니라 앞의 진한조(辰韓條)에 연결된 일부였을 것이다. 이밖에도 별개의 항목이 합쳐진 것, 잘못된 글자나 빠진 글자 등이 적지 않으나 중종임신본으로 전승되는 과정에서 잘못된 경우는 더 많아졌다.

(6) 책쓴이의 관점

앞에서 소개한 일연의 일대기는 주로 일연비문(정확히는 '고려국화산조계종인각사가지산하보각국존비명병서'다)에 따랐다. 비문의 속성상 부정적인 말은 있을 수 없다. 『삼국유사』는 기이편을 제외하면 불교 관련 기록과 구전이 전부다. 『삼국유사』를 이삭줍기라 한 것은 '삼국의 역사책'으로 볼 때 그렇다는 말이지 책 내용의 절반은 포교집이자 공덕이야기다. 일연은 자신이 스님인 이상 불교의 자리에 서서 세계와 역사를 설명하고 신앙과 실천을 강조했다. 이 때문에 죄 짓고 지옥에 떨어진 이야기, 그로부터 구원되는(극락왕생) 사례를 여럿 들었다. 이 가르침이 구현되는 방법은 사찰에 토지나 재물을 시주하고, 절 짓고, 경전을 설하며, 불상을 만드는 등 오로지 불교의 힘에 의지할 때 가능하다. 이 모두가 절과 스님을 통해야 되는 일이다. 여기 명부(冥府)에 잡혀와서 허우적거리는 여인의 호소를 들어본다.

제가 세상에 있을 때 참기름을 들마루 밑에 묻어두었고, 또 곱게 짠
베를 침구 사이에 간직하여 두었습니다. 스님은 그 기름을 가져다
부처님께 등불을 밝혀주시고, 그 베를 팔아 경전 만드는 비용으로

쓰시면 저승에서도 은혜가 되어 제가 고통에서 벗어날 수 있을 겁니다. (『삼국유사』, 감통, 선율환생)

권선하는 스님이 오자 하나 뿐인 솥을 시주하여 구원받거나(<진정사효선쌍미>조), 품팔이해서 얻은 밭을 보시한 이야기(<대성효이세부모>조) 등도 마찬가지다. 이러한 공덕을 뒤집으면 사찰재산의 증식과 교세확장 그것이다. 일연이 국존으로 추대되었을 즈음 영남지역은 원나라의 일본정벌 때문에 피폐하기 이를 데 없었다. 이런 팩트를 들어, 당시 사원경제를 유지하고 확대함으로써 불교교단의 정치사회적 권력을 유지하고자 했던 불교계, 특히 교단을 주도하고자 했던 일연의 처지가 드러났다고 한다.

일연의 한계는 왕조사회 불승으로서의 한계이지 그에 대한 불만과 비난은 오늘을 사는 우리들의 기대치라고 하면 그만이다. 그러나 도탄에 빠진 중생을 직시하지 않는 자세는 분명 '자비'라고 하기는 어려울 것이다.

(7) 사론(史論)의 한계

고려왕조의 스님이라는 한계 때문인지 일연은 신라·고려왕조 중심의 역사관을 벗어나지 못하고 있다. 신라 천 년 사직의 마지막 조 <김부대왕>에서 일연은 김부식(『삼국사기』)의 사론을 그대로 옮겨놓았다. 이를 두고 어느 소설가는 이렇게 쓰고 있다.

기록대로라면, 경애왕이 자결하여 죽은 시신의 원한 맺힌 선혈이 시

뻘겋게 낭자한 자리에 왕비를 쓰러뜨려 능욕할 겨를이 어디 있었겠
으며, 부하들을 풀어서 왕의 빈첩들을 모두 욕보일 틈이 어디 있었
겠는가.

아직은 여기가 피비린내 진동하는 아비규환 난장판 적국의 궁성일
진대, 등뒤에 칼날이 꽂힐까 봐서도 못할 일이다.

그런즉 이는 견훤이 얼마나 야비하고 난폭하며 무지막지한 승냥이
개 짐승과 같은 인물이었던가를 여실히 강조하여, 역사 속에 꼼짝못
하게 못박아 놓고자 했는가를 역설적으로 드러낸 장면이 아닐 수 없
다. (최명희, 『혼불』)

　그러나 고려초기에 등용된 관료를 분석한 결과는 의외로 백제·후백제 출신이
적지 않았다고 한다. <훈요십조>의 지방차별 지침은 구호(口號)에 그친 것일 수
있다.

(8) 개국신화의 품격

『삼국유사』는 분량도 적을 뿐 아니라 스토리 면에서도 사랑·복수·음모·반전(反
轉) 등의 서사(敍事) 내용이 그리스·로마신화나 인도·중국·일본신화 등에 훨씬 못
미친다. 그럼에도 세계인들이 좋아하는 이유는 무엇일까? 나는 그 까닭이 소박함
에 있다고 본다. 다른 말로 하면, 가공되지 않은 순박미(淳朴美)다. '위대한 겨레·나
라'라는 이데올로기에서 비교적 자유롭다. '비교적'이라 한 데서 예상했겠지만, 그
렇다고 자아·자신- 일연을 포함하는 고려시대 사람들 -까지 망각할 리는 없다. 책

쓴이 당대의 국제관계 속에서 내가 누구의 자손이고, 우리가 향유하는 문화에 대한 긍지를 바탕으로 이웃나라에 대해서는 접촉이 있던 대상만 간단히 언급하는 정도다. 이것이야말로 민족자존을 지키는 평화 선언이 아닐까.

후대의 성황신이 그러하듯 그 고장 출신의 큰 인물은 사후(死後) 자신의 고을 뒷산[鎭山]에 좌정하여 고을을 보살핀다. 단군 또한 남을 의식하거나 이웃나라를 탐하지 않았다. 『삼국유사』에는 세계를 장악하는 '야망'이 보이지 않음으로써 오히려 독자로 하여금 '무장해제'를 시켜준다. 따분한 일상에서 잠시 마실 나가 사랑방에서 또는 우물가에서 듣는 이야기와 별로 다르지 않다. 굳이 이데올로기를 찾으라면 불심을 강조하고 자비를 열어 보이는 정도인데, 유일신 종교가 아닌 그런 이야기가 부담될 리가 있겠는가.

우리 국민은 물론 세계 사람들이 『삼국유사』를 많이 읽었으면 좋겠다!

삼국유사
깊이 읽기

지은이 | 신종원

펴낸이 | 최병식

펴낸날 | 2019년 7월 25일

펴낸곳 | 주류성출판사

주소 | 서울특별시 서초구 강남대로 435(서초동 1305-5) 주류성빌딩 15층

전화 | 02-3481-1024(대표전화) 팩스 | 02-3482-0656

홈페이지 | www.juluesung.co.kr

값 20,000원

ISBN 978-89-6246-398-9 03910